职业教育城市轨道交通专业教材

城市轨道交通信号设备

李怀志　王燕梅　主　编
曲行亮　杨柏钟　单　磊　副主编
　　　　　侯学辉　主　审

电子工业出版社
Publishing House of Electronics Industry
北京·BEIJING

内 容 简 介

本书是"职业教育城市轨道交通专业教材"之一，是根据城市轨道交通培养方案编写的项目式职业教材。通过 6 个项目下的 20 个任务，比较全面地介绍了城市轨道交通的继电器、轨道信号、信号机、道岔、转辙机、轨道电路、应答器、计轴器、6502 电气集中联锁、计算机联锁、列车自动控制（ATC）系统、列车自动防护（ATP）子系统、列车自动监控（ATS）子系统、列车自动运行（ATO）子系统等内容。同时，还介绍了目前国内外城市轨道交通信号系统的最新案例情况。

本书可作为职业院校城市轨道交通专业及相关专业的教学用书，也可作为从事城市轨道交通行业职工的参考资料和培训用书。

本书还配有电子教学参考资料包（包括电子教案、教学指南及思考与练习的答案），详见前言。

图书在版编目（CIP）数据

城市轨道交通信号设备/李怀志，王燕梅主编. —北京：电子工业出版社，2018.1
ISBN 978-7-121-33178-7

Ⅰ. ①城… Ⅱ. ①李… ②王… Ⅲ. ①城市铁路－交通信号－信号设备 Ⅳ. ①U239.5

中国版本图书馆 CIP 数据核字（2017）第 303698 号

策划编辑：徐　玲
责任编辑：李　蕊
印　　刷：涿州市京南印刷厂
装　　订：涿州市京南印刷厂
出版发行：电子工业出版社
　　　　　北京市海淀区万寿路 173 信箱　邮编　100036
开　　本：787×1 092　1/16　印张：12.75　字数：326.4 千字
版　　次：2018 年 1 月第 1 版
印　　次：2021 年 1 月第 3 次印刷
定　　价：29.80 元

总序 Preface

随着国民经济持续快速发展，人流、物流、信息流以前所未有的密度涌向大城市并向周边辐射。城市化进程加快，城镇人口迅速增长，带来了城市交通需求的高速增长。为解决大中城市交通紧张问题，我国有越来越多的城市把发展城市轨道交通列入城市发展计划。据中国城市轨道交通协会数据统计，在运营线路方面，截至 2016 年年末，中国大陆地区共有 30 个城市开通运营的城市轨道交通营运线路 133 条，总长 4152.8 公里，其中，地铁 3168.7 公里，占 76.3%；其他制式城市轨道交通营运线路 984.1 公里，占 23.7%。在线路建设方面，截至 2016 年年末，共有 58 个城市获批城市轨道交通项目，其中获国家发改委批复城市 44 个，地方政府批复城市 14 个，总线路 7305 公里。我国城市轨道交通建设正在进入快速有序的发展阶段。近年来，新增运营线路逐年增加，2011 年 288 公里，2012 年 399 公里，2013 年 460 公里，2014 年 427 公里，2015 年 445 公里，2016 年新增 18 条运营线路共 535 公里，创历史新高。2016 年作为"十三五"开局之年，与"十二五"开局之年（即 2011 年）新增线路长度 288 公里相比，增长 85.8%；与"十二五"收官之年（即 2015 年）新增线路长度 445 公里相比，增长 20.2%。"十三五"期间，我国城市轨道交通的建设将迎来高峰期，根据 2016 年 5 月发改委和交通部联合印发的《交通基础设施重大工程建设三年行动计划》，计划 2016—2018 年将重点推进 103 个项目前期工作，新建城市轨道交通线路 2000 公里以上；到 2020 年我国城市轨道交通营运里程将突破 6000 公里。城市轨道交通的快速发展，需要大批轨道交通应用型人才来保证正常的运营和管理。按城市轨道交通用人需求每公里 50～60 人计算，轨道交通人才需求巨大。

城市轨道交通发展给职业教育的人才培养带来良好契机，为适应城市轨道交通人才培养需求，更好地服务国民经济建设，2010 年 5 月，电子工业出版社在武汉组织召开了"职业教育城市轨道交通专业教学研讨会"，成立"职业教育城市轨道交通专业项目式教材"编审委员会，确定"职业教育城市轨道交通专业项目式教材"编写方案。近七年来，由电子工业出版社策划出版的"职业教育城市轨道交通专业教材"系列教材已经陆续发行，并得到了广大读者的支持与厚爱。

本套教材基本涵盖"城市轨道交通专业"的主要课程内容，能满足专业建设与教学需要；为适应职业教育的改革与发展，教材力求体现当代职业教育新理念、新思路；为紧跟城市轨道交通行业发展，尽量使教材保持一定的知识与技术领先。本套教材编写以职业能力为主线，以职业生涯为背景，以工作结构为框架，以岗位能力为依据，以工作情境为支撑，以工作过程为基础。教材体系结构力求从学科结构向职业工种技能结构转变；教材内容组织根据城市轨道交通职业工作岗位要求及标准出发，突出典型岗位的工作过程，满足职业标准要求，贯穿主要规章和作业标准。本套教材具有以下特点。

1）教材体例符合职业教育教学改革和发展方向

教材内容选择以《国家职业标准》规定的岗位（群）需求和职业能力为依据，以工作任务为中心，以理论知识为基础，以实践技能为依托，以工作情景为支撑，以案例呈现为特点，以拓展知识为延伸，充分考虑城市轨道交通典型岗位的工作任务的工作过程特点和教学过程特点的有机结合，体现教材的职业性特点。

2）教材内容凸显城市轨道交通专业领域主流应用技术和关键技能

教材内容凸显城市轨道运营、行车组织、客运组织、机车车辆等设备运用与检修及作业组织方法等主体工种的专业知识和技术，包括车站站长、行车调度、车辆维修、客运服务等典型岗位的主流应用技术和关键技能。

3）教材内容涵盖城市轨道交通行业和专业发展的"四新"内容

教材内容组织保持一定的前瞻性，反映行业与专业最新知识、工艺、装备和技术。教材编写从现代教学理念和教学模式出发，体现城市轨道交通前沿的创新成果和经验。

4）教材注重实践性，重视案例和实际动手场景的呈现

教材组织通俗实用，融入和结合了轨道交通专业骨干教师多年的教学经验和体会，合理地取舍和反映城市轨道交通的基本专业知识和基本技能；通过具体模拟训练和情景实操，使学生加深对专业知识和技能的理解，以及对基本技能和基本方法的掌握，从而可以缩短学生到企业后的上岗时间。

本套教材不仅适用于职业教育各层次教学，也适合作为城市轨道交通行业相关人员在职进修和培训的教学用书。

本套教材由浙江师范大学交通运输系吴晓主任担任主编，西安铁路职业技术学院赵岚、湖南铁道职业技术学院张莹担任副主编。吴晓负责本系列教材编写工作的整体策划与体例结构设计。教材在编写过程中得到了许多城市轨道交通行业专家、电子工业出版社等领导和同人的大力支持，在此表示衷心感谢！

在本套教材的编写过程中，编者们参考了大量的书籍、文献、论文等，也引用了许多专家学者的资料，编者已尽可能地在参考文献中详细列出，谨在此对他们表示衷心的感谢！同时，因为疏忽，可能有些资料引用了而没有指出资料出处，若有此类情况发生，深表歉意！由于城市轨道交通正处于快速发展期，资料收集很难达到齐全和最新，再加上编者水平所限，书中错误和疏漏在所难免，敬请大家见谅，也恳请读者在阅读后及时批评指正，我们将十分感谢。

吴 晓

2017 年 5 月

前言 *Introduction*

随着科学技术和城市化的发展，运量大、速度快、安全可靠的城市轨道交通在现代城市中起着越来越重要的作用。进入 21 世纪，城市轨道交通的建设进入了高潮。截止到 2016 年年底，北京、天津、上海、广州、哈尔滨等 42 个城市已开通或即将开通城市轨道，还有一些城市在批准中，我国城市轨道交通呈现着十分广阔的前景。

信号系统是城市轨道交通的重要基础设施之一，对确保列车运行安全和提高行车效率起着重要作用，是保证列车运行安全，实现行车指挥和列车运行现代化，提高运输效率的关键系统设备。从传统的基于区间闭塞、车站联锁信号设备，发展到现代化的列车自动控制（ATC）系统，这是长期实践经验的积累和技术不断发展的结果。城市轨道交通列车自动控制系统实现了行车指挥和列车运行的自动化，能最大限度地保证列车的运行安全，提高运行效率。

随着城市轨道交通的发展，城市轨道交通高等院校及专业也应运而生。与城市轨道交通相关的专业有运营管理、通信信号、车辆工程、交通工程等。信号系统是通信信号课程的主干课程，也是其他专业的必修课程。本书是多年教学实践的积累，理论联系实际、侧重城市轨道交通信号系统是本书的特点。

本书密切结合城市轨道交通的实际情况，介绍城市轨道交通信号控制设备的功能、构成、工作原理、故障案例等。全书对继电器、信号及信号机、转辙机、轨道电路与计轴器、联锁系统、列车自动控制系统共 6 个项目进行介绍。本书以培养岗位技能为出发点，理论联系实际，图文并茂，便于阅读，并在每个项目后配运用实例和思考与练习，供读者学习参考。本书既可作为高职院校城市轨道交通及相关专业的教材和教学参考书，也可作为从事城市轨道交通建设和运营管理专业技术人员的参考用书。

本书由浙江纺织服装职业技术学院李怀志、黑龙江交通职业技术学院王燕梅担任主编，温州市铁路与轨道交通投资集团有限公司曲行亮、宁波城市轨道交通集团杨柏钟和浙江纺织服装职业技术学院单磊担任副主编，宁波城市轨道交通集团侯学辉担任主审。黑龙江交通职业技术学院白玉娟，浙江纺织服装职业技术学院梁淋峰、张羽、宋丽华和祝金丹也参与了本书的编写。

为了方便教师教学，本书还配有电子教案、教学指南及思考与练习的答案（电子版），请有此需要的教师登录华信教育资源网（www.hxedu.com.cn）免费注册后下载或与电子工业出版社联系，我们将免费提供（E-mail：hxedu@phei.com.cn）。

由于我国城市轨道交通信号系统，尤其是 ATC，引入多国技术，制式众多，资料难以收集齐全，再加上编者水平所限，时间仓促，书中难免有错误、疏漏、不妥之处，恳请读者批评指正。

编　者

2018 年 1 月

目录 *Contents*

序 篇　城市轨道交通及其发展

城市轨道交通是现代化都市的重要基础设施，它安全、便利、迅速、舒适地在城市范围内运送乘客，最大限度地满足市民出行的需要。在城市各种公共交通工具中，具有运量大、速度快、安全可靠、污染低、受其他交通方式干扰小等特点，对改变城市交通状况是行之有效的。

城市轨道交通系统的安全、速度、输送能力和效率与信号系统密切相关，以速度控制为基础的列车自动控制系统已成为城市轨道交通信号系统的共同选择。信号系统实际上已成为城市轨道交通调度指挥和运营管理的中枢神经，选择合适的信号系统，可以带来较好的经济效益和社会效益。

一、城市轨道交通信号系统技术发展历史

信号系统是保障行车安全、提高运输能力的关键技术装备。城市轨道交通信号系统随着微电子技术、计算机技术、通信技术的发展而不断发展。信号系统按照地面与车载设备的安全信息传输方式来分，大致经历模拟轨道电路、数字轨道电路和无线通信 3 个阶段。

（一）基于模拟轨道电路的列车自动控制（ATC）系统

轨道电路将区间线路划分为若干固定的区段，轨道电路是进行列车占用检查和向车载设备传送信息的载体。列车定位是以固定的轨道电路区段为单位的，采用模拟轨道电路方式由地面向车载设备传送 10～20 种信息，列车采用阶梯式速度控制，称为固定闭塞。模拟轨道电路在我国应用的代表产品有：从英国西屋引进的 FS-2500 无绝缘轨道电路（北京地铁 1 号线、13 号线）；从美国 GR 公司引进的无绝缘数字调幅轨道电路（上海地铁 1 号线）；国产 WG -21A 轨道电路（大连轻轨）。从系统整体角度来看，基于模拟轨道电路的 ATC 系统中各子系统处于分立状态，技术水平明显落后，维修工作量大，制约了列车运行速度和密度的进一步提高，其将逐步退出历史舞台。

（二）基于数字轨道电路的 ATC 系统

数字轨道电路采用数字编码方式，地面向车载设备传送数十位数字编码信息，列车可实现一次模式曲线式安全防护，缩短了列车运行间隔，提高了舒适度。

采用数字轨道电路的 ATC 系统，列车可实现一次模式曲线式安全防护，因此称为准移动闭塞。数字轨道电路在我国应用的代表产品有：美国 USSI 公司的 AF-904 无绝缘数字

轨道电路（上海地铁 2 号线、津滨轻轨等）；德国西门子公司的 FTGS 无绝缘数字轨道电路（广州地铁 1 号线、2 号线，南京地铁 1 号线等）。数字轨道电路的 ATC 系统采用微电子技术、计算机技术和数字通信技术，延续了轨道电路故障-安全的特点。目前在我国和世界范围内开通运用较多，系统的可靠性和稳定性得到了充分的验证。但数字轨道电路存在以下缺点。

（1）必须具备很强的抗干扰能力。轨道电路中 ATC 信息电流一般在几十毫安至几百毫安，而列车牵引回流最大可达 4000A。

（2）受轨道电路特性限制，只能实现地面向列车的单向信息传输，信息量也只能到数十比特，限制了 ATC 系统的性能。

（3）与牵引供电专业的设备安装相互影响。信号设备和牵引供电设备都需要安装在轨道上，两个专业设备的安装必须相互协调，否则会相互影响对方系统的性能。

（4）无法进行列车精确定位。只能按轨道电路区段对列车进行定位，一般区段长度为30～300m，对缩短列车运行间隔有一定的限制。

（三）基于无线通信的列车运行控制（CBTC）系统

CBTC 系统的特点是前、后列车都采用移动定位方式，通过安全数据传输，将前行列车的位置信息安全地传递给后续列车，可实现一次模式曲线式安全防护，并且其防护点能够随前车的移动而实时更新，有利于进一步缩小行车间隔，提高运输效率，称为移动闭塞。

无线通信的传输方式很多，但是目前国内主要采用的有以下 4 种方式。

（1）无线 AP 传输方式：采用沿轨道方向安装无线定向天线 AP 点，每个 AP 点覆盖距离可以达到 200～400m。优点是安装简单，施工方便，成本低。缺点是传输损耗大，无线场强分布不均匀，受周围电磁环境影响大。

（2）漏缆传输方式：漏缆就是沿着同轴电缆的外部导体周期性或非周期性配置开槽口，电信号在该电缆中传输的同时，能把电磁能量的一部分，按要求从特殊开槽口以电磁波的形式放射到周围的外部空间，既具有传输线的性质，又具有无线电发射天线的性质。优点是场强覆盖均匀、适应性强、电磁污染小等，缺点是成本较高。

（3）波导管传输方式：波导管是一种双向数据传输的无线信号传输媒介，具有传输频带宽、传输损耗小、可靠性高、抗干扰能力强等特点。缺点是维修工作量大，安装精度要求高。

（4）感应环线方式：通过沿轨道铺设交叉感应环线，实现车地无线通信。在我国已经开通使用的武汉轻轨和广州地铁 3 号线采用的是加拿大阿尔卡特公司的 Sel Trac MB 方案，用感应环线实现车地信息双向传输。北京地铁 10 号线和 8 号线、广州地铁 4 号线采用德国西门子公司的 TrainGuard MT 方案，用无线 AP 实现车地信息传输；北京地铁 2 号线改造、机场线采用法国阿尔斯通公司的 URBALISTM 方案，用波导管和点式 AP 实现无线信息传输。现在正在建设的项目（广州地铁 5 号线、广佛线，上海地铁 6 号线、7 号线、8 号线、9 号线，北京地铁 4 号线，沈阳地铁 1 号线、2 号线，成都地铁 1 号线等），都选择了基于点式 AP 无线通信的 CBTC 系统，它已经成为我国城市轨道交通信号系统选型的主流制式。

二、城市轨道交通对信号系统的要求

城市轨道交通，尤其是地下铁道因其固有的特点，对其信号系统提出了如下要求。

（一）安全性要求高

因为城市轨道交通尤其是地下部分隧道空间小，行车密度大，故障处置难度大，若发生事故难以施援，损失将非常严重，所以对行车安全的保证，即对信号系统提出了更高的安全要求。

（二）通过能力大

城市轨道交通不设站线，进站列车停在正线上，先行列车停站时间直接影响后续列车接近车站，所以要求信号设备必须满足通过能力的要求。

（三）保证信号显示

城市轨道交通虽然地面信号机少，地下部分背景暗，且不受天气影响，直线地段瞭望条件好，但曲线地段受隧道壁的遮挡，信号显示距离受到限制，所以保证信号显示也是一个重要的问题。

（四）抗干扰能力强

目前城市轨道交通车地无线通信基本无专用频段，一般采用公用 2.4GHz、5.8GHz 频段，轨道交通沿线电磁环境及车上乘客随身携带的无线设备，均在一定程度上对车地通信形成干扰，这就要求信号系统具备较强的抗干扰能力。

（五）可靠性高

信号系统作为保证行车安全和运营效率的关键设备，其作用就如同大脑对人体的作用，信号设备可靠性直接影响运营服务水平，关乎公众出行的安全、快捷与舒适，因此信号设备必须具备高可靠性。

（六）自动化程度高

城市轨道交通站间距短，列车密度大，行车间隔短，行车调度工作容错率低；而且地下部分环境潮湿，空气不佳，没有阳光，工作条件差，所以要求尽量采用自动化程度高的先进技术设备，以减少工作人员，并减轻他们的劳动强度。

（七）限界条件苛刻

城市轨道交通的室外设备及车载设备，受土建限界的制约，要求设备体积小，同时必须兼顾施工和维护作业空间。

三、城市轨道交通信号系统的特点

城市轨道交通的信号系统沿袭铁路的制式，但由于其自身的特点，与铁路的信号系统又有一定的区别。城市轨道交通信号系统的特点如下。

（一）具有完善的列车速度监控功能

城市轨道交通所承担的客运量巨大，对行车间隔的要求远高于铁路，行车间隔可短到90s甚至更短，因此对列车运行速度监控的要求极高。

（二）数据传输速率较低

城市轨道交通的列车运行速度远低于铁路干线的列车运行速度，最高运行速度通常为80km/h，所以信号系统可以采用速率较低的数据传输系统。

（三）联锁关系较简单但技术要求高

城市轨道交通的大多数车站没有配线，不设道岔，甚至也不设地面信号机，仅在少数有岔联锁站及车辆段才设置道岔和地面信号机，故联锁设备的监控对象远少于铁路车站的监控对象，联锁关系远没有铁路复杂。

但轨道交通联锁系统与ATP/ATO系统、ATS系统及屏蔽门/安全门、防淹门等设备接口多，技术标准要求高。并且城市轨道交通信号系统把联锁关系和ATP编/发码功能结合在一起，且包含一些特殊的功能，如自动折返进路、自动通过进路、紧急关闭等，增加了技术难度。

（四）车辆段独立采用联锁设备

城市轨道交通的车辆段类似于铁路区段站的功能，包括列车编解、接发列车和频繁的调车作业，线路较多，道岔较多，信号设备较多，一般独立采用一套联锁设备。

（五）自动化水平高

由于城市轨道交通的线路长度短，站间距离短，行车规律性强，行车间隔短，因此信号系统中通常包含自动排列进路和运行自动调整的功能，要求其自动化程度高，人工介入少。

四、ATC系统国内外应用状况

由于我国城市轨道交通的信号技术与国际先进的信号公司还有一定的差距，尤其在列车自动运行（ATO）控制方面，目前处在消化引进技术和研制测试阶段，尚不具备提供较为完整的ATC的能力。现阶段大多数城市一般引进国外成熟的列车自动控制（ATC）系统。

轨道交通ATC系统产品供货商主要有：西门子（SIEMENS）、阿尔卡特（ALCATEL）、阿尔斯通（ALSTOM）、庞巴迪、GE、USSI、西屋（WESTHOUSE）及泰雷兹等。各供货商在国内外主要应用情况如表1所示。

表1 ATC系统供货商产品应用情况

闭塞方式	系统供货商	国内应用主要城市	国外应用主要城市
固定闭塞	西屋公司（英国）	北京地铁1号线、八通线、13号线	新加坡1号线

续表

闭塞方式	系统供货商	国内应用主要城市	国外应用主要城市
固定闭塞	GE 公司（美国）	上海地铁 1 号线	纽约地铁
	西门子公司（德国）	上海莘闵线（点式应答器）	在欧洲已广泛应用
准移动闭塞	西门子公司（德国）	深圳地铁 1 号线	
		南京地铁 1 号线	
	阿尔斯通公司（法国）	上海地铁 3 号线、4 号线	法国巴黎南北线
		香港机场快速线	
	USSI 公司（美国）	上海地铁 2 号线、深圳地铁 2 号线	美国洛杉矶绿线
		天津滨海线	韩国汉城地铁
	西屋公司（英国）	北京地铁 5 号线	英国伦敦 Jubilee 线
		天津地铁 1 号线	西班牙马德里地铁
移动闭塞	阿尔卡特公司（加拿大）	武汉轻轨 1 号线（感应环线，开通）	温哥华 1 号线、2 号线（环线）
		广州地铁 3 号线（感应环线，开通）	肯尼迪国际机场全自动轻轨系统（环线）
		上海地铁 6 号线、7 号线、8 号线、9 号线（无线，开通）	拉斯维加斯单轨线路（无线，开通）
		北京地铁 4 号线（无线，建设中）	巴黎地铁 13 号线（无线）
		香港九广铁路西铁线（环线）	
		香港迪士尼乐园线（无线）	
	西门子公司（德国）	广州地铁 4 号线、5 号线（无线）	巴黎地铁 14 号线（环线，开通）
		北京地铁 10 号线（无线）	纽约卡纳西线（无线）
		上海地铁 5 号线	巴塞罗那地铁
	阿尔斯通公司（法国）	北京地铁 2 号线、北京机场线、上海地铁 10 号线（裂缝波导，建设中）	新加坡东北线
			洛桑地铁
	USSI（美国）	沈阳地铁 1 号线、2 号线，成都地铁 1 号线，深圳地铁 2 号线、3 号线	
	通用公司（美国）		美国奥克兰-旧金山（BART）线
	庞巴迪（加拿大）		旧金山机场线
			费城 Surface 线
			马德里地铁改造
			台北内湖线

五、国产化城市轨道交通信号系统进展情况

国内开发的城市轨道交通系统 3 种制式都有，目前基本上以采用基于无线通信的 CBTC 列车控制系统为主。主要开发进展情况如下。

（一）中国铁道科学研究院

中国铁道科学研究院（以下简称铁科院）充分利用专业齐全的优势，通过多年的研发，完成了 CBTC 系统所有子系统（ATS、联锁、ATP\ATO\DCS、应答器等）的国产化，并进行了室内系统调试、现场试验和调试。铁科院的 ATS 子系统、计算机联锁子系统是国内成熟技术，具有城市轨道交通业绩，已经具备工程实施的条件。铁科院的 CBTC 系统对无故障情况下的后备转换进行了深入研究，能够在保证行车安全的情况下，尽量减少对正常运营的干扰，达到了先进的水平。在安全性方面，与研发同步进行第三方安全认证工作，已签署安全认证合同并开展安全认证工作。

（二）北京交通大学、北京地铁运营公司、北京和利时公司

2004 年北京交通大学、北京地铁运营公司、北京和利时公司三家公司申请北京市科委"基于通信的城轨 CBTC 系统研究"科研项目，在北京地铁试车线进行了 ATP、ATO 试验，并在大连设立了 10 km 试验段，包括地面线路和地下线路，进行了 2 列列车的追踪试验。亦庄线 2010 年年底开通点式 ATP，2011 年年底 CBTC 全系统全功能开通。

（三）北京全路通信信号研究设计院

该院正在进行城市轨道交通 CBTC 系统的研发，利用自身研发的通过 SIL4 级认证的安全控制平台进行室内点式 ATP 的研发。

目前运营的 CBTC 系统都是国外设备，从实际运营的情况看，存在着维护费用高的问题，因此发展国产化的 CBTC 系统成为当前紧迫的任务。

思考与练习

1. 城市轨道交通信号系统的特点有哪些？
2. 简述城市轨道交通信号系统的发展历程。
3. 简述我国城市轨道交通信号系统的发展趋势。

项目一 继电器

轨道交通信号基础设备包括信号继电器、信号机、转辙机、轨道电路等设备。信号继电器是轨道交通信号继电式控制系统的关键部件，也是电子式控制系统的主要接口部件。安全型继电器是我国信号继电器的主要定型产品，如直流 24V 系列的重弹力式直流电磁继电器。

我国 6502 型继电联锁系统，俗称 6502 型继电联锁系统，其逻辑关系全部靠继电器电路完成；其后计算机联锁系统得到迅速发展，联锁关系完全由计算机软件完成，然而其控制输出，还是以继电器为接口，以实现对道岔、信号机等的控制。

目前无论城市轨道交通的正线联锁系统，还是车辆段/停车场的联锁系统，基本上都以继电器为接口，接通控制电路实现对外部设备的控制。所以，信号技术人员必须掌握继电器的工作原理及其应用技术。

任务一　认知继电器

学习目标

（1）了解继电器的结构和各部分结构名称；

（2）了解继电器的工作原理；

（3）了解继电器的使用场所。

学习任务

认知继电器，主要包括元件符号、触点形式、线圈、触点、铁芯、分类。

工具设备

常用继电器及插座。

教学环境

低压电器实验室或者 6502 集中联锁实验室。

基础知识

一、继电器原理

继电器是一种电磁开关，是实现自动控制和远程控制的重要设备。随着衔铁的动作，动接点与静接点接通或断开，从而实现对其他设备的控制。

继电器类型很多，但均由电磁系统和接点系统两部分组成。电磁系统主要包括线圈、铁芯、衔铁等，接点系统由动接点和静接点组成。

最简单的电磁继电器如图 1.1 所示。它就是一个带接点的电磁铁，其动作原理也与电磁铁相似。当给线圈中通以一定数值的电流后，在衔铁和铁芯之间就产生一定数量的磁通，该磁通经铁芯、衔铁、轭铁和气隙形成一个闭合磁路，铁芯对衔铁就产生了吸引力。吸引力的大小取决于所通电流的大小。当电流增大到一定值时，吸引力增大到能克服衔铁向铁芯运动的阻力时（主要是衔铁自重），衔铁就被吸向铁芯；当线圈中没有电流时，衔铁由于重力作用被释放。由衔铁带动的动接点（随衔铁一启动作的接点）也随之动作，与动合接点（以下称前接点）接通。此状态称为继电器励磁吸起（以下简称吸起）。可见，继电器具有开关特性，可利用它的接点通、断电路，构成各种控制和表示电路。

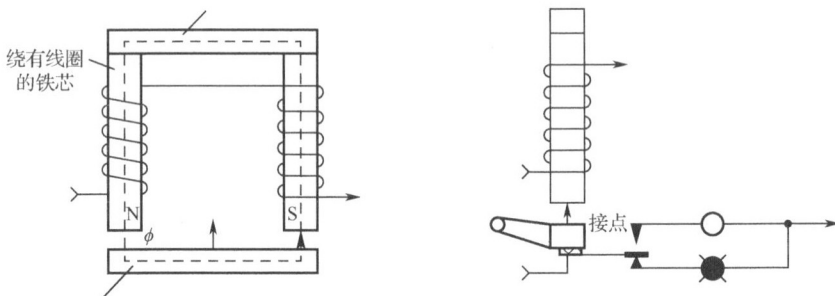

图 1.1　电磁继电器的基本原理

二、继电器的作用

继电器具有继电特性，能以极小的电信号来控制执行电路中相当大功率的对象，能控制数个对象或数个回路，能控制远距离的对象。由于继电器的这种性能，给自动控制和远程控制创造了便利的条件，所以，它广泛应用于国民经济各部门的生产过程控制和国防系统的自动化和远动化之中，也广泛应用于铁路信号的各个方面。

故障-安全原则是铁路信号设备必须遵循的原则，当系统任何部分发生故障时，应确保系统的输出处于安全状态。随着电子技术的迅速发展，电子器件尤其是计算机以其速度快、体积小、容量大、功能强等技术优势，在相当大程度上逐渐取代继电器，构成自动控制和远程控制系统，使技术水准大大提高。但与电子器件相比，继电器仍存在一定优势，尤其是具有故障-安全性能，因此不仅现在，而且在未来一定时期内，继电器在铁路信号领域仍将起着重要作用。例如，在计算机联锁设备中，尽管以计算机为核心，但还采用继电器电路作为系统主机与信号机、轨道电路、转辙机的接口电路。

在目前的铁路信号设备中，继电器的作用主要体现在以下几方面。

（一）表示功能

利用不同继电器表示轨道区段的占用和空闲、信号机的开放和关闭、道岔是否在规定位置，区间是否闭塞等。例如，车站每组联锁道岔均设置定位表示继电器和反位表示继电器，当它们吸起时分别表示该道岔在定位或在反位，进而实现控制台的表示及有关设备间的相互控制。

（二）驱动功能

车站联锁设备的主要控制对象是信号机和转辙机，不论车站采用继电联锁还是计算机联锁，均利用继电器控制相应设备。例如，车站的联锁道岔控制电路中设有定位操纵继电器和反位操纵继电器，当有关继电器吸起时，能够驱动道岔向定位或反位转换。

（三）逻辑功能

在继电联锁设备及继电半自动闭塞设备中，利用继电电路实现有关逻辑关系，以保证车站和区间的行车、调车作业安全。例如，当单线半自动闭塞区间有列车运行时，利用继电半自动闭塞电路控制两相邻车站的有关出站信号机不能开放，使车站不能再向区间发出其他列车，保证列车在区间的行车安全。

目前，信号继电器在以继电技术构成的系统中，如继电集中联锁、继电半自动闭塞、继电式驼峰自动集中等，起着核心作用，这些系统仍然大量存在，还将使用相当长的时期。而信号继电器在以电子元件和微型计算机构成的系统中，如计算机联锁、多信息自动闭塞、通用机车信号等系统中，作为其接口部件，将系统主机与信号机、轨道电路、转辙机等执行部件结合起来。虽然已出现全电子化的系统，但要全部取消继电器仍然需要相当长的时期。所以，继电器在信号领域始终起着重要的作用。

三、信号设备对继电器的要求

继电器作为信号系统中的主要（或重要）器件，它在运用中的安全、可靠就是保证各种信号设备正常使用的必要条件。为此，信号设备对继电器提出了极其严格的要求，具体如下：

（1）动作必须可靠、准确；

（2）使用寿命长；

（3）有足够的闭合和断开电路的能力；

（4）有稳定的电气特性和时间特性；

（5）在周围介质温度和湿度变化很大的情况下，均能保持很高的电气绝缘强度。

四、信号继电器分类

继电器类型繁多，按不同方式分类如下。

（一）按动作原理分类，可分为电磁继电器和感应继电器

电磁继电器是通过继电器线圈中的电流在磁路的气隙（铁芯与衔铁之间）中产生电磁力，吸引衔铁动作，带动接点系统动作。此类继电器数量最多。

感应继电器是利用电流通过线圈产生的交变磁场与另一交变磁场在翼板中所感应的电流相互作用产生电磁力，使翼板动作。

（二）按工作电流分类，可分为直流继电器和交流继电器

直流继电器是由直流电源供电的，按所通电流的极性与继电器的动作关系，又可分为无极、偏极和有极继电器。直流继电器都是电磁继电器。

交流继电器是由交流电源供电的。它按动作原理分电磁继电器和感应继电器。

整流式继电器虽然用于交流电路中，但它用整流元件将交流电整流为直流电，所以其实质上是直流继电器。

（三）按输入量的物理性质分类，可分为电流继电器和电压继电器

电流继电器反映电流的变化，它的线圈必须串联在所反映的电路中。该电路中必有被反映的器件，如电动机绕组、信号灯泡等。

电压继电器反映电压的变化，它的线圈励磁电路是单独构成的。

（四）按动作速度分类，可分为正常动作继电器和缓动继电器

正常动作继电器衔铁动作时间为 0.1～0.3s，大部分信号继电器属于此类。缓动继电器，衔铁动作时间需大于 0.4s，又可分为缓吸和缓放。时间继电器是利用脉冲延时电路或软件设定使之缓吸。缓放型继电器则利用短路铜环产生磁通使之缓动，主要取其缓放特性。

（五）按接点结构分类，可分为普通接点继电器和加强接点继电器

普通接点继电器具有开闭功率较小的接点，以满足一般信号电路的要求，多数继电器为普通接点继电器。

加强接点继电器具有开闭功率较大的接点，以满足电压较高、电流较大的信号电路的要求。

（六）按工作可靠程度分类，可分为安全型继电器和非安全型继电器

（1）安全型继电器（N型）是无须借助于其他继电器，也无须对其接点在电路中的工作状态进行监督检查，其自身结构即能满足一切安全条件的继电器，其特点如下。

① 当线圈断电时，衔铁可借助于自身重量释放，从而使前接点可靠断开。

② 选用合适的接点材料，构成非熔接性前接点，或采用能防止接点熔接的特殊结构（如接熔断器、接点串联）。

③ 当一组不应闭合的后接点仍然闭合时，结构上能防止所有前接点闭合。

（2）非安全型继电器（C型）是必须监督检查接点在电路中的工作状态，以保证安全条件的继电器。其特点如下。

① 由于继电器在使用时已检查了衔铁的释放，因此不必采用非熔接性接点材料。

② 当一组不应闭合的前接点仍然闭合时，结构上能保证所有后接点不闭合；反之亦然。

N型继电器主要依靠衔铁自身释放，故又称重力式继电器；C型继电器主要依靠弹簧弹力释放衔铁，故又称弹力式继电器。一般说来，N型继电器的安全性、可靠性高于C型继电器。

五、安全型继电器

我国信号系统中应用最广泛的是 AX 系列继电器，其基本结构是直流无极继电器，其他类型继电器由无极继电器派生而出。下面以直流无极继电器和整流式继电器为例说明信号继电器的原理和应用。

（一）直流无极继电器

1．结构

直流无极继电器外观如图 1.2 所示，其结构如图 1.3 所示，由直流电磁系统和接点系统两部分构成。电磁系统由线圈、铁芯、轭铁、衔铁等组成。线圈通电后产生磁场，吸起衔铁；线圈断电时依靠重力作用使衔铁可靠释放。接点系统包括拉杆和接点组，接点组分为静止的前接点、后接点和固定在拉杆上的动接点。接点的接通情况可以反映继电器的状态，用于控制其他设备。直流无极继电器共有 8 组接点，彼此绝缘但动作一致。

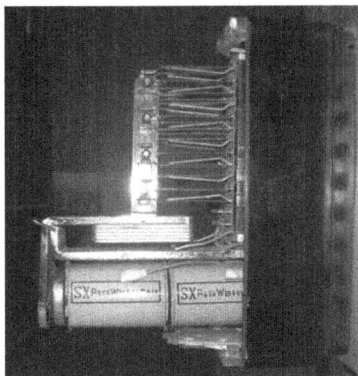

图 1.2　直流无极继电器实物

图 1.3　直流无极继电器结构示意图

2. 工作原理

当线圈通以直流电流后，产生磁通，经铁芯、轭铁、衔铁和气隙，形成闭合磁路，因而使铁芯对衔铁产生吸引力。当此吸引力增大到足以克服重锤片和拉杆等重力时，就能将衔铁吸向铁芯，于是衔铁带动拉杆推动动接点向上动作，使动接点与前接点闭合，此时称为励磁状态（又称为吸起状态）。

当线圈中的电流减少或断电时，磁路的磁通随之减少，铁芯对衔铁的吸引力相应减少。当吸引力不足以克服重锤片和拉杆的重力时，衔铁释放，使动接点与前接点断开，并与后接点闭合，此时称为失磁状态（又称为落下状态）。这种继电器的电源使用直流电，同时继电器的动作与通入线圈的电流方向无关，故称为无极继电器。

（二）整流式继电器

整流式继电器应用于交流电路中，其电磁系统、接点系统、动作原理与直流无极继电器相同，在直流无极继电器的基础上增加整流电路，一般采用 4 个二极管组成的桥式整流电路，如图 1.4 所示，将交流电源整流后输入继电器线圈。整流式继电器接线如图 1.5 所示。

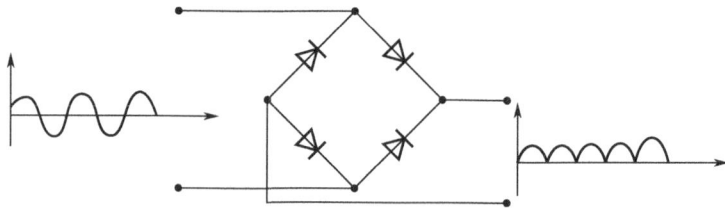

图 1.4　桥式整流电路

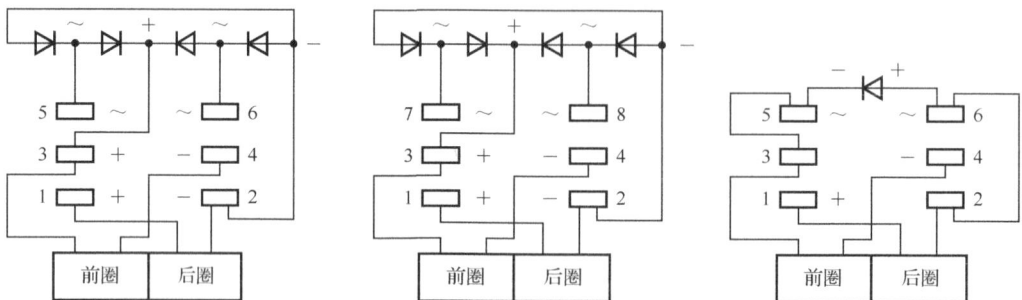

（a）JZXC—H156 及 JZXC—H18 型　　（b）JZXC—480 型　　（c）JZXC—014 型

图 1.5　整流式继电器接线

整流式继电器接点系统的结构与无极继电器相同，零部件全部通用，只是接点的编号有所区别。

整流式继电器动作原理与无极继电器相同，但交流电源通过整流后使继电器动作，在线圈上加的是全波或半波的脉动直流电，其中存在交变成分，使电磁吸引力产生脉动，工作时发出响声,对继电器正常工作带来不利影响。

(三)交流二元继电器

交流二元继电器属于交流感应式继电器,具有两个既相互独立又相互作用的交变电磁系统,故称二元继电器,有吸起和落下两种状态。根据不同频率,交流二元继电器分为 25Hz 和 50Hz 两种。交流二元继电器的电磁系统包括局部电磁系统和轨道电磁系统。局部电磁系统由局部线圈和局部铁芯组成;轨道电磁系统由轨道线圈和轨道铁芯组成。交流二元继电器与前面介绍的继电器工作原理完全不同,只有在其局部线圈和轨道线圈中输入电流频率相同,且局部线圈中电流相位超前轨道线圈中电流相位 90° 时,翼板中才能产生正方向的转矩,接通前触点;其他情况下,翼板不产生转矩,继电器将保持原来的位置而不动作。

交流二元继电器应用于相敏轨道电路,这种故障-安全特性不仅能够解决轨道电路轨端绝缘的破损防护问题,还能防止牵引电流及其他频率的干扰。二元继电器结构如图 1.6 所示。

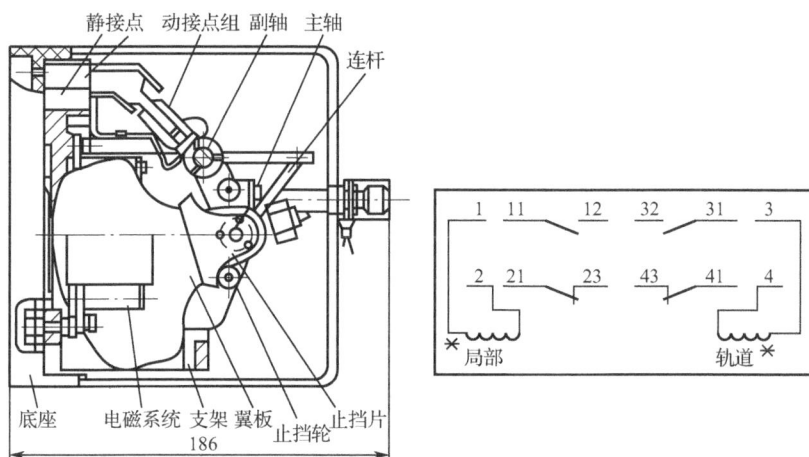

图 1.6 JRJCl—70t 240 型继电器结构

相关案例

【案例1】 铁路安全型继电器型号介绍

AX 系列安全型继电器是直流 24V 系列的重、弹力式直流电磁继电器,其典型结构为无极继电器,其他各型号都是由其派生而成的。因此,绝大部分零件都能通用。

安全型继电器型号用汉字拼音字母和数字表示,字母表示继电器种类,数字表示线圈的电阻值(单位Ω),例如:

$$\text{J W J X C} - \text{H} \frac{125}{0.44}$$

前圈电阻值　（两线圈阻值相同
后圈电阻值　时，取二者之和）
缓放
插入
信号
加强接点
无极
继电器

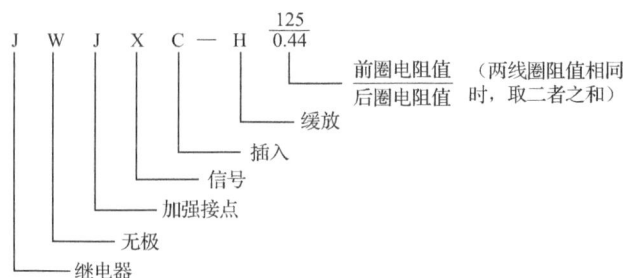

安全继电器的代号及含义如表 1.1 所示。

表 1.1　安全继电器的代号及含义

代号	含　　义		代号	含　　义	
	安　全　型	其他类型		安　全　型	其他类型
A		安全	R		二元
B	半导体		S		时间、灯丝、双门
C	插入	插入、传输、差动	T		通用、弹力
D		单门、动态	W	无极	
DB	单闭磁		X	信号	信号、小型
H	缓放	缓放	Y	有极	
J	继电器、加强接点	继电器、加强接点、交流	Z	整流	整流、转换
P	偏极				

【案例 2】　列车脱轨事故

(一) 事故概况

1991 年 4 月 27 日 11 时 23 分，×次旅客列车接近沪杭线 K168 线路所上行通过信号机时（已开放），司机发现 2 号道岔开通安全线，立即采取紧急制动措施，但停车不及，致使列车进入安全线并冲出土挡，造成机车及机后 1～6 位车辆脱轨。旅客轻伤 7 名，列车乘务员轻伤 1 名；机车中破 1 台，客车报废 2 辆、大破 3 辆、小破 2 辆，线路损坏钢轨50 米，枕木 20 根。构成旅客列车脱轨重大事故。

(二) 原因分析

4 月 27 日，×电务段××信号工区，按计划在沪杭线 K168 线路所进行更换 1/2 号道岔电动转辙机，于 10 点 40 施工结束，当试验扳动道岔时，发现道岔不转换，施工人员将1 号道岔电缆盒端子配线互换之后，道岔定、反位能转换，但控制台无表示，又将 2 号道岔表示电路中的整流二极管反接，控制台道岔位置有显示，此时参加施工的段信号技术室工程师、领工员、信号工长及信号工均认为故障已全部排除，但未核对道岔表示和实际位

置是否一致，就盲目在《行车设备检查登记簿》上销记签字，交付使用。车站即办理 72 次 168 公里线路所上行通过进路并开放信号，当机车司机发现开通安全线采取紧急制动后，进入安全线造成脱轨重大责任事故。

拓展知识

XDB—Ⅱ型新型信号点灯灯丝断丝报警装置

随着铁路事业的高速发展，为适应铁路信号点灯灯丝断丝报警的要求，北京全路通铁路专用器材工厂相继研制开发了一、二代 XDB 型信号点灯灯丝断丝报警装置。在 XDB—Ⅰ型基础上，根据现场施工需求改进的 XDB—Ⅱ型新型信号点灯灯丝断丝报警装置，扩大了检测容量并增加了辅助调试功能，便于实时监测灯丝继电器工作电流，从而及时了解设备工作状态。该装置已通过南昌铁路局技术鉴定，CRCC 认证，铁道部科技查新结论属新型创新技术，已相继在厦深线、龙厦线、京承线、京沪线、京原线、京九线、古洛线、北同蒲线等主要铁路干线投入使用，现场反馈性能稳定、工作可靠，还未出现误报、错报、漏报等现象。

XDB—Ⅱ型信号点灯灯丝断丝报警装置由 DDX—2 型点灯单元、检测分机和报警主机 3 部分组成，安装时只需室内改动信号点灯电源线，室外不需要额外增加电缆，并可接入已有微机监测及计算机联锁系统。施工简单，便于维护。

（1）DDX—2 型点灯单元。由信号点灯变压器和灯丝转换模块组成，具备传统点灯单元点灯及灯丝转换的基本功能。

（2）检测分机。有灯丝状态检测和断丝信息提取功能。借助点灯供电电源线，检测分机从灯丝继电器 DJ 上采集信息，通过内部阻容网络，检测断丝前后相关支路阻抗的微小变化，并将这种变化以数字量信息传递给报警主机，由报警主机进行判断是否发生断丝报警及回路不完整报警。

（3）报警主机。对接收到的分机信息进行分析判断，从而确定是否报警；如果报警，将输出声光报警信号以提示现场工作人员及时处理。报警主机主要实现功能：①主丝断丝报警；②副丝断丝报警；③主副双丝断丝报警；④报警时，报警信息定位至具体信号灯灯位，区间运用时可检测电缆断线地点，误差为 100 m；⑤通过 CAN 总线将报警信息传送至微机监测系统；⑥实时监督灯丝继电器 DJ 电流，减少现场维护的工作量。报警主机与检测分机的数字通信采用 CRC16 冗余校验，可有效杜绝由于干扰而造成的通信错误，从而保证信息传输的高可靠性。报警主机除本身发出声光报警信号外，还输出开关信号驱动主控台的报警装置进行报警。在实际应用时，可根据需要设置为上行报警、下行报警分别输出，或者不区分上、下行报警输出。XDB—Ⅱ型信号点灯灯丝断丝报警原理示意如图 1.7 所示。

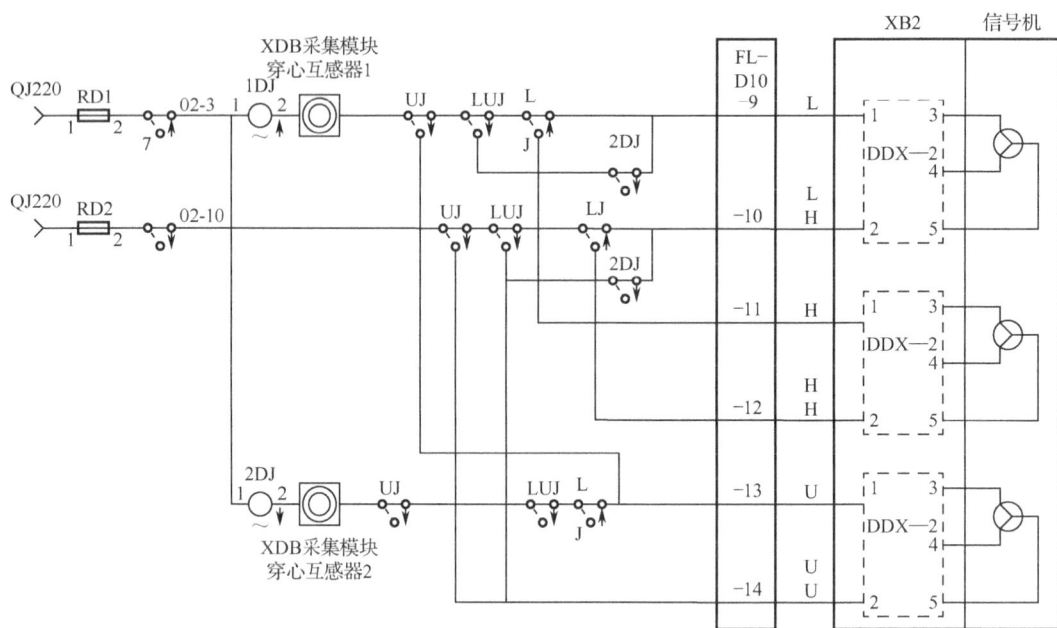

图 1.7 XDB—Ⅱ型信号点灯灯丝断丝报警原理示意图

任务二 继电器应用

学习目标

（1）了解继电器的定位状态；

（2）了解继电器的电气参数和机械参数；

（3）了解继电器的基本电路。

学习任务

认知继电器，主要包括各类继电器实物、操作继电器、信号系统图纸和参数的含义。

工具设备

常用继电器、信号系统图纸。

教学环境

低压电器实验室或者 6502 集中联锁实验室。

基础知识

一、继电器的定位状态

继电器有两种状态，即吸起状态和落下状态。在电路图中只能表达这两种状态中的一种。在电路图中，继电器呈现的状态称为通常状态（简称常态），或称为定位状态。在铁路信号系统中，应遵循以下原则来规定定位状态。

（1）继电器的定位状态应与设备的定位状态相一致，将信号布置图中所反映的设备状态约定为设备的定位状态。例如，一般信号机以关闭为定位状态，道岔以开通为定位状态，轨道电路以空闲为定位状态。

（2）根据故障-安全原则，继电器的落下状态必须与设备的安全侧相一致。例如，信号继电器的落下应与信号关闭相一致，轨道继电器的落下应与轨道电路占用相一致，只有这样才能实现电路发生断线故障时导向安全侧。

根据以上两项原则就可以确定继电器的定位状态。例如，信号继电器 XJ 落下与信号关闭相对应，规定 XJ 落下为定位状态；道岔定位表示继电器 DBJ 吸起与道岔处于定位相对应，规定 DBJ 吸起为定位状态，而道岔反位表示继电器 FBJ 吸起应与道岔处于反位相对应，故规定 FBJ 落下为定位状态。轨道继电器吸起与轨道电路空闲相对应，规定轨道继电器吸起为定位状态。

在电路图中，凡以吸起为定位状态的继电器，其线圈和接点处均以"↑"符号进行标记；凡以落下为定位状态的继电器，其线圈和接点处均以"↓"符号进行标记。

二、继电器线圈及触点标注

不同类型继电器线圈及触点的图形符号参见表 1.2 和表 1.3。

表 1.2　不同类型继电器线圈的图形符号

序号	符　号	名　称	序号	符　号	名　称
1	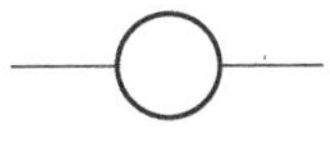	无极继电器	6	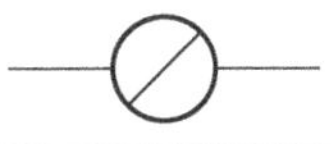	有极加强继电器
2	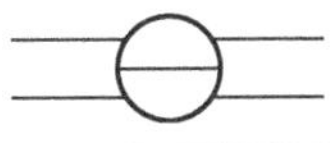	无极继电器（两线圈分接）	7	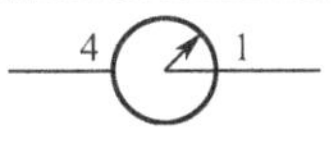	偏极继电器
3	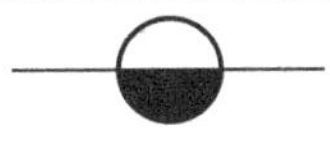	无极缓放继电器	8	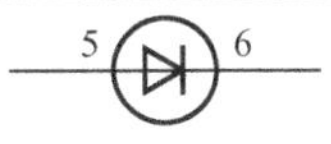	整流式继电器
4	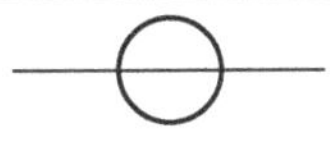	无极加强继电器	9	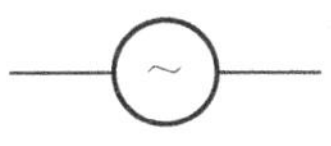	交流继电器
5	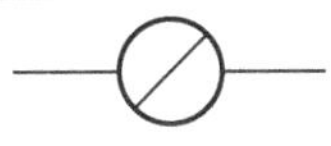	有极继电器	10	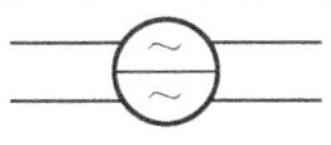	交流二元继电器

表 1.3　不同类型继电器触点的图形符号

序　号	符　号		名　称
	标准图形	简化图形	
1	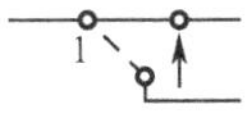	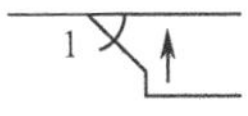	前触点闭合、后触点断开
2	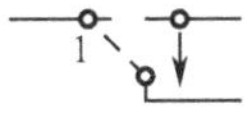	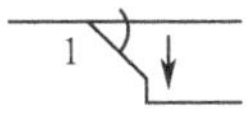	前触点断开、后触点闭合

序　号	符　号		名　称
	标准图形	简化图形	
3	111　⊸⊶ 113 / 112	111 ⟨ 113 / 112	极性继电器触点组 定位触点闭合，反位触点断开
4	111　⊸⊶ 113 / 112	111 ⟨ 113 / 112	极性继电器触点组 定位触点断开，反位触点闭合

　　在继电器线圈的符号上，必须标注端子号，对于仅有一个定位状态的继电器，还必须标注箭头以表明其定位状态。

　　触点组用两位表示，第一位表示触点组号；第二位表示前、中、后触点，用"1"表示中触点，"2"表示前触点，"3"表示后触点，一般电路图中仅在中触点处标出其触点组号。从表 1.2、表 1.3 中可看出，当触点组号为 1 时，中触点为 11，前触点为 12，后触点为 13。继电器吸起时，中、前触点接通，中、后触点断开；继电器落下时，中、前触点断开，中、后触点接通。对于有极继电器，由于无法用箭头表示其状态，所以必须完整标注其触点号，例如 111 表示中触点，112 表示定位触点，113 表示反位触点。其中，百位数 1 表示该继电器为有极继电器，以区别于其他继电器。

三、继电器基本电路

（一）串联电路

串联电路指继电器接点串联连接的电路，其功能是实现逻辑"与"的运算，如图 1.8 所示。

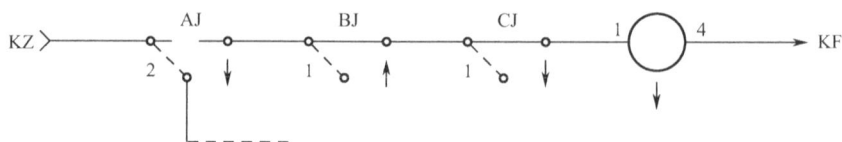

图 1.8　串联电路

（二）并联电路

由几个继电器接点并联连接的电路称为并联电路，其功能是实现逻辑"或"运算，如图 1.9 所示。

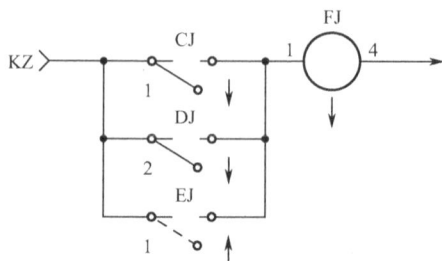

图 1.9　并联电路

（三）串并联电路

根据逻辑功能的要求，在电路中有些接点串联，有些接点并联，这类电路称为串并联电路，如图 1.10 所示。

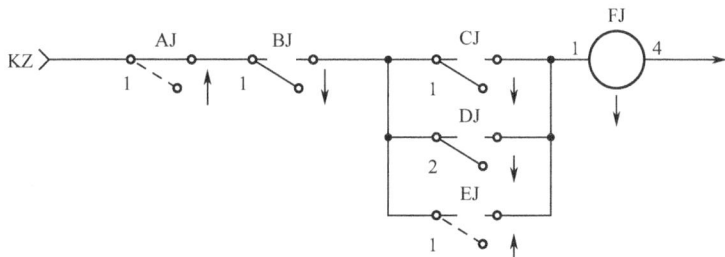

图 1.10　串并联电路

（四）自闭（自锁）电路

凡是有自身前接点参与保持该继电器吸起的，称为自闭电路，如图 1.11 所示。

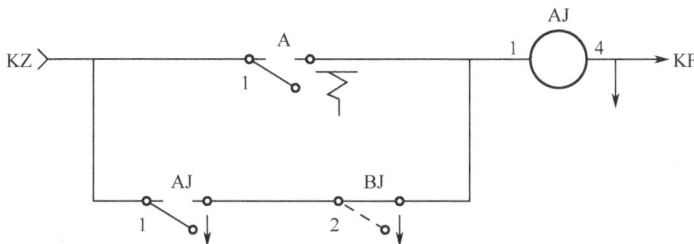

图 1.11　自闭电路

（五）继电器特性及参数

信号继电器的电气特性是指反映继电器性能的电气参数。这些参数对于设计信号控制电路，实现继电电路的逻辑功能具有重要作用。信号继电器的电气特性包括额定值、吸起值、工作值、转极值、充磁值、释放值、反向工作值、反向不工作值和返还系数等。

（1）额定值。额定值是继电器正常工作时必须接入的电源电压或电流值。信号控制电路中大多数直流继电器的额定电压为直流 24V，其他性能不同的继电器有不同的额定值。

（2）吸起值。吸起值是指向继电器线圈通电，继电器刚一吸起（中接点与前接点刚刚接触）时的电压值或电流值。

（3）工作值。工作值是指保证继电器可靠吸起（衔铁止片与铁芯紧密接触，全部前接点闭合），并满足规定接点压力继电器线圈所需要接入的最小电压值或电流值。

（4）转极值。转极值是有极继电器的特有参数，它是指能够使有极继电器衔铁转极的最小电压值或电流值。

（5）充磁值。充磁值也称过负载值，它是工作值或转极值的 4 倍。

（6）释放值。释放值也称落下值，是指向继电器通以规定的充磁值后，逐渐降低电压或电流，当继电器的衔铁落下、全部前接点断开时，继电器线圈的最大电压值或电流值。

（7）反向工作值。反向工作值是指向继电器线圈反向通电，使继电器可靠吸起，并满足接点压力时所需的最小电压值或电流值。

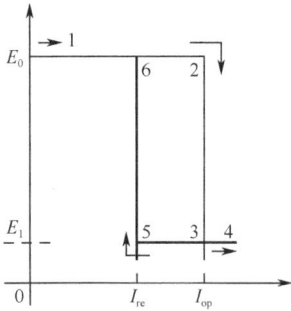

图1.12　继电器特性曲线

（8）反向不工作值。反向不工作值是偏极继电器特有的参数，即向偏极继电器线圈反向通电，保证继电器不动作的最大电压值。对于 JPXC—1000 型继电器，反向不工作值为 200V。

（9）返还系数。返还系数是衡量继电器工作性能的重要参数。继电器的释放值与工作值之比称为返还系数。继电器特性曲线更好解释返还系数这个概念，如图1.12所示。

流过的电流大于整定的动作电流 I_{op} 时，继电器能够突然迅速动作，并稳定、可靠地输出低电平；在继电器动作以后，当电流减小到小于返回电流 I_{re} 时，继电器又能立即突然返回到输出高电平。

（六）继电电路的分析方法

在设计和分析继电电路时，为了便于认识和掌握电路的逻辑功能、继电器动作顺序、继电器动作时机和继电器励磁回路，需采用一些简便的分析方法，通常有动作程序法、时间图解法和接通径路法。

1. 动作程序法

动作程序法用来表示继电器的动作过程，着重反映继电器的时序关系，而不严格地表达逻辑功能。用符号表示各继电器状态的变化，"↑"表示继电器吸起；"↓"表示继电器落下；"→"表示促使继电器吸起与落下；"|"表示逻辑"与"，如图1.13所示。

2. 时间图解法

整个电路动作过程与继电器的时间特性（如缓放时间的长短）密切相关。这时，可用时间图解法

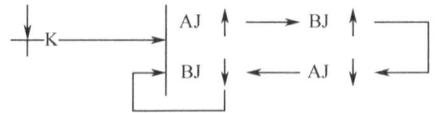

图1.13　动作程序法

来较准确地进行分析。时间图解法能很清楚地表示出各继电器的工作情况、相互关系和时间特性，能正确地反映整个电路的动作过程。

时间图解法把继电器线圈通电、后接点断开、前接点闭合、线圈断电、前接点断开、后接点闭合等都用时间图表示出来，如图1.14所示。继电器之间的互相关系在时间图上用箭头表示，它的动作过程时间图如图1.15所示。

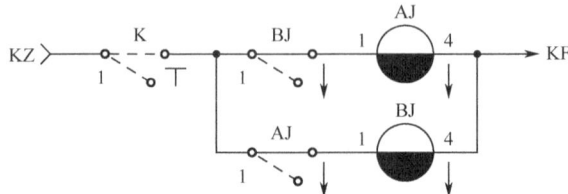

图1.14　脉动偶电路

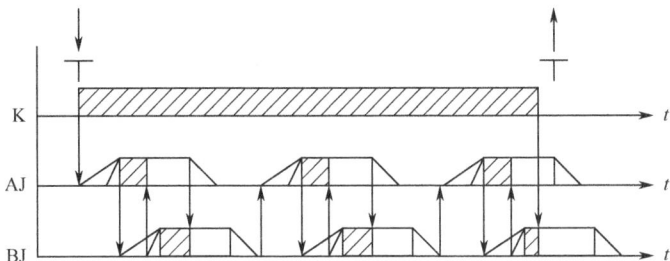

图 1.15　脉动偶电路时间图

3．接通径路法

接通径路法用来描述继电器励磁电流的径路，即由电源正极经继电器接点、线圈及其他器件（按钮接点、二极管等）流向电源负极的回路，它是分析继电器电路时常用的方法（俗称跑电路），如图 1.16 所示。

$$KZ{-}K_{11\text{-}12}{-}BJ_{11\text{-}13}{-}AJ_{1\text{-}4}{-}KF$$

$$KZ{-}K_{11\text{-}12}{-}AJ_{11\text{-}12}{-}BJ_{1\text{-}4}{-}KF$$

图 1.16　励磁电路

相关案例

【案例 1】　JWXC—1700 型无极继电器

（一）用途

JWXC—1700 型无极继电器（以下简称继电器）在信号电路中作通用继电器。

（二）适用环境

a）环境温度：−40～+60℃；

b）相对湿度：不大于 90%（温度+25℃）；

c）气压：不低于 70kPa（相当于海拔高度 3000m 以下）；

d）振动：振频不大于 15Hz，振幅不大于 0.45mm；

e）工作位置：水平；

f）周围无引起爆炸危险的有害气体，并应有良好的防尘措施。

（三）机械特性

接点组数：8QH；

鉴别销号码：11、51；

接点间隙：不小于 1.3mm；

托片间隙：不小于 0.35mm；

接点压力：动合接点不小于 250mN；动断接点不小于 150mN；

接点齐度误差：不大于 0.2mm。

（四）电气特性（+20℃时）

线圈电阻：850（1±10%）$\Omega \times 2$

线圈串联，连接 2、3，使用 1、4；

额定值：DC 24V；

充磁值：DC 67V；

工作值：不大于 DC 16.8V；

释放值：不小于 DC 3.4V；

反向工作值：不大于 DC 18.4V；

接点电阻：不大于 0.05Ω。

（五）绝缘耐压

在试验的标准大气条件下，继电器的绝缘电阻应不小于 100MΩ。

在气压不低于 86kPa 条件下（相当于海拔高度 1000m 以下），继电器的绝缘耐压应能承受交流正弦波 50Hz、2000V 有效值电压，历时 1min 应无击穿闪络现象，重复试验时的电压应为原承受电压值的 75%。

（六）电寿命

继电器接点通以 DC 24V，1A 阻性负载，其电寿命为 2×10^6 次。

【案例2】 安全型继电器电磁系统检修

铁路信号继电器的性能好坏直接影响铁路列车运行的安全，所以对继电器的性能检测尤为重要，对于继电器的检修及调整工艺一般分为下列几个步骤。

（一）检修前的准备工作

通用工具：150mm 调簧钳，150mm 尖嘴钳，75mm、150mm 螺丝刀，14mm×100mm 活口扳手，4～11mm 套筒扳手，75W 电烙铁，什锦锉，小铁墩子，镊子，测牛（克）计，小手锤。

专用工具（自制）：启封螺丝刀、叉口、螺丝刀；接点爪调整器：黄铜塞尺和根据需要自制的其他工具。

个人检修用品：白布带、白绸带、银砂纸、400 号水砂纸、酒精、汽油。

（二）电磁系统检修

1. 线圈检查

线圈架应无破损和龟裂，在不影响机械强度的情况下，破损处可用环氧树脂修补，用镊子检查线圈引线应无假焊、断股，发现断股应重新焊接。

2. 磁路检修

（1）卸下钢丝卡检查，钢丝卡应无裂纹，弹力充足。

（2）检查轭铁。

轭铁转角处应无裂纹，衔铁安装处的刀刃应良好，如发现刃角圆钝，可用细锉修成锐角。检查铁芯，铁芯安装应正直、牢固，若铁芯松动，则应卸开型别盖板螺丝，从底座上取下继电器用铁芯紧固扳手插进极靴面的两圆孔内，然后用活口扳手拧紧铁芯螺帽。轭铁及铁芯的镀层完整，小面积的损坏可用淡黄色漆涂刷防护，若镀层大面积剥离，则应重新电镀处理。

（3）检查衔铁。

衔铁应无扭曲变形，吸合时应与铁芯面平行，以保证气隙均匀，导磁性能良好。衔铁若扭曲厉害，则应卸下止片，在钳工平台上用榔头垫方木敲打整平。衔铁刃口应尖锐，若因磨耗而造成圆角时，同样用细锉修成锐角；当磨耗严重，影响衔铁灵活动作而又无法修复时，应更换。

（4）磁系统擦洗去污。

知识拓展

安全型继电器接点（触点）

继电器接点是继电器的执行机构，通过接点来反映继电器的状态，进行电路的控制。从接点材质到接点结构，从接点组数到接点容量，对继电器接点有较高的要求。对频繁通断大电流的接点，还必须采取灭火花措施。

（一）对接点系统的要求

在实际应用过程中，继电器的大部分故障发生在接点系统上，因此继电电路的可靠性在很大程度上取决于接点系统工作的可靠性。为保证继电器的可靠工作，必须对接点系统有一定的要求，这些要求包括：

（1）接点闭合时，接触可靠，接触电阻小而且稳定；

（2）接点断开时，要可靠分开，接点间电阻为无穷大，即有一定的间隙；

（3）接点在闭合和断开过程中没有颤动；

（4）不发生熔接；

（5）耐各种腐蚀；

（6）热导率和电导率要高；

（7）使用寿命长。

（二）接点参数

1. 接点材质

对接点材质的基本要求是机械强度高、电导率和热导率高、耐腐蚀、熔点较高、加工容易、价格适宜。

2. 接点电阻

接点接触时两导体间的连接是接触表面间若干个接触过渡段的结合，因此它的电阻比同样形状、尺寸的整个导体要大得多，这种接触连接所形成的电阻叫作接触电阻。接点电阻与接点材料、接点间压力、接点的接触形式、接点间电压降、温度及化学腐蚀、电腐蚀等因素有关。接点电阻由接触电阻及接点本身的电阻两部分组成。

由于接触电阻的存在，使通过接点的电流在接触过渡段产生功率损失，使接点发热。接点发热后增大了材料的电阻系数，减低了机械强度。由于发热和散热是同时进行且取得平衡的，所以接点通电后，能产生一定的温升（接点温度与周围环境温度之差），使接点电阻和机械强度保持在一定范围内。总的要求是尽量减小接点电阻，以避免过高的接点温升与电压降。因此，对接点电阻均要提出不允许超过的电阻值。

3. 接点压力

接触点之间的压力和材质，在很大程度上决定着接点电阻的大小。开始接触的瞬间，接点压力加在为数不多的接触点上，这些接触点被压平，使两接触表面更加接近一些，产生一些新的接触点，总的接触电阻就会降低。但当压力达到某数值时，再增大压力也不会使接点的接触电阻有明显减小。

接点间存在压力，接点支撑件（接点弹片等，一般采用弹性元件）能产生弹性变形，避免因震动等因素造成接触分离，所以对接点压力有明确的最低值。

4. 接点齐度

同一继电器的所有接点用于电路中，理论上要求同时接触。但在接点系统的生产过程中，从工艺上不可能做到没有误差，因而接点很难做到完全同时接触。继电器各组接点同时接触的误差称为接点不齐度，要求其越小越好。

5. 接点间隙

在动接点和静接点开始分离的瞬间，接点间产生很高的电场，在接点间隙中的自由电子在此电场力的作用下从阴极向阳极高速移动，这样就产生了接点间的电弧。另外，这些电子与气体中的自由电子撞击，使气体电离，进一步使电弧加剧。电弧的产生使接点迅速氧化和点燃，加速接点的损耗，缩短使用寿命。但当接点间隔增大后，拉长了电弧，可使电弧熄灭。此外，接点间隙小，雷电效应也可能使接点间产生放电现象，故要求接点间有足够大的间隙。

6. 接点滑程

接点表面的腐蚀、氧化和灰尘等对接触电阻有很大影响，为了保证接点的可靠工作，当接点开始接触后，要求接点相互之间有一定程度的位移，该位移叫作接点滑程。

（三）接点容量

继电器接点所允许通过的最大电流称为接点容量，继电器使用时严禁超出接点容量，以保证各类接点达到规定的接点寿命动作次数。超出接点容量使用时，会造成接点接触面拉弧烧损，使接点的接触电阻增大，寿命缩短，严重时造成器材或设备烧损。

（四）接点材料

一般继电器要求接点材料的电阻系数小，抗压强度低，而且选用不易氧化或其氧化物电阻率小的材料。因为，接触材料电阻系数越小，接点本身的电阻越小，接触电阻越小；材料的抗压强度越小，在一定的接点压力下，接触面积就越大，接触电阻越小。

银的电阻率最低，银的氧化膜的电导率与纯银几乎相等，且抗压强度不高，因此几乎所有类型的继电器都采用银和银合金作为接点材料。

对控制大电流和高电压的接点，应选择耐电腐蚀和难熔的材料，如钨和金属陶瓷等。钨熔点高，硬度也很高，不会熔合，几乎没有机械磨损，耐电腐蚀能力强，但它在大气中易氧化。

金属陶瓷，大部分是由两种互相不能熔成合金的成分用金属陶制法（粉末冶金法）制成的。它磨损小，熔点非常高，耐电腐蚀能力强，不易熔合，导电、导热性能好，很适宜作为接点材料。银氧化镉就是其中的一种，其基本物质为银（85%～80%），起导电作用，氧化镉（12%～15%）起导热作用，获得了最佳配合。它在高温下（990℃）还能以爆炸形式分解出氧与镉的蒸汽，起到对电弧的吹动和消除游离的效应，形成自动吹弧作用，提高了接点的熄弧性能。特别是它与银接点配合使用时，具有防粘连、接触电阻小等特点。

安全型继电器的普通接点中，静接点常用银或银氧化镉制成，动接点用银氧化镉制成。加强接点的静接点、动接点均用银氧化镉制成。

《铁路信号维修规则》规定，普通接点的接触电阻，银-银应不大于 $0.03\,\Omega$，银-银氧化镉应不大于 $0.05\,\Omega$，银-银碳应不大于 $0.3\,\Omega$，银氧化镉-银氧化镉应不大于 $0.1\,\Omega$。加强接点的接触电阻，银氧化镉-银氧化镉应不大于 $0.1\,\Omega$。

任务三　继电器操作运用实例

【操作运用案例】 认知和使用继电器

1. 实训项目教师工作活页（见表 1.4）

表 1.4　实训项目教师工作活页

实训项目	认知和使用继电器		
学时	2	班级	略
实训场所	6502 继电器集中联锁实训室		
工具设备	安全无极继电器若干、整流继电器若干、万用表若干、多媒体课件、图片、仿真软件、示教板		
教学目标	专业能力	（1）能够说出无极继电器的各部分名称 （2）能够说出继电器分类 （3）能够说出继电器的型号及表示的含义 （4）能够用万用表对继电器进行检测 （5）能够画出继电器线圈和触点的符号	
	方法能力	（1）能综合运用专业知识，通过专业书籍、多媒体课件和图片资料获得帮助信息 （2）能根据实训项目学习任务确定实训方案，从中学会表达及展示活动过程和成果	
	社会能力	（1）能在实训活动中保持积极向上的学习态度 （2）能与小组成员和教师就学习中的问题进行交流和沟通 （3）能与他人共享学习资源，具有较好的合作能力和团队协作精神	

续表

教学活动	略（详见教学设计）		
教学评价	（1）学生活动：①以 5～7 人小组为单位开展实训活动，根据本组同学在实训过程中的能力表现及结果进行自评和组内互评；②根据其他小组同学在成果展示活动中的表现及结果进行互评 （2）教师活动：①教师组织学生开展评价活动和总结；②对学生在本实训项目的单元成绩做出综合评价		
教学资料	（1）城市轨道交通信号设备教材 （2）继电器仿真软件 （3）实训项目学生学习活页		
指导教师		教学时间	年　　月　　日

2. 实训项目学生学习活页（见表 1.5）

表 1.5　实训项目学生学习活页

实训项目　认知和使用继电器

班级：_____　姓名：_____　学号：_____　时间：_____

一、实训目标

1. 专业能力目标

（1）能够说出无极继电器的各部分名称；

（2）能够说出继电器分类；

（3）能够说出继电器的型号及表示的含义；

（4）能够用万用表对继电器进行检测；

（5）能够画出继电器线圈和触点的符号。

2. 方法能力目标

（1）能综合运用专业知识，通过专业书籍、多媒体课件和图片资料获得帮助信息。

（2）能根据实训项目学习任务确定实训方案，从中学会表达及展示活动过程和成果。

3. 社会能力目标

（1）能在实训活动中保持积极向上的学习态度。

（2）能与小组成员和教师就学习中的问题进行交流和沟通。

（3）能与他人共享学习资源，具有较好的合作能力和团队协作精神。

二、知识总结

（1）什么是继电器安全侧故障？

（2）什么是 AX 系列安全型继电器的机械特性和牵引特性？

（3）交流二元继电器的结构有何特点？用于何处？如何具有相位和频率选择性？

（4）电路中选择继电器有哪些原则？

（5）继电器线圈有哪些使用方法？

（6）整流式继电器在结构上有哪些特点？其与无极继电器有何异同点？

三、操作应用

（1）指认下图继电器，并标注 1～13 的名称。

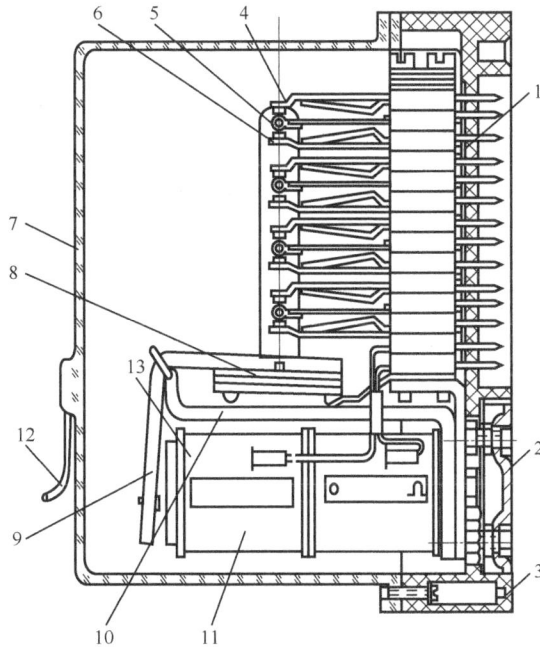

1_____	2_____	3_____	4_____	5_____
6_____	7_____	8_____	9_____	10_____
11_____	12_____	13_____		

（2）试画出继电器自闭电路的原理图，并在上面标注各个部分的名称。

（3）分析无极继电器、有极继电器和偏极继电器的异同。

（4）画出不同类型继电器线圈及触点的符号。

四、实训小结

_____

_____

_____

五、成绩评定

1. 学生评价

评价等级	A—优	B—良	C—中	D—及格	E—不及格
学生自评					
组内互评					
他组互评					

2. 教师评价

评价等级	A—优	B—良	C—中	D—及格	E—不及格
专业能力					
方法能力					
社会能力					
评价结果					

3. 综合评价

评价等级	A—优	B—良	C—中	D—及格	E—不及格
评价结果					

注：按照学生自评占10%、组内互评占10%、他组互评占20%、教师评价占60%的比例计分。其中，A—100分，B—85分，C—75分，D—60分，E—50分。

续表

4. 评价量规

等级	行为表现描述
A	能圆满、高效地完成实训任务的全部内容
B	能顺利完成实训任务的全部内容
C	能完成实训任务的全部内容，但需要一些帮助和指导
D	自己只能完成实训任务的部分内容，但在现场的指导下，已经能完成任务的全部内容
E	不能完成实训任务的全部内容

思考与练习

1. 识读常见 AX 系列安全型继电器型号。

2. AX 系列安全型继电器的插座编号、鉴别销和型别盖有什么作用？举例说明。

3. 简述无极继电器的结构和工作原理。无极继电器由哪些主要部件组成？各起什么作用？

4. AX 系列安全型继电器的电气特性主要包括哪些？各有什么含义？

5. 直流电磁无极继电器的吸起值为何比释放值大？

6. 什么叫返还系数？作为信号继电器，返还系数选用大的好还是小的好？

7. 如何具有相位和频率选择性？有哪些基本继电器电路？何谓自闭电路？有何作用？

项目二 信号及信号机

铁路信号设备是铁路信号、联锁、闭塞等设备的总称。它的主要作用是保证列车运行与调车工作的安全和提高铁路通过能力。铁路信号，是向有关行车和调度人员发出的指示和命令。联锁设备用于保证站内行车和调车工作的安全，提高车站的通过能力。闭塞设备用于保证列车在区间内运行的安全，提高区间的通过能力。

任务一　认识轨道信号

🏫 学习目标

（1）了解各种信号的分类；

（2）了解信号机的设置；

（3）了解各种信号机的显示意义。

💼 学习任务

认知信号机，主要包括高柱信号机、矮型信号机、信号机图形符号、信号机显示。

📕 工具设备

矮型信号机和手信号灯。

🖼 教学环境

室内信号实训基地、校外地铁车站、车辆段、多媒体教室。

⛄ 基础知识

一、轨道信号的作用

铁路运输是以机车车辆等移动设备和铁道线路、桥梁隧道、站场等固定设备为基本设备，以车站为运输生产基地的实现旅客和货物运输的庞大系统。轨道信号的主要作用如下。

（一）提高通过能力和运输效率

铁路信号设备可以明显提高通过能力和运输效率。这表现在：提高列车运行密度和运行速度，加速机车、车辆的周转，加快货物和旅客的送达，节省流动资金，减少列车停站时间，减少运缓，保证正点，提高编解作业效率和办公效率等。

（二）保证列车运行和调车工作的安全

行车安全关系到旅客生命财产的安全和货物的正常运输，是铁路运输头等重要的大事。信号设备是保证行车安全的主要技术装备。其确保运输安全的使命可概括为：减少事故件数、降低事故等级、缩小事故损失和承担事故转移。

（1）在车站，为了确保站内行车及调车作业安全，提高运输效率，对道岔、进路、信号实现了集中操纵与控制，防止人为失误，安装了车站联锁设备。

（2）在区间，为防止列车发生冲突或追尾事故，保证列车按空间间隔运行，提高运输能力，防止人为失误，安装了区间闭塞设备。

（3）在编组站，为提高列车的编组效率，将编解命令存入自动溜放程序，并使溜放车辆实现安全连挂，安装了驼峰自动化控制设备。

（4）在机车上，为了保证列车的运行安全，改善司乘人员的劳动条件，及时准确地向机车提供前方地面信号的显示状态，并逐步实现列车调度的自动控制，安装了机车信号设备。

（5）在道口，为了保证铁路与公路平交道口过往车辆和行人的安全，安装了道口自动信号设备。

（6）在调度所，为了实现列车运行指挥的自动化，把各车站的车辆停留与占用情况和列车在区间的运行情况，通过显示盘（显示屏）提供给行车指挥人员，及时进行调整与控制，安装了调暖监督设备、调度集中设备和铁路行车调度指挥系统。

二、信号的类型

（一）按照视听效果，分为视觉信号和听觉信号

视觉信号是以物体或灯光的颜色、形状、位置、数目或数码显示等特征表示的信号。例如，用信号机、机车信号、信号旗、信号牌、火炬等表示的信号。

听觉信号是以不同声响设备发出音响的强度、频率、音响的长度和数目等特征表示的信号。例如，用号角、口笛、响墩发出的声音及机车、轨道车鸣笛等发出的信号。一些视觉信号如图 2.1 所示。

信号旗　　　　　　信号机　　　　　　　　机车信号机

图 2.1　视觉信号

本书列举部分铁路鸣笛鸣示信号，如表 2.1 所示。

表2.1　列车鸣笛鸣示方式

名　　称	鸣示方式	使用时机
启动注意信号	一长声	（1）列车启动或机车车辆前进时（双机牵引或使用补机时，本务机车鸣笛后，补机应回答，本务机车再鸣笛一长声后启动）； （2）接近车站、鸣笛标、曲线、道口、桥梁、隧道、行人、施工地点、黄色信号、引导信号、容许信号或天气不良时； （3）自动闭塞区间、通过信号机前停车后，能继续运行，通知运转车长时； （4）电力机车在检修及整备中，准备降下或升起受电弓时
退行信号	二长声	列车、机车车辆、单机开始退行时
召集信号	三长声	要求防护人员撤回时

某地铁公司的《某地铁公司行车组织规则》规定音响信号如下。

音响信号，长声为3s，短声为1s，间隔为1s。重复鸣示时，应间隔5s以上。列车鸣示方式如表2.2所示。

表2.2　列车鸣示方式

序号	名　　称	鸣示方式	使用时机
1	启动注意信号	一长声 ——	（1）列车启动或机车车辆前进时（双机牵引时，本务机车鸣笛后，尾部机车应回答，本务机车再鸣笛一长声后启动）； （2）接近车站、鸣笛标、隧道、施工地点、黄色信号、引导信号、天气不良时； （3）在区间停车后，继续运行时，通知车长； （4）电客车在检修及整备中，准备降下或升起受电弓时
2	退行信号	二长声 —— ——	电客车、机车车辆、单机开始退行时
3	召集信号	三长声 —— —— ——	要求防护人员撤回时
4	呼唤信号	二短一长声 · · ——	（1）电客车或机车要求出入车厂时； （2）在车站要求显示信号时
5	警报信号	一长三短声 —— · · ·	（1）发现线路有危及行车安全的不良处所时； （2）列车发生重大、大事故及其他需要救援情况时； （3）列车在区间内停车后，不能立即运行，通知车长时
6	试验自动制动机复示信号	一短声 ·	（1）试验制动机开始减压时； （2）接到试验制动结束的手信号，回答试风人员时； （3）调车作业中，表示已接受调车长所发出的信号时
7	缓解信号	二短声 · ·	试验制动机缓解时
8	紧急停车信号	连续短声 · · · · · ·	司机发现邻线发生障碍，向邻线上运行的列车发出紧急停车信号时，邻线列车司机听到后，应立即紧急停车

（二）按照本身具有的特征，分为手信号、移动信号和固定信号

手拿信号灯、旗或直接用手臂显示的信号叫手信号；在施工或维修区段线路旁临时设置的信号牌、灯叫移动信号；为指示列车运行和调车工作，将信号机安装在某一固定地点的叫固定信号，如图 2.2 所示。

移动信号   固定信号   手信号

图 2.2 移动信号、固定信号、手信号

（三）按照车地位置，分为地面信号和车载信号

地面信号一般是指设置在线路沿线供列车司乘人员辨识的信号；传统意义上车载信号一般是指将地面信号通过传输设备或其他方式传输引入列车供司乘人员辨识的信号；城市轨道交通车载信号所包含的范围更广，车载信号设备一般安装在列车的两端。

城市轨道交通地面信号采用的色灯信号机在结构上与铁路信号机基本相同，但在设置要求和显示意义方面与铁路有一定区别，信号机的显示距离有明确的设计规范要求，轨道交通地面信号一般设置在车辆段和车站进出站台处及道岔附近，区间一般不设置地面信号机。

城市轨道交通的自动化程度比较高，一般采用"地面信号显示与车载信号系统相结合、以车载信号系统为主"的运用方式，特别是在 CBTC 模式下时，地面信号机多采用灭灯方案，行车完全依据车载信号；只有在非 CBTC 模式下时，才以地面信号为主。

三、信号机显示

（一）4 信号机显示颜色的选择

信号颜色的选择，应能达到显示明确、辨认容易、便于记忆和具有足够的显示距离等基本要求。经过理论分析和长期实践，信号的基本色为红、黄、绿三种，再辅以蓝色、月白色，构成信号的基本显示系统。红色——停车；黄色——注意或减速运行；绿色——允许运行；蓝色和月白色主要用于调车信号，分别表示禁止调车和允许调车。

（二）禁止信号和允许信号

要求停车的信号，如红色灯光、蓝色灯光，叫作禁止信号，又称为信号的关闭状态；按规定速度运行的信号，如绿色灯光、黄色灯光、双黄灯光、白色灯光，叫作允许信号，又称为信号的开放状态。黄色信号是注意或减速运行，绿色信号是按规定速度运行。

（三）信号机图形符号

信号机图形符号如表 2.3 所示。

表 2.3　信号机图形符号

名　称	图形符号	名　称	图形符号
红色灯光	●	空灯位	⊗
黄色灯光	⊘	稳定灯光（如绿灯）	⬡
绿色灯光	○	闪光信号（如绿灯）	⬡
蓝色灯光	⊙	一般高柱信号	⊢○　○⊣
月白色灯光	⊙	一般矮型信号	○　○
紫色灯光	ⓩ	接车性质的信号机	⊢○○　○○⊣
白色灯光	◑		

（四）信号显示基本要求

1．信号机定位

将信号机经常保持的显示状态作为信号机的定位。信号机定位的确定，一般是考虑保证行车安全，提高运输效率及信号显示自动化等因素。

除采用自动闭塞时通过信号机显示绿灯为定位外，其他信号机一律以显示禁止信号（红灯或蓝灯）为定位。

2．信号机关闭时机

除调车信号机外，其他信号机，当列车第一轮对越过该信号机后及时地自动关闭。调车信号机在调车车列全部越过调车信号机后自动关闭。

3．视作停车信号

信号机的灯光熄灭，显示不明或显示不正确时，均视为停车信号。

4．区分运行方向

有两个以上运行方向而信号显示不能区分运行方向时，应在信号机上装进路表示器，由进路表示器指示开通的运行方向。

（五）信号显示举例

根据某地铁《行车组织规则》规定，信号显示意义如下。

1．正线地面信号机显示

（1）绿色灯光：允许信号，表示道岔已锁闭，进路中所有道岔开通直向。

（2）黄色灯光：允许信号，表示道岔已锁闭，进路中至少有一组道岔开通侧股。

（3）红色灯光：禁止信号，不允许列车越过信号机。

（4）红色灯光和黄色灯光：引导信号，允许列车以不大于 25km/h 的速度越过引导信号，并随时准备停车。

（5）灭灯：对于非 CBTC 列车为禁止信号，不允许列车通过。

（6）其他显示：禁止信号，不允许列车通过。

2．车场信号机显示方式及意义

（1）进场兼调车信号机。

红色灯光：禁止信号，不允许列车越过信号机。

黄色灯光：允许列车按规定速度进段。

白色灯光：调车信号，允许按规定的速度越过该信号机调车。

黄色灯光和红色灯光：引导信号，允许列车一度停车后以不超过 25km/h 的速度进段，并随时准备停车。

（2）出库兼调车信号机。

红色灯光：禁止信号，不允许列车越过信号机。

黄色灯光：允许列车按规定速度出库或通过。

白色灯光：调车信号，允许按规定的速度越过该信号机调车。

（3）调车信号机。

白色灯光：调车信号，允许按规定的速度越过该信号机调车。

蓝色灯光：禁止越过该信号机调车，但对列车不起阻拦作用。

（4）总出发信号机。

红色灯光：禁止信号，不允许列车越过信号机。

白色灯光：调车信号，允许按规定的速度越过该信号机调车。

黄色灯光：允许出段，前方进路上的道岔开通侧股。

（5）库内调车信号机。

白色灯光：允许越过该信号机调车。

红色灯光：禁止信号，不允许列车越过信号机。

3．手信号（在地下车站显示手信号时按夜间方式显示）

手信号显示含义如表 2.4 所示。

表 2.4　某地铁公司手信号显示含义

序号	手信号类别	显 示 方 式	
		昼　间	夜　间
1	停车信号：要求列车停车	展开的红色信号旗，无红色信号旗时，两臂高举头上，向两侧急剧摇动	红色灯光，无红色灯光时，用白色灯光上下急剧摇动
2	紧急停车信号：要求司机紧急停车	展开红色信号旗下压数次，无红色信号旗时，两臂高举头上，向两侧急剧摇动	红色灯光下压数次，无红色灯光时，用白色灯光上下急剧摇动
3	减速信号：要求列车降低速度运行	展开的黄色信号旗，无黄色信号旗时，用绿色信号旗下压数次	黄色灯光，无黄色灯光时，用白色或绿色灯光下压数次
4	发车信号：要求司机发车	展开的绿色信号旗上弧线向列车方面做圆形转动	绿色灯光上弧线向列车方面做圆形转动
5	通过手信号：允许列车由车站通过	展开的绿色信号旗	绿色灯光

续表

序号	手信号类别	显 示 方 式	
		昼 间	夜 间
6	引导信号:允许列车进入车站或车场	展开黄色信号旗高举头上左右摇动	黄色灯光高举头上左右摇动
7	降弓信号	左臂垂直高举,右臂前伸并左右水平重复摇动	白色灯光上下左右重复摇动
8	升弓信号	左臂垂直高举,右臂前伸并左右上下重复摇动	白色灯光做圆形转动
9	好了信号:某项作业完成	用拢起的信号旗做圆形转动	白色灯光做圆形转动

相关案例

【案例1】 信号机的设置

城市轨道交通系统中,有的车站设有道岔,有的车站仅有两条正线,因此,应根据各站设备具体情况设置信号机。以在正线上常用的防护信号机举例。

在正线道岔岔前和岔后适当地点设置防护信号机,如图 2.3 中的车站道岔防护信号机 F0102～F0110 所示。

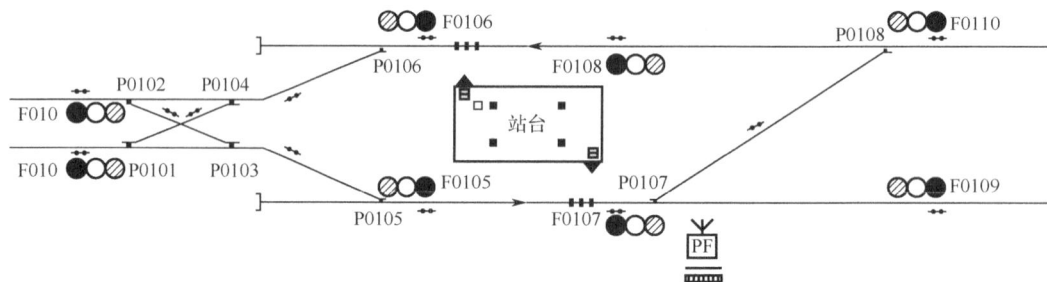

图 2.3　防护信号机设置

防护信号机采用三显示机构,自上而下灯位为黄、绿、红。具体显示含义如下。

一个红灯:禁止列车越过该信号机。

一个绿灯:进路开通并锁闭,前方道岔开通在直向位置,允许列车按指令速度越过该信号机进入区间。

一个黄灯:进路开通并锁闭,前方道岔开通在侧向位置,允许列车按规定速度(一般不超过 30km/h)越过该信号机继续运行。

红灯+黄灯:引导信号,允许列车以不超过 25km/h 的速度越过该信号机,有条件进入区间,并随时准备停车。

【案例2】 响墩及火炬信号

响墩爆炸声及火炬信号的火光（如图2.4和图2.5所示），均要求紧急停车。停车后如无防护人员，机车乘务人员应立即检查前方线路，如无异状，列车以在瞭望距离内能随时停车的速度继续运行，但最高不得超过20km/h。在自动闭塞区间，运行至前方第一个通过信号机前，如无异状，即可按该信号机显示的要求执行；在半自动闭塞区间，经过1km后，如无异状，可恢复正常速度运行。

图2.4 响墩信号

2.5 火炬信号

知识拓展

信号机显示颜色的选择

城市轨道交通信号机颜色的选择，应能达到显示明确、辨认容易、便于记忆和具有足够的显示距离等基本要求。经过理论分析和长期实践，铁路信号的基本色为红、黄、绿三种，再辅以蓝色、月白色，构成铁路信号的基本显示系统。

早期铁路信号的光源一般为白炽灯产生的白光（现阶段城市轨道交通信号一般采用LED光源）。白光是一种复合光，由红、橙、黄、绿、青、蓝、紫七种颜色的光混合而成。其中红光波长最长，紫光波长最短。一般来说，波长越长，穿透周围介质（如空气等）的能力越强，显示距离越远。

同样强度的光，红光最诱目，因为人眼对红色辨认最敏感，红色比其他颜色更能引人注意，对人会产生不安全感，所以规定红色灯光为停车信号是最理想的。

黄色（实际上是橙黄色，简称黄色）光线透过玻璃的能力较强，显示距离较远，又具有较高的分辨力，辨认正确率接近100%，故采用黄色灯光作为注意和减速信号。

绿色和红色的反差最大，容易分辨，而绿色灯光显示距离较远，能满足信号显示的要求，故采用绿色灯光作为按规定速度运行的信号。

调车信号机的关闭不能影响列车运行，所以它一般不采用红色灯光，而选用蓝色灯光作为禁止调车信号较合适，因其具有较高的诱目性和较大的辨认率。调车信号机的允许信号采用月白色灯光，主要目的是与一般普通照明电源相区别。蓝色、白色灯光虽显示距离较近，但因为调车速度较低，所以能满足调车作业的需要。

紫色灯光具有较高的区别性，作为道岔状态表示器表示道岔在直向开通的灯光基本上能满足需要。

任务二　信　号　机

📖 **学习目标**

（1）了解各种信号机的分类；

（2）了解信号机的设置；

（3）了解信号机灯光配列；

（4）了解信号机的结构。

📘 **学习任务**

认知信号机，主要包括高柱信号机、矮型信号机、信号机设置、灯光配列。

💻 **工具设备**

矮型信号机和信号机设置图片。

📝 **教学环境**

室内信号实训基地、校外地铁车站、车辆段、多媒体教室。

👷 **基础知识**

一、信号机设置和分类

（一）信号机设置的一般原则

1. 铁路固定信号机可设置于行车方向线路的左侧或右侧及路中心的上方

我国铁路采用左侧行车制，机车司机座位统一设在驾驶室左侧，为便于瞭望信号，规定固定信号机应设置在行车方向线路的左侧，特殊地段也可设于所属线路的中心线上方或线路的右侧。

城市轨道交通采用右侧行车制，其地面信号机设于列车运行方向的右侧，在地下部分一般安装在隧道壁上。特殊情况（如因设备限界、其他建筑物或线路条件等影响）可设于列车运行方向的左侧或所属线路的中心线上方。

2. 信号机机柱类型的选择

信号机按照支柱类型，一般可以分为高柱信号机和矮型信号机；在铁路上一般严格参照设计规范选择支柱，轨道交通中对支柱的要求不严格。

高柱信号机具有显示距离远、观察位置明确等优点，因此车辆段的进段、出段信号机（及停车场的进场、出场信号机）一般采用高柱信号机。

而其他信号机由于对显示距离要求不远，以及隧道内安装空间所限，一般采用矮型信号机。

3. 信号机不得侵入铁路建筑接近限界

依据国标要求，一般情况下铁路高柱信号机最突出的边缘距离正线和允许通过超限货物列车的站线中心线为 2440mm，距离其他站线中心线为 2150mm，矮型信号机距离线路中心线为 1875mm。

城市轨道交通信号机不得侵入设备限界。设备限界是用以限制设备安装的控制线。直线地段的设备限界是在直线地段车辆限界外扩大一定安全间隙后形成的：车体肩部横向向外扩大 100mm，边梁下端横向向外扩大 30mm，接触轨横向向外扩大 185mm，车体竖向加高 60mm，受电弓竖向加高 50mm，车下悬挂物下降 50mm。

（二）信号机的命名

一般正线上的信号机上行用"S"表示，下行用"X"表示。防护信号机用"F"命名；阻挡信号机用"Z"命名；复示信号机用"FX"命名。以数字序号作为下标，轨道交通一般区分上下行进行编号，有时也可不分上下行，只按照顺序编号。

车辆段/停车场的进段/场、出段/场信号机用上行"S"、下行"X"和进段"J"、出段"C"的组合来表示，从段外向段内顺序编号；列车阻挡信号机和调车信号机用"D"命名，从段内向段外顺序编号。如图 2.6 所示为某地铁公司正线信号机设置和命名，其中 Z0102（Z0101）为阻挡信号机，F0104（F0103）为防护信号机，JD1 和 JD2 为进段信号机，CD1 和 CD2 为出段信号机。

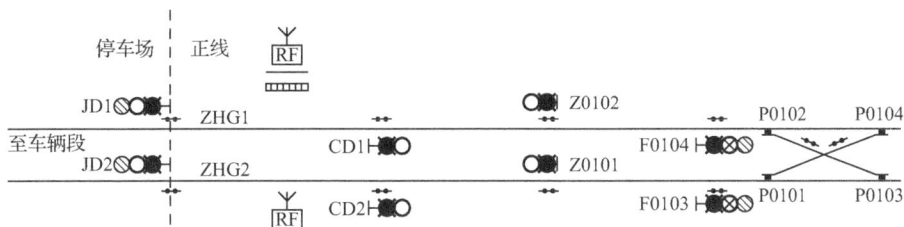

图 2.6　正线信号机设置和命名

（三）正线上的信号机设置

城市轨道交通有的车站设有道岔，有的车站仅有两条正线，因此应根据各站设备具体情况设置信号机。在正线常用的信号机包括以下几种。

1. 防护信号机

在正线道岔岔前和岔后适当地点设置防护信号机，用以保护前方的道岔区域，防止列车误入，造成道岔设备损坏或引发其他安全事件。如图 2.7 所示为某地铁有岔车站正线防护信号机设置。

防护信号机采用三显示机构，自上而下灯位为黄（或月白）、绿、红，具体显示意义如下。

图 2.7　正线防护信号机设置

红色——禁止越过该信号机。

绿色——进路已锁闭，进路中所有道岔均开通直向位置，允许列车按照规定速度越过该信号机。

黄色——进路已锁闭，进路中至少有一组道岔开通侧向位置，允许列车按照规定速度（一般限速不超过 30km/h）越过该信号机，运行至进路终点。

黄色+红色——引导信号，允许列车以不超过 25km/h 的速度越过该信号机，并随时准备停车。

2．阻挡信号机

一个红灯阻挡信号机显示红灯时用单显示机构，只有一个红灯。当阻挡信号机显示红灯时，列车应在距信号机至少 10m 的安全距离前停下。当车站设置有阻挡信号机时，与防护信号机共同顺序编号。阻挡信号机一般设置在线路尽头、折返进路终端等位置。如图 2.8 所示，Z0102 和 Z0101 为两显示的阻挡信号机。

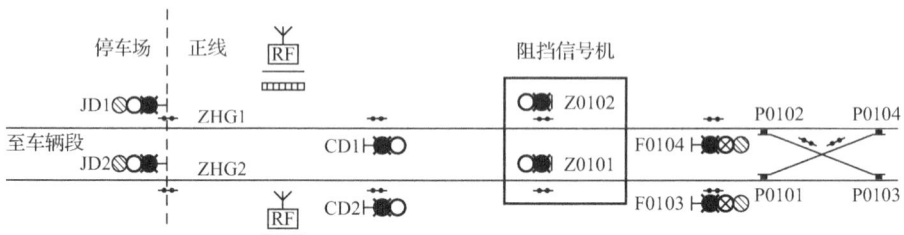

图 2.8　正线阻挡信号机设置

3．区间信号机

采用 CBTC 模式的城市轨道交通，区间信号机已经失去主体信号的作用。一般在区间不设置通过信号机。为便于驾驶员在信号设备发生故障、CBTC 模式不可用时控制列车运行，可以根据需要设置区间信号机。一般在长大区间降级模式下为满足必要的追踪间隔设置区间信号机。

区间信号机采用三显示机构，自上而下灯位为黄、绿、红。具体显示含义如下。

一个红灯：禁止列车越过该信号机。

一个绿灯：表示列车运行前方至少有两个闭塞区段空闲。允许列车按指令速度越过该信号机。

一个黄灯：表示列车运行前方只有一个闭塞区段空闲。列车应减速运行通过该信号机，并随时准备停车。

4. 进站、出站信号机

车站可根据需要设置进站、出站信号机。通常只设出站信号机。出站信号机设置在车站出口，即在列车由车站向区间发车地点的前方，指示列车能否由车站进入区间。出站信号机灯光配列采用两显示，出站前方有道岔时，出站信号机可兼作道岔防护信号机，此时采用三显示机构，如图2.9所示。

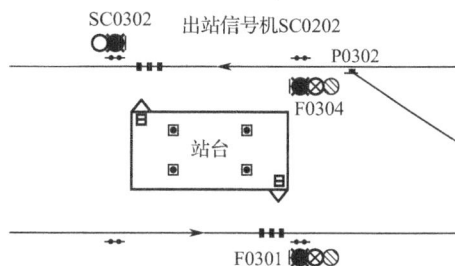

图2.9 正线出站信号机设置

5. 发车计时器（倒计时发车牌）

车站可在正向出站方向站台一侧，列车停车位置前方适当地点设置发车计时器，向驾驶员显示停站倒计时。发车计时器平时不亮灯，列车停靠后根据停站时间进行倒数，提醒驾驶员关闭车门，按规定发车。

（四）车辆段/停车场信号机设置

1. 进段/场信号机设置

在车辆段/停车场的入口，转换轨外方设置进段/场信号机。进段/场信号机采用双机构，带引导信号机构，自上而下灯位为黄、绿、红、黄、白。也可跟防护信号机灯光配列相同。

具体显示的含义如下。

一个红色灯光：禁止列车越过该信号机入场。

绿灯：封停。

红色灯光+白色灯光：引导信号，表示允许列车停车后，以限制人工驾驶模式不超过20km/h的速度越过道岔区段，并随时准备停车。

一个黄色灯光：表示进路中所有道岔都开通直向，允许列车直股入段/场。

两个黄色灯光：表示进路中至少有一副道岔开通侧向，允许列车侧股入段/场，如图2.10中的SJ1、SJ2所示。

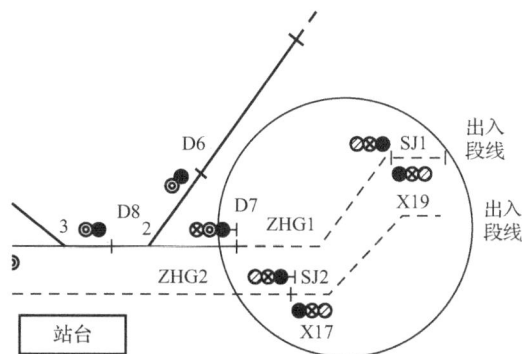

图2.10 进段/场信号机设置

2. 出段/场信号机设置

在车辆段/停车场的出口处设置出段/场信号机。出段/场信号机采用三显示机构，自上而下灯位为黄、绿、红。也可采用绿、红、白。具体显示的含义与防护信号机显示含义相同，如图 2.11 中的 SC1、SC2 所示。

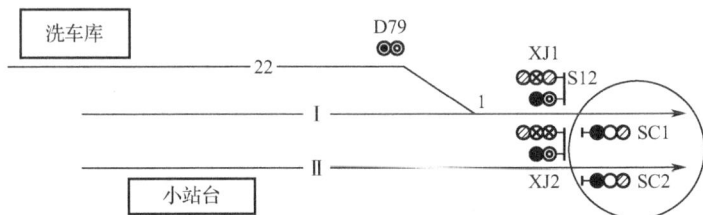

图 2.11　出段/场信号机设置

3. 调车信号机

在车辆段/停车场内，根据需要在适当地点设置调车信号机。调车信号机采用二显示机构，自上而下灯位为白、蓝（或红）。具体显示的含义如下。

一个白色灯光：允许列车越过该信号机调车。

一个蓝色灯光或一个红色灯光：严禁列车越过该信号机调车。如图 2.12 中的 D79 所示。

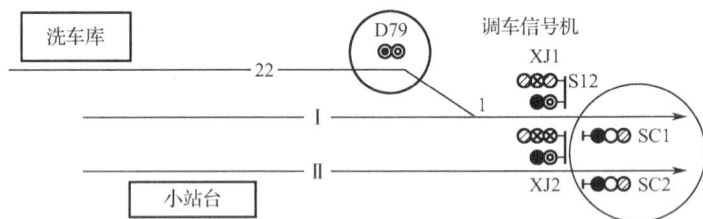

图 2.12　调车信号机设置

（五）固定信号机分类

1. 按设置部位分类，分为地面信号和机车信号

地面信号是设于车站或区间固定地点的信号机或信号表示器，用来防护站内进路或区间闭塞分区及道口。机车信号设于机车驾驶室内，用来复示地面信号显示，以及逐步成为主体信号。

2. 按信号机构造分类，分为色灯信号机和臂板信号机

色灯信号机是用灯光的颜色、数目及亮灯状态表示信号含义的信号机。它具有昼夜显示一致、占用空间小等特点，但需可靠的交流电源。色灯信号机按信号机构的构造又分为探照式、透镜式和组合式，以及 LED 式。臂板信号机已经淘汰。

3. 按用途分类，分为信号机和信号表示器两大类

信号机是表达固定信号显示所用的机具，用来防护站内进路，防护区间，防护危险地点，具有严格的防护意义。信号机按防护用途的不同又可分为进站、出站、进路、调车、

驼峰、遮断、预告、复示等信号机。另有设于铁路平交道口的道口信号机。

信号表示器是对行车人员传达行车或调车意图的，或对信号进行某些补充说明所用的器具，没有防护意义。信号表示器按用途又分为发车表示器、调车表示器、进路表示器、发车线路表示器、道岔表示器、脱轨表示器等。

4. 按地位分类，可分为主体信号机和从属信号机

主体信号机是能独立地显示信号，指示列车或调车车列运行条件的信号机，如进站、出站、进路、通过、驼峰、调车等信号机。从属信号机是本身不能独立存在，只能附属于某种信号机的信号机，如预告信号机从属于进站信号机、所间区间的通过信号机、遮断信号机；复示信号机从属于进站、进路、出站、驼峰、调车等信号机。

5. 按停车信号的显示意义分类，可分为绝对信号和非绝对信号（也称容许信号）

绝对信号是指当显示停止运行的信号时，列车、调车车列必须无条件遵守的信号显示。所有站内信号机的禁止信号显示均为绝对信号（但调车信号禁止信号对列车来说不作为停车信号）。非绝对信号是指列车在列车信号机显示红灯、显示不明或灯光熄灭时允许列车限速通过，并准备随时停车的信号。

6. 按安装方式分类，信号机可分为高柱信号机、矮型信号机、信号托架和信号桥

高柱信号机的信号机安装在信号机柱上，一般用于距离要求较远的信号机。高柱信号机具有显示距离远、观察位置明确等优点。因此，为保证安全，提高效率，进站、正线出站、接车进路、通过、预告、驼峰等信号机必须采用高柱信号机。

矮型信号机设在位于建筑限界下部外侧的信号机基础上，一般用于显示距离要求不远的信号机上。站线出站、发车进路信号机和一般情况下的调车信号机等采用矮型信号机。

设于特殊地形和特殊条件下的信号机，其中包括进站信号机，经铁路局批准，也可采用矮型信号机。设于桥隧的预告信号机、通过信号机、双线双向自动闭塞区段的反方向进站信号机也可采用矮型信号机。

因受限界限制，不能安装信号机柱时，应以信号托架和信号桥代替。信号托架为托臂形结构建筑物，信号桥为桥形结构建筑物。

机车信号机、色灯信号机和臂板信号机如图 2.13 所示。

机车信号机　　　　　色灯信号机　　　　　臂板信号机

图 2.13　几种信号机

二、铁路信号机灯光配列（部分）

信号机按用途分为进站信号机、出站信号机、通过信号机、进路信号机、预告信号机、接近信号机、遮断信号机、驼峰信号机、驼峰辅助信号机、复示信号机和调车信号机。

（一）色灯信号机灯光配列规定

（1）当根据实际情况需减少灯位时，应以空位停用方式处理。减少灯位的处理方式可以维持信号机应有的外形，以防误认。防护信号机若无直向运行方向，则仍采用三显示机构，将绿灯封闭；存车线中间进段方向的列车阻挡信号机采用三显示机构，将绿灯封闭。

（2）以两个基本灯光组成一种显示时，应有一定的间隔距离，以保证显示清晰，如防护信号机的红灯和黄灯同时点亮表示引导信号，其间隔开一个绿灯灯位。

（3）双机构加引导信号是一种专门的信号机形式，需要时，进段（场）信号机可采用此形式。

（二）进站信号机

1．作用

防护车站，指示列车的运行条件，保证接车进路的正确和安全可靠，凡车站的列车入口处必须装设进站信号机。

2．设置位置

距离最外方进站道岔尖轨尖端（顺向为警冲标）大于 50m 小于 400m 处。

3．命名

按运行方向命名，用于指示上行列车运行的称为上行进站信号机，用 S 表示，下行进站信号机用 X 表示。同一咽喉区有多个方向线路接入时，根据所属区间线路连接的相邻车站，以其名称的汉语拼音字头作为 S 或 X 的下标。

4．灯光配列

（1）一个黄色灯光：准许列车经道岔直向位置进入站内正线准备停车，如图 2.14（a）所示。

（2）两个黄色灯光：准许列车经道岔侧向位置进入站内准备停车（半自动闭塞、三显示自动闭塞），如图 2.14（b）所示。

（3）一个黄色闪光和一个黄色灯光：准许列车经过 18 号及以上道岔侧向位置，进入站内越过次一架已经开放的信号机，且该信号机防护的进路，经道岔的直向位置或 18 号及以上道岔的侧向位置（半自动闭塞、三显示自动闭塞），如图 2.14 所示（c）。

（三）出站信号机

1．作用

防护区间，作为列车占用区间的凭证，指示列车能否进入区间；当显示禁止灯光时，指示列车在站内停车位置。

2．设置位置

设置在车站有发车作业的正线和到发线端部的适当地点，应尽量不影响股道的有效长度。

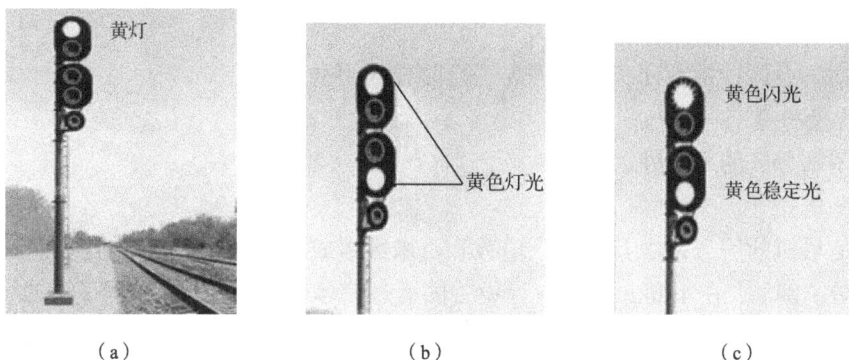

（a）　　　　　　　　　（b）　　　　　　　　　（c）

图 2.14　进站信号机

3. 命名

用于指示上行列车运行的称为上行出站信号机，用 S 表示，下行出站信号机用 X 表示，并以所属股道号码作为 S 或 X 的下标。当有数个车场时，下标应先加车场号，再加股道号码。

4. 灯光配列

（1）一个绿色灯光：准许列车由车站出发，表示运行前方至少有两个闭塞分区空闲（半自动闭塞、三显示自动闭塞），如图 2.15（a）所示。

（2）一个黄色灯光：准许列车由车站出发，表示运行前方有一个闭塞分区空闲（半自动闭塞、三显示自动闭塞），如图 2.15（b）所示。

（3）一个红色灯光：禁止列车越过该信号机（半自动闭塞、三显示自动闭塞），如图 2.15（c）所示。

（4）在兼作调车信号机时，一个月白色灯光：准许越过该信号机调车（半自动闭塞、三显示自动闭塞），如图 2.15（d）所示。

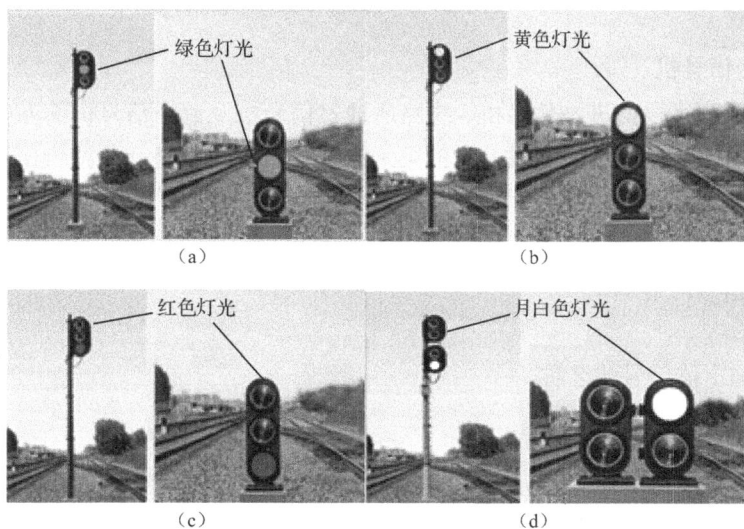

（a）　　　　　　　　　　　　　　　（b）

（c）　　　　　　　　　　　　　　　（d）

图 2.15　出站信号机

（四）通过信号机（自动闭塞区段通过信号机）

1. 作用

防护闭塞分区，指示列车能否进入运行前方的闭塞分区。

2. 设置位置

每个闭塞分区的入口处。

3. 命名

通过信号机的编号是由其坐标公里数和百米数组成的，下行通过信号机编为奇数，上行编为偶数。例如，在100km+350m处设置的通过信号机，上行方向编号为1003，下行方向编号为1004。

4. 灯光配列（三显示自动闭塞区段）

（1）一个绿色灯光：准许列车按规定速度运行，表示运行前方至少有两个闭塞分区空闲，如图2.16（a）所示。

（2）一个黄色灯光：要求列车注意运行，表示运行前方有一个闭塞分区空闲，如图2.16（b）所示。

（3）一个红色灯光：列车应在该信号机前停车，如图2.16（c）所示。

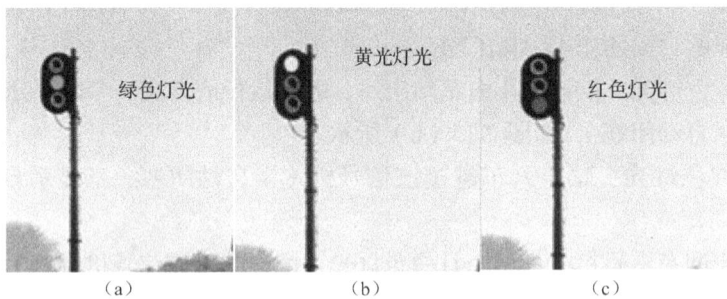

图2.16　通过信号机

（五）预告信号机

在非自动闭塞区段的进站信号机、线路所通过信号机及遮断信号机前方应装设预告信号机。在自动闭塞区段进站信号机前方的第一架通过信号机已经起到预告信号的作用，该信号机机柱上涂有三道黑色斜线。

1. 作用

预告主体信号的显示。

2. 命名

Y，后面加主体信号的名称。

（六）接近信号机

在列车运行速度超过120km/h的非自动闭塞提速区段，车站进站信号机外方设置两段轨道电路，分别称为第一接近区段和第二接近区段，两接近区段的分界处设置接近信号机。

1. 作用

预告进站信号机的显示。

2. 命名

J，后面加主体信号的名称。

（七）复示信号机

1. 作用

当进站、出站、进路、调车等信号机因受地形、地物影响达不到规定的显示距离时，应在其前方适当地点设置复示信号机，以保证信号的连续显示。

2. 命名

F，后面加主体信号的名称。

（八）遮断信号机

1. 作用

在繁忙道口，有人看守的较大桥梁、隧道，以及可能危及行车安全的塌方落石地点，可根据需要装设遮断信号机。

2. 命名

F，后面加主体信号的名称。

三、信号显示距离

（1）进站、通过、遮断、防护信号机，不得少于1000m。

（2）高柱出站、高柱进路信号机，不得少于800m。

（3）出站、进路、预告、驼峰信号机，不得少于400m。

（4）调车、矮型出站、矮型进路、复示信号机，容许和引导信号及各种表示器，均不得少于200m。

（5）因地形、地物影响信号显示的地方，进站、通过、预告、遮断、防护信号机的显示距离，在最坏条件下不得少于200m。

四、固定信号机的定位显示

信号机有开放和关闭两种状态，其经常保持的显示状态为定位显示。信号机定位显示的确定，一般应考虑保证行车安全，提高运输效率及信号显示自动化等因素。在车站或线路所，由人工控制的信号机以禁止灯光为定位显示，如进站、出站、线路所通过信号机的红灯，调车信号机的蓝灯。

受列车运行等影响能够自动关闭和开放的信号机一般以允许灯光为定位显示，如自动闭塞通过信号机的绿灯，进站信号机前方的第一架通过信号机兼预告信号机的黄灯。

预告信号机和接近信号机的定位显示为黄灯，遮断信号机和各种复示信号机定位显示为无显示。

五、透镜式和 LED 式色灯信号机

色灯信号机以其灯光的颜色、数目和亮灯状态来表示信号。现多采用透镜式色灯信号机，因其结构简单，安全方便，控制电路所需电缆芯线少，所以得到广泛采用。组合式色灯信号机则是为提高在曲线上的显示距离而研制的新型信号机。

(一) 透镜式色灯信号机

透镜式色灯信号机有高柱和矮型两种类型，高柱信号机的机构安装在钢筋混凝土信号机柱上，矮型信号机的机构安装在信号机水泥基础上。

高柱透镜式色灯信号机如图 2.17 (a) 所示。它由机柱、机构、托架、梯子等部分组成。机柱用于安装机构和梯子。机构的每个灯位配备相应的透镜组和单独点亮的灯泡，给出信号显示。托架用于将机构固定在机柱上，每个机构需上下托架各一个。梯子用于信号维修人员攀登及作业。

透镜式色灯信号机有两灯位、三灯位和四灯位机构 3 种，城市轨道交通系统一般使用两灯位和三灯位两种。高柱和矮型透镜式色灯信号机又各有单机构和双机构之分。单机构只有一个机构，可构成二显示、三显示和单显示信号机。双机构可构成四显示、五显示信号机。各种信号机根据需要还可以分别带引导信号机构、容许信号机构或进路表示器。

透镜式色灯信号机的每个灯位主要由灯泡、灯座、点灯单元、透镜组、遮檐、背板等组成，如图 2.17 (b) 所示。

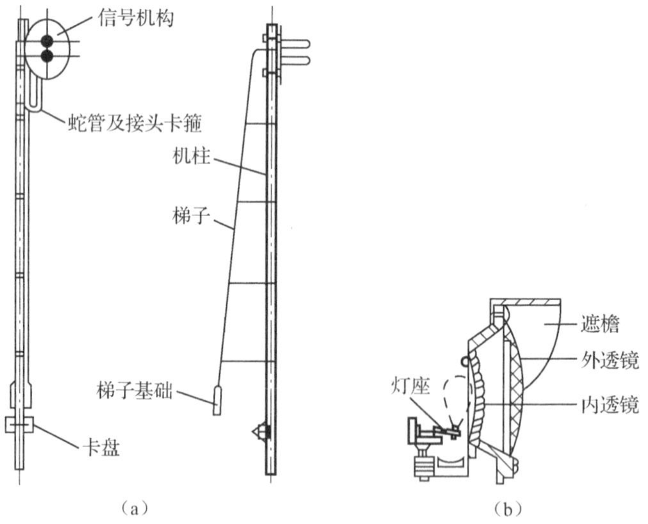

图 2.17　透镜信号机

(二) LED 色灯信号机

LED 色灯信号机的机构由铝合金材料构成，质量轻，便于进行施工安装，信号点灯单元由 LED 发光二极管构成，使用寿命长，亮度高、免维护。LED 色灯控制系统，在与现有点灯控制电路兼容、LED 驱动电路与二极管供电方式的设计方面取得了突破，通过监测

控制系统的电流，可监督信号显示系统的工作状态，预警异常情况，有助于准确判断故障点，便于及时处理。LED信号显示系统作为一种节能、免维护的新型光源，在城市轨道交通信号系统中得到广泛运用。

LED色灯信号机主要由点灯变压器、超高亮度发光二极管矩阵（发光盘）、光学透镜、固定框架等组成。

相关案例

【案例1】　四显示自动闭塞区段进站色灯信号机

（1）一个绿色灯光：准许列车按规定速度经道岔直向位置进入或通过车站，表示运行前方至少有三个闭塞分区空闲。

（2）一个黄色灯光：准许列车按限速要求越过该信号机，经道岔直向位置进入站内正线准备停车。

（3）两个黄色灯光：准许列车按限速要求越过该信号机，经道岔侧向位置进入站内准备停车。

（4）一个黄色闪光和一个黄色灯光：准许列车经过18号及以上道岔侧向位置，进入站内越过次一架已经开放的信号机，且该信号机所防护的进路，经道岔的直向位置或18号及以上道岔的侧向位置。

（5）一个红色灯光：禁止列车越过该信号机。

（6）一个绿色灯光和一个黄色灯光：准许列车按规定速度越过该信号机，经道岔直向位置进入站内，表示次一架信号机已经开放一个黄灯。

【案例2】　XDZ—B型多功能信号点灯装置

（一）基本原理

XDZ—B型多功能信号点灯装置将信号灯泡的点灯和灯丝的转换结合成为一体，取代了变压器和灯丝转换继电器，采用了软启动方式，延长灯泡使用寿命。XDZ—B的定义为X（信号）、D（点灯）、Z（装置）、B（产品序号）。XDZ—B型多功能信号点灯装置工作原理如图2.18所示。

（二）XDZ—B型点灯装置主要技术参数

1. 定义

（1）冷丝冲击电流：点灯开始瞬间，灯丝处于冷态时所经过的电流。信号机灯丝冷态电阻约0.5Ω，如开启时输出电压瞬间加在灯丝上，此时的冷丝冲击电流在10A以上，影响灯丝寿命。

（2）软启动：在灯丝点亮瞬间加在灯丝上的电压远低于额定电压（本装置仅为3V），然后经过0.05～0.2s上升至额定值。此时间称为软启动时间。

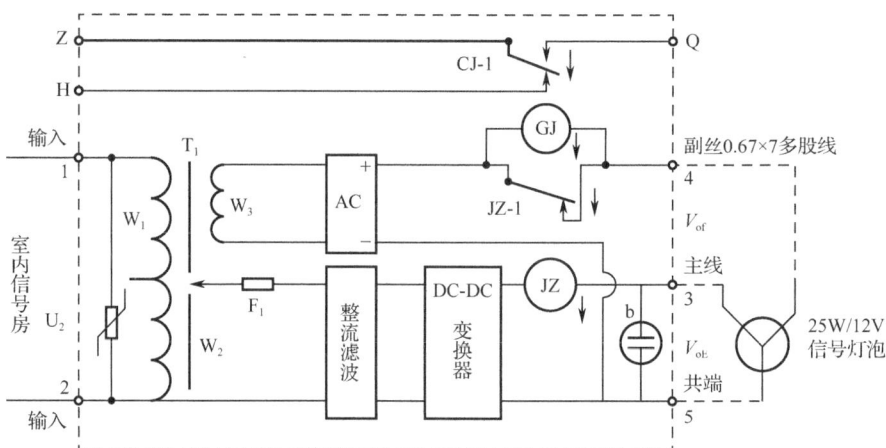

图 2.18　XDZ—B 型多功能信号点灯装置工作原理

2. 主要技术参数

（1）工作电压：220V（+15%/20%）（176～253V）单相交流 50Hz。

（2）额定负载：25W/12V 双灯丝信号灯泡。

（3）灯丝输出电压：在额定负载情况下为 DC 10.7～11.99V。

（4）空载电流：在最高输入电压下，≤16mA。

（5）主灯丝冷丝冲击电流：≤6A。

（6）主灯丝软启动时间：0.05～0.2s。

（7）灯丝转换时间：0.1s。

（8）环境温度：−25～+60℃（TB1433-821 室外电子产品规定）。生产时按−40～85℃考核。

（9）相对湿度：<90%（25℃）。

（10）电阻：输入、输出端子对地的绝缘电阻，≥25MΩ。

知识拓展

信号机灯丝故障案例

1. 故障一

故障现象：控制台 D202 信号机复示器闪。

故障分析：信号机复示器闪，一般是蓝灯电路故障，先在室内测点灯电压，电压正常则是室外故障。

故障处理：在室内测量点灯电压正常，室外变压器箱内测量蓝灯二次侧电压 12V 正常，判断为灯泡断丝。更换灯泡后故障消除。

2. 故障二

故障现象：驼峰溜放时，开放黄闪灯时，信号非正常关闭。

故障分析：驼峰主体信号机信号非正常关闭，怀疑如下。

（1）人工误操作，误按切断信号按钮，或室外误碰 AZ1、A22，使得 QXJ 落下。

（2）信号机内部故障。

故障处理：控制台观察发现，开放黄闪灯时，信号非正常关闭，有灯丝断丝提示，可认定故障为黄灯灯丝断丝，现场更换黄灯灯泡后，故障消除。

防范措施：信号楼仅电话反映为掉信号故障，没有说清楚控制台显示内容。信号值班人员接通知后，应第一时间赶赴控制台观察现象。

任务三 信号机操作运用实例

【操作运用案例】认知和使用信号机

1. 实训项目教师工作活页（见表 2.5）

表 2.5 实训项目教师工作活页

实训项目	认知和使用信号机		
学时	2	班级	略
实训场所	地铁运营仿真沙盘一套，道岔信号实验室		
工具设备	信号布置图一套，多媒体课件，示教板，计算机多媒体设备		
教学目标	专业能力	（1）能够说出信号机的作用 （2）能够说出信号机显示所表达的意思 （3）能够说出信号机布置的基本原则 （4）能够绘制有岔车站的信号布置图 （5）能够处理信号机简单故障	
	方法能力	（1）能综合运用专业知识，通过专业书籍、多媒体课件和图片资料获得帮助信息 （2）能根据实训项目学习任务确定实训方案，从中学会表达及展示活动过程和成果	
	社会能力	（1）能在实训活动中保持积极向上的学习态度 （2）能与小组成员和教师就学习中的问题进行交流和沟通 （3）能与他人共享学习资源，具有较好的合作能力和团队协作精神	
教学活动	略（详见教学设计）		
教学评价	（1）学生活动：①以 5～7 人小组为单位开展实训活动，根据本组同学在实训过程中的能力表现及结果进行自评和组内互评；②根据其他小组同学在成果展示活动中的表现及结果进行互评 （2）教师活动：①教师组织学生开展评价活动和总结；②对学生在本实训项目的单元成绩做出综合评价		
教学资料	（1）城市轨道交通信号设备教材 （2）铁路技术规程 （3）实训项目学生学习活页		
指导教师		教学时间	年 月 日

2. 实训项目学生学习活页（见表 2.6）

表 2.6　实训项目学生学习活页

实训项目　认知和使用信号机

班级：_____　姓名：_____　学号：_____　时间：_____

一、实训目标

1. 专业能力目标

（1）能够说出信号机的作用；

（2）能够说出信号机显示所表达的意思；

（3）能够说出信号机布置的基本原则；

（4）能够绘制有岔车站的信号布置图；

（5）能够处理信号机简单故障。

2. 方法能力目标

（1）能综合运用专业知识，通过专业书籍、多媒体课件和图片资料获得帮助信息。

（2）能根据实训项目学习任务确定实训方案，从中学会表达及展示活动过程和成果。

3. 社会能力目标

（1）能在实训活动中保持积极向上的学习态度。

（2）能与小组成员和教师就学习中的问题进行交流和沟通。

（3）能与他人共享学习资源，具有较好的合作能力和团队协作精神。

二、知识总结

（1）根据车辆段信号平面图，说明图中各信号机的类型及作用。

（2）说明发车表示器的作用是什么。

（3）简述各种信号机的灯光配列。

（4）简述城市轨道交通色灯信号机的命名方法。

（5）简述城市轨道交通信号的显示方式和显示制度。

三、操作应用

（1）在下面站场线路图中合理布置信号机，标注信号机名称，说明其所起的作用。

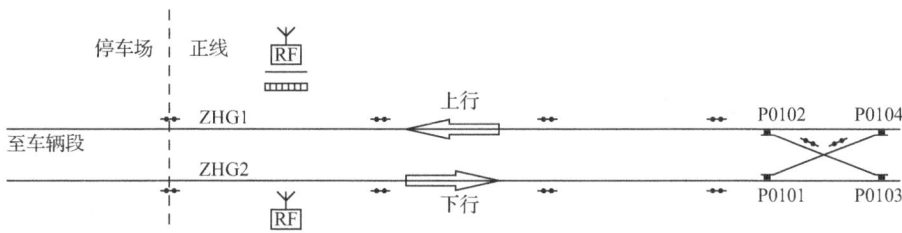

（2）比较透镜式色灯信号机与 LED 色灯信号机之间的异同。

（3）城市轨道交通调车信号机灯光配列是怎样的？如何进行调车显示？

（4）简述各种信号机显示距离的规定。

四、实训小结

_____

_____

_____

_____

五、成绩评定

1．学生评价

评价等级	A—优	B—良	C—中	D—及格	E—不及格
学生自评					
组内互评					
他组互评					

2．教师评价

评价等级	A—优	B—良	C—中	D—及格	E—不及格
专业能力					
方法能力					
社会能力					
评价结果					

续表

3. 综合评价

评价等级	A—优	B—良	C—中	D—及格	E—不及格
评价结果					

注：按照学生自评占 10%、组内互评占 10%、他组互评占 20%、教师评价占 60%的比例计分。其中，A—100 分，B—85 分，C—75 分，D—60 分，E—50 分。

4. 评价量规

等级	行为表现描述
A	能圆满、高效地完成实训任务的全部内容
B	能顺利完成实训任务的全部内容
C	能完成实训任务的全部内容，但需要一些帮助和指导
D	自己只能完成实训任务的部分内容，但在现场的指导下，已经能完成任务的全部内容
E	不能完成实训任务的全部内容

思考与练习

1. 对铁路信号显示有哪些基本技术要求？

2. 信号机的设置原则是什么？

3. 哪些信号机应采用高柱信号机？哪些信号机应采用矮型信号机？

4. 画图说明进站信号机的设置位置，并说明其作用及显示意义。

5. LED 信号机有哪些特点？

项目三 转辙机

道岔是列车从一个股道转向另一个股道的转辙设备，它是轨道线路中最关键的特殊设备，也是信号系统的主要控制对象之一。所以，信号工作人员必须熟悉它的基本结构、作用和表示符号。

转辙机是道岔控制系统的执行机构，用于道岔的转换与锁闭，它是道岔动作的动力部分，其通过杆件做直线运动，从而使道岔尖轨进行位移来改变道岔的位置，并给出道岔状态的表示。

转辙机是重要的信号基础设备，是直接关系行车安全的关键设备，它对于保证行车安全，提高运输效率，改善行车人员的劳动强度，起着非常重要的作用。由转辙机转换和锁闭道岔，易于集中操纵，实现自动化。

任务一　道岔与转辙机

学习目标

（1）了解道岔的分类；
（2）了解道岔的结构；
（3）了解道岔的作用。

学习任务

认知道岔，主要包括道岔机械结构、道岔分类、道岔编号、道岔的位置和状态。

工具设备

9 号道岔、钩锁器、手摇把。

教学环境

室内信号实训基地、校外地铁车站、车辆段、多媒体教室。

基础知识

一、道岔

（一）道岔的结构

道岔的机械结构图和结构示意图分别如图 3.1 和图 3.2 所示，它有两根可以移动的尖轨，尖轨的外侧是两根固定的基本轨，与尖轨和基本轨相连接的是 4 根合拢轨，其中两根合拢轨是直向的，另外两根合拢轨是弯向的（其曲线叫道岔导曲线），两根内侧合拢轨相连的是辙叉，它由两根翼轨、一个辙叉心和两根护轨组成。护轨和翼轨用于固定车轮运行叉，因为机车车辆通过道岔时都要经过辙叉的"有害空间"，如果不固定车轮轮缘的前进方向，就有可能造成脱轨事故。

图 3.1　道岔机械结构图

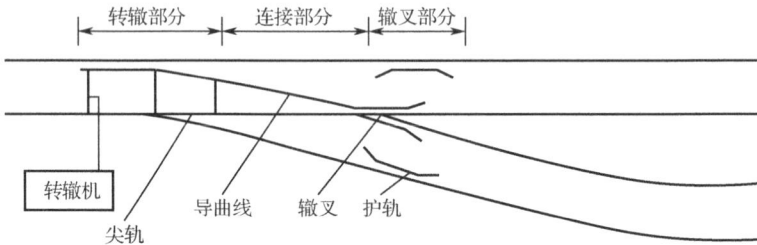

图 3.2　道岔结构示意图

目前，在我国铁路线路上，大多采用 9 号、12 号、18 号三个型号的道岔，它们所允许的侧向通过速度分别为 30km/h、45km/h、80km/h。

（二）道岔号数

我国道岔号数是以辙叉号数 N 来表示的。辙叉号数是以辙叉角的大小来衡量的，道岔辙叉角的余切值叫道岔号数或辙叉号数。辙叉角越大，辙叉号数越小。

1．辙叉号数的计算方法

如图 3.3 所示，道岔辙叉号数和辙叉心的几何关系如下：

$$N=AE/CE=\cot\alpha$$

式中，N 为辙叉号数（道岔号数）；α 为辙叉角；CE 为辙叉心工作边上任一点至另一工作边的垂直距离；AE 为由辙叉理论尖端沿工作边至垂足的长度。

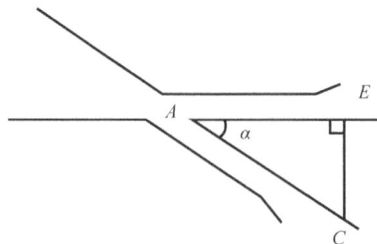

图 3.3　辙叉心几何关系

地铁线路常用的标准道岔有 7 号、9 号、12 号。正线及折返线上一般采用 9 号道岔；车辆段/停车场内基本为 7 号道岔。为了行车安全平稳，不同型号的道岔允许列车侧向通过的速度有严格的限制，具体如表 3.1 所示。

表 3.1 道岔侧向允许通过速度

辙叉号数 N	7	9	12
速度（km/h）	25	30	50

2. 道岔的位置和状态

道岔有两根可以移动的尖轨，一根尖轨与基本轨密贴，另一根尖轨与基本轨分离，必须同时改变两根尖轨的位置，使原来密贴的分离，而原来分离的密贴，可见道岔有两个可以改变的位置。

道岔两个位置一般称作定位和反位，道岔除使用、清扫、检查或修理外，经常向某一线路开通的位置叫作定位，向另一线路开通的位置叫作反位。道岔定位是《车站行车工作细则》（也称作《站细》）中的重要内容，应记明。一般来说，与正线有关的道岔开通正线为定位状态，安全线、避难线道岔的定位位置为向安全线、避难线开通的位置。

除上述两种状态外，道岔还有一种不稳定的状态——四开状态，即两根尖轨与两根基本轨均不密贴，道岔处于未锁闭的非正常状态。

尖轨与基本轨密贴的程度如何，对行车安全影响很大，比如列车迎着尖轨运行时，如果尖轨密贴程度差，即间隙超过一定限度（大于 4mm），则车辆的轮缘有可能撞着或从间隙中挤进尖轨尖端，造成颠覆或脱轨的严重行车事故。因此，对尖轨和基本轨的密贴程度有严格的标准，根据《铁路技术管理规程》规定，装有转换锁闭器、电动转辙机或电空转辙机的道岔，当在转辙杆处的尖轨与基本轨之间插入厚 4mm、宽 20mm 的铁板时，道岔应不能锁闭，给出表示。

3. 道岔编号

铁路中道岔编号一般从上行列车到达方向开始顺序编为双号；从下行列车到达方向开始顺序编为单号。两端道岔区域划分的原则是：以车站信号楼或车站中心线为界。渡线道岔应连续编号。有几个车场的车站，用三位数来表示道岔编号，百位数代表车场。轨道交通道岔编号一般按车站由上行方向连续编号，不分上下行。

4. 道岔分类

（1）按道岔的辙叉号数分：6 号、9 号、12 号、18 号、38 号。

（2）按钢轨的每米重量分：43kg、50kg、60kg。

（3）按列车运行方向分：对向道岔和顺向道岔。

对向道岔和顺向道岔的不安全因素是不一样的。顺向道岔如位置开通不对，当列车经过道岔时，顺向尖轨被挤开，将会造成挤岔事故。如果对向道岔开通侧向时尖轨不能密贴，则会造成列车脱轨，甚至发生颠覆的严重事故，如图 3.4 所示。

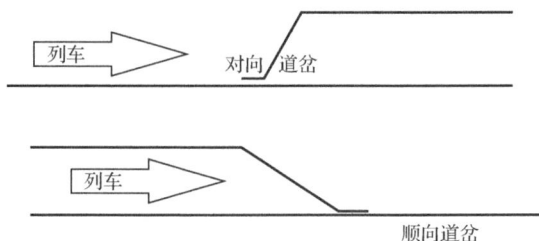

图 3.4 顺向道岔和对向道岔

（4）按结构分：单动道岔、双动道岔、交分道岔、复式交分道岔。

扳动一个操纵元件，只有一个道岔随着动作的叫单动道岔；扳动一个操纵元件，两个道岔都随着动作的叫双动道岔。双动道岔有时也称联动道岔。联动道岔也有三动或四动的情况。为了简化操作手续和联锁关系，以及保证行车安全和节省信号器材等，凡是能双动的道岔必须使之双动。"双动"即意味着两组道岔可作为一个控制对象来处理。双动道岔如图 3.5 所示。

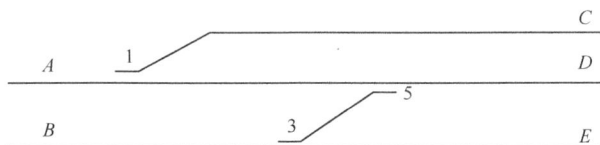

图 3.5 双动道岔

很明显，使用双动不但手续简化，而且设备也简单了。但并非所有两个道岔都可以作为双动道岔，确定为双动道岔必须符合下列条件：

第一，开通一条进路，要求两组道岔都必须在反位。即列车要经过这两组道岔的反位位置，如图 3.5 中的 B—D 进路。

第二，开通一条进路，当要求两组道岔中的任何一组在定位，而另一组也在定位时，并且不影响平行进路，如图 3.5 中的 B—E 和 A—D 进路。

图 3.5 中，只有 3#和 5#是双动道岔，一般为 3/5#。1#道岔是单动道岔。

二、转辙机

转辙机是控制道岔尖轨动作的转辙设备之一，它的基本任务是转换道岔、锁闭道岔和反映道岔的位置和状态。转辙设备除转辙机外，还包括锁闭装置和各类杆件及安装装置，它们共同完成道岔尖轨的转换和锁闭及位置反映。

城市轨道交通大部分采用电动转辙机，近年来采用电液转辙机的线路也不少。另外，随着钢轨重量的增加、大标号道岔设备的使用，为确保列车通过速度和行车效率，轨道交通正线道岔一般采用双机牵引。

（一）转辙机的作用

（1）改变道岔的位置，即根据操纵人员的意图转为定位或反位。

（2）正确反映道岔的位置，即道岔尖轨密贴于基本轨后，才能有相对应的表示。

（3）道岔转到正确位置后，实行机械锁闭，防止外力转动道岔。

（4）道岔被挤或因故在四开位置时，也应及时有报警表示。

（二）对转辙机的基本要求

（1）作为转换装置，应具有足够大的拉力，以带动尖轨做直线往返运动；当尖轨受阻不能运动到底时，应随时操纵使尖轨回到原位。

（2）作为锁闭装置，当尖轨和基本轨不密贴时，不应进行锁闭；一旦锁闭，应保证不致因车通过道岔时的震动而错误解锁。

（3）作为监督装置，应能正确反映道岔的状态。

（4）道岔被挤后，在未修复时不应再使道岔转换。

（5）应有安全装置，保证维修时作业人员的安全。

（三）转辙机的分类

（1）按传动方式分类，转辙机可分为电动转辙机和电动液压转辙机及电空转辙机。

电动转辙机由电动机提供动力，采用机械传动。多数转辙机都是电动转辙机，包括 ZD6系列转辙机、ZD（J）9系列转辙机和 S700K 型电动转辙机。

电动液压转辙机简称电液转辙机，由电动机提供动力，采用液力传动。

电空转辙机由压缩空气作为转换动力。

（2）按供电电源种类，转辙机可分为直流转辙机和交流转辙机。

直流转辙机采用直流电动机，工作电源是直流电。ZD6系列电动转辙机就是直流转辙机，由直流 220V 供电。直流电动机的缺点是，由于存在换向器和电刷，易损坏，故障率较高。

交流转辙机采用三相交流电源或单相交流电源，以三相异步电动机或单相异步电动机（现大多采用三相异步电动机）作为动力。S700K 型电动转辙机和 ZYJ7 型电液转辙机为交流转辙机。交流转辙机采用感应式交流电动机，不存在换向器和电刷，因此故障率低，而且单芯电缆控制距离远。

（3）按锁闭道岔的方式，转辙机可分为内锁闭转辙机和外锁闭转辙机。

内锁闭转辙机依靠转辙机内部的锁闭装置锁闭道岔尖轨，是间接锁闭的方式。ZD6系列等大多数转辙机均采用内锁闭方式。内锁闭方式的缺点是，锁闭可靠程度较差，列车对转辙机的冲击大。

外锁闭转辙机虽然内部也有锁闭装置，但主要依靠转辙机外的外锁闭装置锁闭道岔，将密贴尖轨直接锁于基本轨，斥离尖轨锁于固定位置，是直接锁闭的方式。S700K 型和ZYJ7 型转辙机采用外锁闭方式。外锁闭方式锁闭可靠，列车对转辙机几乎无冲击。

（4）按是否可挤，转辙机可分为可挤型转辙机和不可挤型转辙机。

可挤型转辙机内设挤岔保护（挤切或挤脱）装置，道岔被挤时，动作杆解锁，保护了整机。不可挤型转辙机内不设挤岔保护装置，道岔被挤时，挤坏动作杆与整机连接结构，应整机更换。电动转辙机和电液转辙机都有可挤型和不可挤型。此外，各种转辙机还有不同转换力和动程的区别。

（四）转辙机操纵和锁闭

1．转辙机操纵

（1）电动转换。

设备正常时，运行操作人员利用控制台（或显示器）上的有关按钮进行集中操纵。

（2）人工转换。

停电、转辙机故障及有关轨道电路故障时，只能使用手摇方式转换道岔。

2．转辙机锁闭

（1）机械锁闭。

机械锁闭是当道岔转换到位后，利用转辙机的内锁闭或外锁闭装置自动实现的，用于确保列车运行时尖轨与基本轨保持密贴。当设备故障时，需要人工利用钩锁器等设备对道岔尖轨实施锁闭，以保证行车安全。

（2）电气锁闭。

电气锁闭是利用继电器触点等断开转辙机电路，确保在列车占用或已发出指令允许列车经过时，不会由于误操作导致道岔转换。

（五）转辙机的设置

城市轨道交通的正线上一般采用 9 号道岔，车辆段（停车场）一般采用 7 号道岔，通常一组道岔由一台转辙机牵引。如果正线上采用的是 9 号 AT 道岔，其为弹性可弯道岔，则需要两点牵引，即一组道岔需两台转辙机牵引，如图 3.6 所示。

图 3.6　双机牵引道岔

三、几种典型转辙机

（一）ZD6—A 型电动转辙机

目前，ZD6 系列电动转辙机在我国铁路和城市轨道交通中使用最广泛。它包括 A、B、C、D、E、F、G、H、J、K 等派生型号。ZD6—A 型是 ZD6 系列转辙机的基本型，其他型号 ZD6 型转辙机都是以 ZD6—A 型为基础改进、完善而发展起来的。ZD6 系列电动转辙机采用内锁闭方式，用于非提速区段及提速区段的侧线上。

1. 结构

ZD6—A 型电动转辙机主要由电动机、减速器、摩擦连接器、自动开闭器、主轴、动作杆、表示杆、移位接触器、遮断开关（安全接点）、外壳等组成。ZD6—A 型电动转辙机结构如图 3.7 所示。

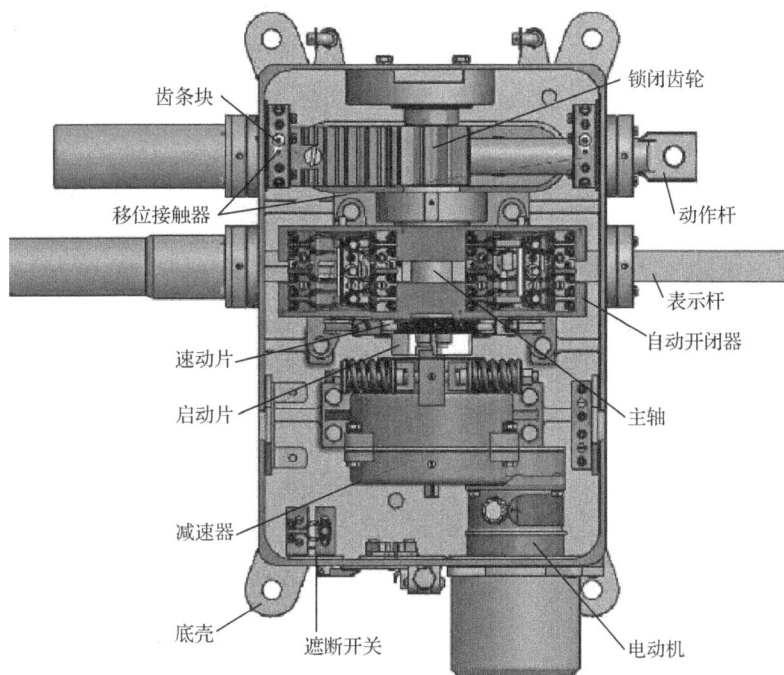

图 3.7　ZD6-A 型电动转辙机结构图

（1）电动机。

电动机为电动转辙机提供动力，采用直流串激电动机，如图 3.8 所示。

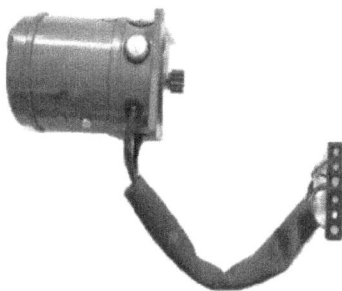

图 3.8　直流电动机

（2）减速器。

减速器的作用是将电动机的高转速降低为适合道岔转换的低转速，与此同时，将电动机输入的低转矩增大到能够驱动带规定负载的道岔转换锁闭机构。

ZD6 系列电动转辙机所用的减速器为两级减速装置，第一级为定轴传动减速机构，第二级为渐开线内啮合行星传动式减速机构，二级减速机构的减速比分别是 $i=103:27$ 和 $i=41:1$，如图 3.9 所示。

（3）摩擦连接器。

ZD6 型电动转辙机在行星减速器中安装了摩擦连接器，起到通过缓冲保护电动机和机件的作用。它主要由减速壳、摩擦制动板、摩擦带、弹簧、调整螺母等构成。

摩擦连接器是一个软连接，在正常使用中，道岔转换到位后，摩擦连接器可以将电动机的惯性吸收，保护转辙机内部机件不会受到撞击或毁坏；故障情况下，当道岔因故转换受阻时，电动机

图 3.9 减速装置

电路不能断开，此时摩擦连接器空转吸收电动机的输出，避免电动机因电流过大而烧坏。

（4）自动开闭器。

自动开闭器主要由机械联动机构和接点开关系统两部分组成。其中，机械联动机构由启动片、速动片、速动爪、调整架、拉簧、检查柱等部件组成；接点开关系统由两组动接点和四组静接点组成。

自动开闭器是转辙机中以机械动作来实现电路控制的主要部件，监督转辙机自身的转换过程是否按要求完成，并检查道岔的位置及密贴状况；通过接点开关系统实现对道岔动作和表示电路的接通、断开控制。

（5）主轴装置。

主轴装置主要由主轴、主轴套、轴承、止挡栓等组装而成。主轴的主要作用是将电动机的旋转运动转换成动作杆的水平运动，并且完成锁闭动作，如图 3.10 所示。

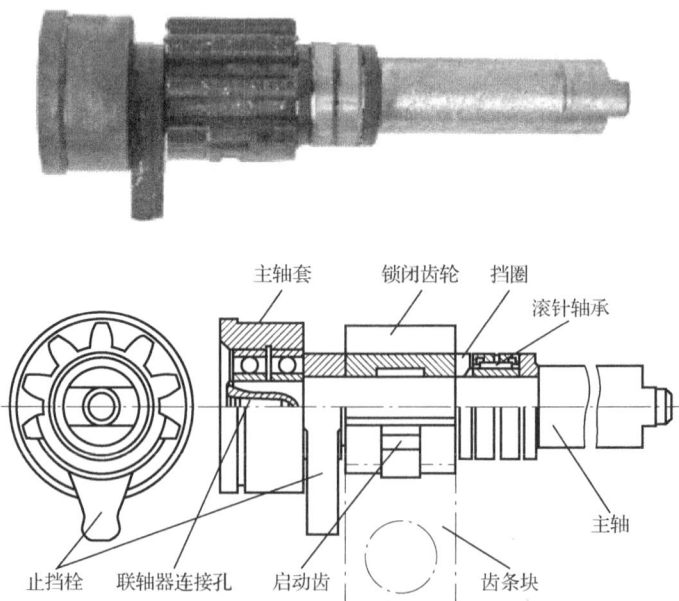

图 3.10 主轴

转辙机除以上主要装置外还有动作杆、齿条块、表示杆、挤切装置、安全接点和壳体等。

2. 转辙机工作过程

工作过程可分为：解锁→转换→锁闭。①电动机得电旋转；②电动机通过齿轮带动减速器；③输出轴通过启动片带动主轴；④锁闭齿轮随主轴旋转；⑤拨动齿条块，使动作杆带动道岔尖轨运动；⑥转换结束，锁闭齿轮进入锁槽，对齿条块进行锁闭；⑦自动开闭器的接点完成转换，断开电动机动作电路。

3. 手摇转辙机流程

手摇转辙机时，先用钥匙断开安全接点（遮断器），露出手摇把插孔，插入手摇把，摇动规定圈数使道岔转换至所需位置。

如果转辙机再次恢复正常电动操纵，必须由电务维修人员打开机盖，合上安全接点，方可正常电动操作。因为为保护维修人员的安全，转辙机手摇把插孔挡板与安全接点进行了互锁设计，要插入手摇把必须断开安全接点，安全接点断开，转辙机电路也被断开，无法进行电动操纵，只有手动闭合安全接点后，转辙机动作电路才被接通。

多台转辙机牵引的道岔，必须同时摇动各台转辙机使道岔至所需位置，它们在集中操纵时是联动的，但手摇转换时必须一一摇动。

（二）S700K 型电动转辙机

S700K 型电动转辙机是由于我国铁路提速需要，从德国西门子公司引进设备和技术，经消化吸收和改进后，迅速在主要干线上推广运用的转辙机。经数年的实践表明，该型转辙机结构先进，工艺精良，不但解决了长期困扰信号维修人员的电动机断线、故障电流变化、接点接触不良、移位接触器跳起和挤切销折断等惯性故障，而且可以做到"少维护，无维修"，符合中国铁路运营的特点和发展方向，也适用于城市轨道交通。

S700K 型电动转辙机的产品代号来自德文"Siemens-700-Kugelgewinde"，其含义为"西门子—具有 6860N（700kgf）保持力—带有滚珠丝杠"的电动转辙机。

1. S700K 型电动转辙机的结构

S700K 型电动转辙机主要由外壳、动力传动机构、检测和锁闭机构、安全装置、配线接口五大部分组成，其结构如图 3.11 所示。

（1）外壳。

主要由铸铁底壳、机盖、动作杆套筒、导向套筒、导向法兰等组成。

（2）动力传动机构。

主要由三相交流电动机、齿轮组、摩擦连接器、滚珠丝杠、保持连接器、动作杆等组成。三相交流电动机为转辙机提供动力。齿轮组将电动机的旋转驱动力传递到摩擦连接器上，并降低电动机的高速转速，以增大旋转驱动力，适应道岔转换的需要。

摩擦连接器将齿轮组变速后的旋转力传递给滚珠丝杠，当作用于滚珠丝杠上的转换阻力大于摩擦结合力时，主被摩擦片之间相对打滑空转，保护了电动机。对于交流转辙机来说，其动作电流不能直观地反映转辙机的拉力，现场维修人员不能像对直流转辙机那样，通过测试动作电流来对摩擦力进行监测，必须由专业人员用专业器材才能进行这一调整。转辙机在出厂时已对摩擦力进行标准化测试调整，所以现场维修人员不得随意调整摩擦力。

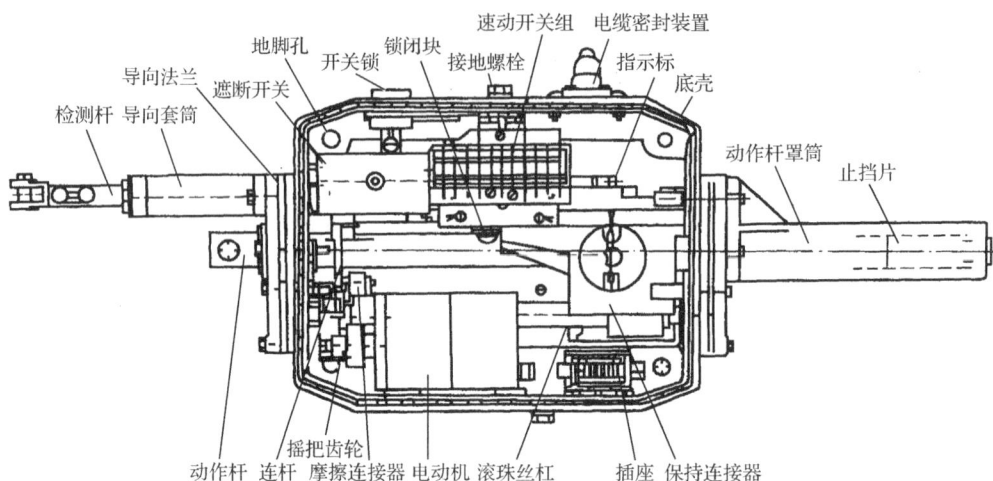

图 3.11　S700K 型电动转辙机结构图

滚珠丝杠相当于一个直径 32mm 的螺栓和螺母，当滚珠丝杠正向或反向旋转一周时，螺母前进或后退一个螺距。它一方面将电动机的旋转运动变成丝杠的直线运行；另一方面起到减速作用。

保持连接器是转辙机的挤脱装置，利用弹簧的压力通过槽口式结构将滚珠丝杠与动作杆连接在一起。当道岔的挤岔力超过弹簧压力时，动作杆滑脱，起到整机不被损坏的保护作用。

（3）检测和锁闭机构。

主要由检测杆、叉形接头、速动开关组、锁闭块和锁舌、指示标等部分组成。检测杆随尖轨或心轨转换而移动，用来监督道岔在终端位置时的状态。

道岔在终端位置，当检测杆指示缺口与指示标对中时，锁闭铁及锁舌应能正常弹出。锁闭块的正常弹出使速动开关的有关启动接点闭合、表示接点断开。锁舌的正常弹出用于阻挡转辙机保持连接器的移动，实现转辙机的内部锁闭。

速动开关实际上是采用了沙尔特堡接点组的自动开闭器。它随着尖轨或心轨的解锁、转换、锁闭过程中锁闭块的动作自动开闭，来自动开闭电动机动作电路和道岔表示电路。

（4）安全装置。

主要由开关锁、遮断开关、连杆、摇把孔挡板等组成。

开关锁是操纵遮断开关闭合和断开的机构，用于在检修人员打开电动转辙机机盖进行检修作业或车务人员插入摇把转换道岔时，可靠地断开电动机动作电路，防止电动机误动，保证人身安全。

遮断开关接通时，摇把挡板能有效阻挡摇把插入摇把齿轮，防止用钥匙打开电动转辙机机盖。断开遮断开关时，摇把能顺利插入摇把齿轮或用钥匙打开电动转辙机机盖，此时电动机的动作电源将被可靠地切断，不经人工操纵和确认，不能恢复接通。

（5）配线接口。

主要由电缆密封装置、接插件插座组成。

2. 外锁闭装置

S700K 型电动转辙机配套外锁闭装置。当道岔由转辙机带动转换至某个特定位置后，通过外锁闭装置，直接把尖轨与基本轨密贴夹紧并固定，即道岔的锁闭主要不是依靠转辙机内部的锁闭装置，而是依靠转辙机外部的锁闭装置实现的。外锁闭装置受力合理，基本上避免了轮对对尖轨产生的侧向冲击，克服了内锁闭道岔的缺陷。

外锁闭装置先后出现了燕尾式和钩式两种。

燕尾式外锁闭装置在结构受力和安装调整方面不适合我国铁路道岔的实际情况，对道岔尖轨病害的适应能力差，卡阻现象时有发生，故障率较高，产品工艺性差，质量不易控制，于是又研制了钩式外锁闭装置。

钩式外锁闭装置的锁闭方式为垂直锁闭。锁闭力通过锁闭铁、锁闭框直接传给基本轨。锁闭铁和锁闭框基本不承受弯矩，锁闭更加可靠。同时各配件全部是锻造调质处理，具有良好的综合机械性能，避免了原尖轨部分燕尾式外锁闭装置的锁闭铁因承受弯矩和铸造缺陷而出现的断裂现象。钩式外锁闭装置受力结构合理，能有效适应道岔尖轨的不良状态，锁闭可靠，安装调整方便。

钩式外锁闭装置也分为分动尖轨用和可动心轨用两种，城市轨道交通中只用到分动尖轨用钩式外锁闭装置。分动尖轨用钩式外锁闭装置由锁闭杆、锁钩、锁闭框、尖轨连接铁、锁轴、锁闭铁组成，如图 3.12 所示。

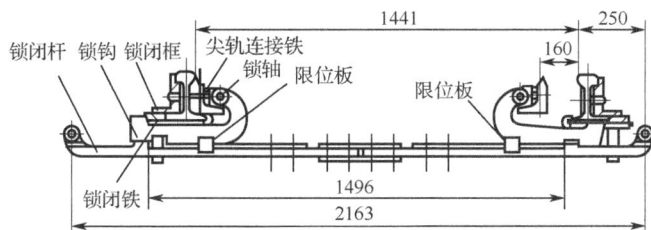

图 3.12 尖轨用钩式外锁闭装置（单位：mm）

锁闭杆的作用是通过安装装置与转辙机动作杆相连，利用其凸台和锁钩缺口带动尖轨。第一牵引点锁闭杆与第二牵引点锁闭杆凸台尺寸不同，不能通用。锁钩头部与销轴连接，下部缺口与锁闭杆凸台作用，通过连接铁带动尖轨运动，尾部内斜面与锁闭铁作用，锁闭密贴尖轨和基本轨。第一牵引点锁钩与第二牵引点锁钩也不能通用。

锁闭框固定锁闭铁，支撑锁闭杆。锁闭铁与锁钩作用锁闭尖轨和基本轨，导向槽在锁闭杆两侧槽内起导向作用。锁闭框用螺栓与基本轨连接，锁闭铁插入锁闭框方孔内，并用固定螺栓紧固。尖轨连接铁用螺栓与尖轨连接，由销轴将其与锁钩连接。锁钩底部缺口对准锁闭杆的凸块，并与锁闭杆共同穿入锁闭框。

3．S700K 型电动转辙机的安装装置

S700K 型电动转辙机的安装装置有两种，一种与 ZD6 安装装置类似，采用长、短角钢固定方式，一种采用基础托板方式；安装装置包括托板（角钢）、弯头动作杆、尖端铁、长表示杆、短表示杆等。转辙机安装如图 3.13 所示。

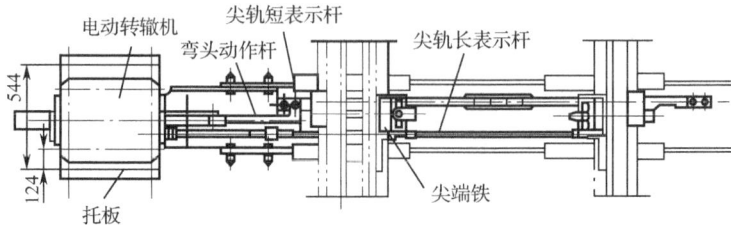

图 3.13　S700K 型电动转辙机安装图（单位：mm）

（三）ZYJ7 型电液转辙机

电动液压转辙机（以下简称电液转辙机）是采用电动机驱动、液压传动方式来转换道岔的一种转辙装置。液压式转辙机取消了齿轮传动和减速器，简化了机械结构，借助油管连接可方便地布置传动机构，以油为介质，相对运动表面可自行润滑，将机械磨损减至最低程度，减少了维修工作量，且适用于提速道岔。但液压传动对液压介质要求较高，对元件精度要求也高，传动效率较低。

1．ZYJ7 型电液转辙机的结构

ZYJ7 型电液转辙机由主机和 SH6 型转换锁闭器两部分组成，分别用于第一牵引点和第二牵引点。ZYJ7 型电液转辙机、SH6 型转换锁闭器结构图分别如图 3.14 和图 3.15 所示。

1．保护管	2．油缸	3．油杯	4．挤脱接点组	5．检查柱	6．动作板	7．滚轮	8．表示杆	9．动作杆	10．锁块	11．锁闭铁

图 3.14　ZYJ7 型电液转辙机结构图

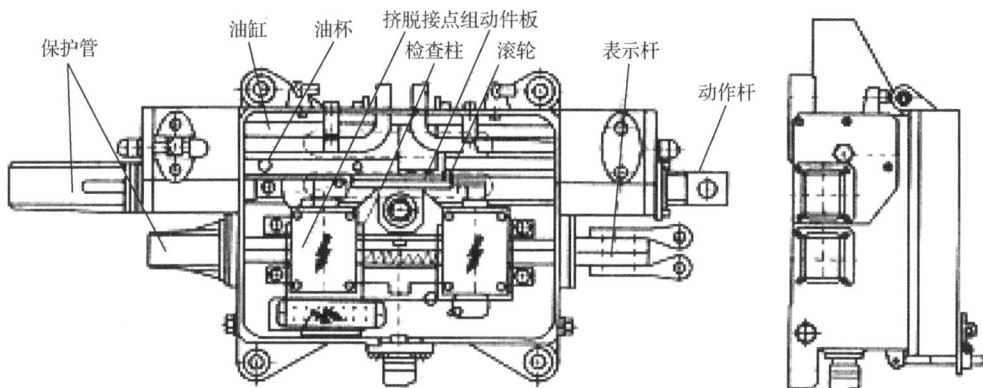

图 3.15　SH6 型转换锁闭器结构图

ZYJ7 型电液转辙机主机主要由电动机、油泵、油缸、启动油缸、接点系统、锁闭杆、动作杆等部分组成。SH6 型转换锁闭器（也称副机）主要由油缸、挤脱接点、表示杆、动作杆组成。

2. ZYJ7 型电液转辙机各部件功能

（1）电动机。

采用交流三相异步电动机，型号为 Y90S-6-B35。额定电压 380V，额定电流 2.2A，转速 960r/min。电动机将电能变为机械能，为整机提供动力。该电动机增加了惯性轮，保证转辙机转换到位后开闭器接点不颤动。

（2）油泵。

采用双向斜盘轴向柱塞式油泵，额定压力 9MPa，排油量 2.1ml/r。双向斜盘轴向柱塞式油泵的特点是构造简单，寿命长，工作可靠。其结构如图 3.16 所示。泵内装有 9 个不同的柱塞，柱上有弹簧和钢球，并装有厚薄不同的钢质片，下边有沟槽。在受力挤压后便吸起和挤出液压油。当电动机带动油泵往一个方向旋转时，泵的柱塞就可从一端吸出液压油注入另一端，经反复高速吸出和注入，即可泵出液压油；电动机反转时，可带动油泵从另一端吸出和注入液压油，泵出反方向液压油，所以称为柱塞式油泵。ZYJ7 型的油泵结构是改进型的，取消了柱塞弹簧（只保留一根弹簧），提高了容积效率和机械效率。

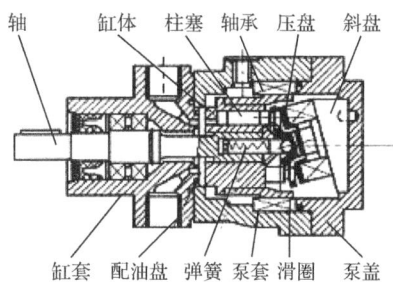

图 3.16　油泵结构图

（3）油缸。

油缸由活塞杆、缸座、缸筒、缸套、接头体、连接螺栓和密封圈组成，如图 3.17 所示。活塞杆两端的螺孔与连接螺柱的一端紧固，连接螺栓另一端与杆架相连，杆架又连在机体外壳上。这样就使得活塞杆固定，用缸筒运动来推动尖轨或心轨转换。油缸用来将注入缸内的液压力转换成机械力，以推动尖轨或可动心轨转换。油缸动程为转辙机动程加 50mm。

图 3.17   油缸及推板

（4）启动油缸。

启动油缸的作用是在电动机刚启动时先给一个小的负载，待转速提高、力矩增大时再带动负载，来克服交流电动机启动性能的不足。启动油缸由缸体、缸筒、柱塞、垫块、螺堵及 O 形圈组成，如图 3.18 所示。启动油缸用两个接头阀将油路板与缸体上的两个孔连接起来，使得其在油路中与油缸并联。柱塞和缸筒位于启动油缸体内。

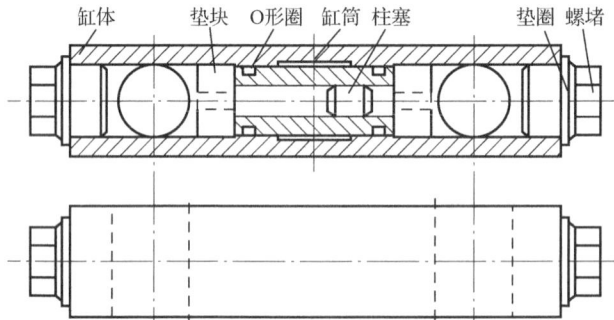

图 3.18   启动油缸

当电动机刚启动时，若油泵右侧为高压油，则启动油缸右孔为高压，因启动油缸与油缸并联，则高压油先推动启动油缸的柱塞向左移动，由于柱塞力很小，相当于电动机只带一个很小的负载启动。电动机启动后力矩增大，启动油缸也已被充满，液压油再充入油缸，推动油缸动作以带动道岔转换。

当道岔需向反方向转换时，电动机反转，油缸左孔为高压，这时启动油缸的柱塞向右移动，即可解决反方向操纵道岔时电动机启动力矩小的问题。

（5）单向阀。

单向阀就像二极管单向导电那样，正向的液压油流畅通，反向的液压油流则被关闭而不能通过。单向阀由阀体、空心螺栓、钢球、O 形圈、挡圈等组成，如图 3.19 所示。为防止失灵，单向阀一般做成双层阀门。阀体内有两个钢球，装在与空心螺栓同心的圆槽内，螺栓与油路板间经加垫的密封圈坚固连接。挡圈用来防止钢球封死上部出油口。

单向阀可使液压油从空心螺栓底部掀起钢球顺利进入，此时另一端的单向阀被返回油流冲击而使钢球堵在空心螺栓的圆槽内，封住油口即堵死了油流通道。这样就有效地保证了油流单方向通过。油路中单向阀的通畅和堵塞性能的好坏直接影响着油路的正常工作。

（6）溢流阀。

溢流阀主要由阀体和阀芯等组成，如图 3.20 所示。阀芯装在阀体顶端并用弹簧、弹垫、密封螺母紧固。溢流阀的作用是，通过调整弹簧弹力，保证油路中液压油的压力不超过一定的限值，以防止道岔转换受阻时，电动机电源没被断开使油路中油液压力不断升高而损坏各部液压件；当道岔转换到位而电动机仍没停转时，使高压油释放压力，经回油管回油箱。它相当于电动转辙机摩擦连接器的作用。

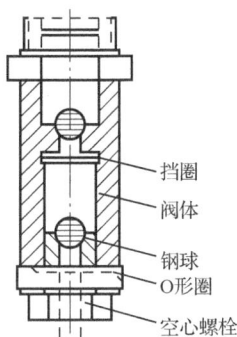

图 3.19　单向阀

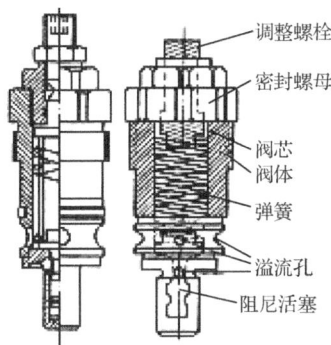

图 3.20　溢流阀

溢流阀在正常油压下，阀座下部的压力油进入阻尼活塞底部，形成的向上液压力小于调压弹簧的压力，此时阀芯的锥面与阀座压紧，压力油被堵住，溢流阀不溢流。

当道岔受阻或转换到位电动机还没断开电源时，油压增大，此压力大于弹簧的压力，阀芯就向上移动，溢流阀的阀口开启，高压油进入阀座上部，经阀体侧孔流入溢流板的回油孔使液压油流回油箱，构成溢流。当油路中压力降到小于此数值时，压力弹簧恢复原位，阀芯的锥面又压紧了阀座，将压力油封堵住。这样就可使油路中压力大于一定数值（可根据需要调整弹簧的压力）时开始溢流，既保证了油路正常动作，又保护了液压件不被损坏。

（7）调节阀。

调节阀（调节螺柱）用来改善副机油缸与主机油缸在转换道岔时的同步性。

（8）节流阀。

设在主机油缸活塞杆的两端，用来调节进入主机油缸液压油的流速。

（9）滤清器。

滤清器也称滤芯，由合金粉末压铸而成，用来防止杂物进入溢流阀及油缸，造成油路卡阻，以保证油路系统的可靠性。

（10）推板。

推板是嵌在缸套上的矩形钢板，其大部分嵌在缸套内，斜面凸起露在缸套外面，突起的斜面动作时推动锁块，从而使动作杆运动。

（11）动作杆。

方形动作杆上装设两个活动锁块，与油缸侧面的推板配合工作。动作杆外侧有圆孔，用销子和外锁闭杆连接。转换道岔时，油缸带动推板，推板推动锁块，锁块通过轴销与动作杆相连。道岔转换至锁闭位置时，推板将动作杆上的锁块挤于锁闭铁斜面上。

（12）锁闭杆。

主机的伸出与拉入位置各设一根锁闭杆，外端通过长、短外表示杆与尖轨相连。内方开有方槽，与接点组系统的锁闭柱方棒相配合。当尖轨转换到位锁闭后，锁闭柱落入锁闭杆上的方槽内，使接点接通相应的表示电路。由于锁闭杆上方槽为矩形，锁闭柱下端也为矩形，所以具有锁闭作用，故称为锁闭杆。两锁闭杆分别连接在两尖轨上，一根作为锁闭杆，另一根作为斥离尖轨的表示杆。

（13）表示杆。

副机的伸出与拉入位置各设一根表示杆，外端通过长、短表示杆与尖轨连接。内方开有斜槽，与接点组系统的检查柱下端斜角相配合，检查道岔位置。当尖轨转换到位锁闭时，检查柱下端落入表示杆缺口，使接点接通相应位置的表示电路。副机表示杆不起锁闭作用。挤岔时，检查柱上提，断开表示电路。

四、手摇道岔的方法

（1）一看：看道岔开通位置是否正确，是否需要改变位置。

（2）二开：打开孔盖板及钩锁器的锁，拆下钩锁器。

（3）三摇：摇道岔转向所需位置，在听到"咔嚓"的落槽声后停止。

（4）四确认：手指口诵："尖轨密贴开通定（反）位"，并和另一人共同确认。

（5）五加锁：另一人在确认道岔位置开通正确后，用钩锁器锁定道岔尖轨。

（6）六汇报：向车站控制室汇报道岔开通位置正确。

相关案例

【案例 1】 道岔的定位

《铁路技术管理规程》第 187 条规定：道岔除使用、清扫、检查或修理时外，均须保持定位。

道岔的定位规定如下。

（1）单线车站正线进站道岔，为由车站两端向不同线路开通的位置。

（2）双线车站正线进站道岔，为各该正线开通的位置。

（3）区间内正线道岔及站内正线上其他道岔（引向安全线、避难线的除外），为正线开通的位置。

（4）引向安全线、避难线的道岔，为安全线、避难线开通的位置。

（5）其他由车站负责管理的道岔，由车站规定。道岔的定位应在《站细》内记明。集中操纵的道岔（引向安全线、避难线的除外），可不保持定位。段管线道岔的定位，由各段自行规定。

【案例2】 ZD（J）9系列电动转辙机

ZD（J）9系列电动转辙机是一种能适应交、直流电源的新型转辙机。它有着安全可靠的机内锁闭功能，因此既可适用于联动内锁道岔，又可适用于分动外锁道岔；既适用于单点牵引，又适用于多点牵引；安装时，既能角钢安装，又能托板安装。ZD（J）9系列电动转辙机结构图如图3.21所示。

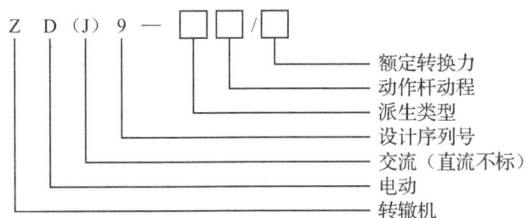

图 3.21 ZD（J）9系列电动转辙机结构图

1. 使用环境

ZD（J）9系列电动转辙机能在下列条件下可靠地工作。

大气压力：≥70kPa（海拔高度不超过3000m）。

周围空气温度：-40～+70℃。

空气相对湿度：≤90%（25℃）。

振动：≤21g。

周围无引起爆炸危险，足以腐蚀金属及破坏绝缘的有害气体或导电尘埃。

2. 适用范围

ZD（J）9系列电动转辙机有交流和直流两种类型，可适用不同的供电种类。另外，还能满足转换不同类型道岔的要求，比如单机牵引、双机牵引、多点牵引等，既可适用于普通道岔转换，又可适用于提速道岔，以及正在建设的客运专线道岔转换的使用要求。ZD（J）9系列电动转辙机根据所安装的牵引点不同分为可挤型、不可挤型。

3. 技术参数

交、直流系列电动转辙机主要技术参数如表3.1和表3.2所示。

表 3.2 交流系列电动转辙机主要技术参数

型 号	ZDJ9—170/4K	ZDJ9—A220/2.5 ZDJ9—C220/2.5	ZDJ9—B150/4.5K ZDJ9—D150/4.5K
电源电压 AC 三相（V）	380	380	380
额定转换力（kN）	4	2.5	4.5

续表

型 号	ZDJ9—170/4K	ZDJ9—A220/2.5 ZDJ9—C220/2.5	ZDJ9—B150/4.5K ZDJ9—D150/4.5K
动作杆动程（mm）	170	220	150
锁闭杆动程（mm）	152	160	75
工作电流（A）	≤2.0	≤2.0	≤2.0
动作时间（s）	≤5.8	≤5.8	≤5.8
单线电阻（Ω）	≤54	≤54	≤54
挤脱力（±2kN）	28	—	28
摩擦力（kN±10%）	6	3.8	6.8
重量（kg）	180	182	177
适用范围	尖轨动程152mm以下的道岔。双杆内锁	双机牵引第一牵引点，不可挤，双杆内锁	双机牵引第二牵引点，可挤，单杆内锁

注：其中A、B用于分动道岔，C、D用于联动道岔。

表3.3　直流系列电动转辙机主要技术参数

型 号	ZD9—170/4K	ZD9—A220/2.5K ZD9—C220/2.5K	ZD9—B150/4.5K ZD9—D150/4.5K
额定电压（DC V）	160	160	160
额定转换力（kN）	4	2.5	4.5
动作杆动程（mm）	170	220	150
锁闭杆动程（mm）	152	160	75
工作电流（A）	≤2	≤2	≤2
动作时间（s）	≤8	≤8	≤8
挤脱力（±2kN）	28	—	28
摩擦力（kN±10%）	6	3.8	6.8
摩擦电流（A）	2.2～2.6	1.9～2.3	2.2～2.6
重量（kg）	180	182	177
适用范围	尖轨动程152mm以下的道岔。可挤、双杆内锁	双机牵引第一牵引点，不可挤，双杆内锁	双机牵引第二牵引点，可挤，单杆内锁

拓展知识

道岔控制电路

道岔控制电路目前应用于铁路或地铁中，最常见的有3种控制电路，即四线制控制电路、六线制控制电路和五线制控制电路。其中，四线制控制电路一般常用于联动内锁闭单机牵引的道岔，而六线制控制电路一般常用于联动内锁闭双机牵引的道岔，五线制控制电路主要用于分动外锁闭单机或多机牵引的道岔。

现仅以四线制单动道岔控制电路为例进行讲解。道岔控制电路分为启动电路和表示电路两部分。启动电路指动作电动转辙机的电路，而表示电路指把道岔位置反映到信号楼内的电路。四线制道岔控制电路室内与室外用 4 根线连接，X_1 和 X_2 分别为道岔启动电路和表示电路的公用线，X_3 为表示电路专用线，X4 为启动电路专用线。

1. 道岔控制电路的组成

四线制单动道岔控制电路使用一个单动道岔组合（DD）、一个阻容插件、一个二极管。其中，单动道岔组合内包含表示变压器（BD_{1-7}）、一道岔启动继电器（1DQJ）、锁闭继电器（SJ）、二道岔启动继电器（2DQJ）、道岔按钮继电器（AJ）、定操继电器（DCJ）、反操继电器（FCJ）、定位表示继电器（DBJ）、反位表示继电器（FBJ）、一个 0.5A 的熔断器、两个 3A 的熔断器及一个 5A 的熔断器。

2. 对道岔控制电路的要求

（1）对启动电路的要求。

① 道岔区段有车占用时，或者道岔区段轨道电路发生故障时，该区段内的道岔不能转换。对道岔的这种锁闭称为区段锁闭。

② 进路在锁闭状态时，进路上的道岔不能转换。对道岔的这种锁闭称为进路锁闭。

③ 道岔一经启动，就应转换到底，不受车辆进入的影响，也不受车站值班员的控制。否则在车辆进入道岔区段时，若道岔停转或受车站值班员控制而回转，则有可能造成脱轨或挤岔事故。

④ 道岔启动电路接通后，由于电路故障（如自动开闭器接点、电动机碳刷接触不良）使道岔未转换，应能自动断开启动电路，以免因外界影响使故障消除后造成道岔自动转换。

⑤ 道岔转换途中受阻不能转换到底时，应保证车站值班员能将道岔操纵回原位。

⑥ 道岔转换完毕应能自动断开启动电路，并构成表示电路。

（2）对道岔表示电路的要求。

① 用道岔表示继电器吸起状态与道岔的正确位置相对应，不准用一个继电器的吸起和落下表示道岔的两种位置。即只能用 DBJ 的吸起表示道岔在定位，用 FBJ 的吸起表示道岔在反位。

② 当电路发生混线或混入其他电源时，必须保证 DBJ 或 FBJ 不错误励磁。

③ 当道岔在转换过程中，或发生挤岔、停电、断线等故障时，应保证 DBJ 和 FBJ 落下。道岔控制电路如图 3.22 所示。

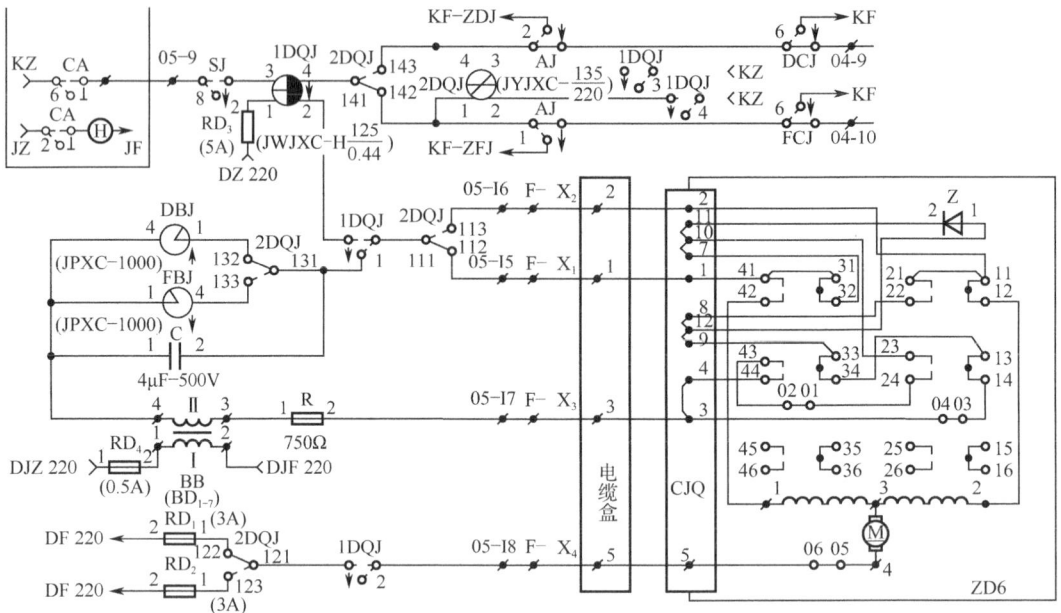

图 3.22　道岔控制电路

任务二　道岔与转辙机操作运用实例

【操作运用案例】认知和使用道岔与转辙机

1. 实训项目教师工作活页（见表 3.4）

表 3.4　实训项目教师工作活页

实训项目	认知和使用道岔与转辙机		
学时	2	班级	略
实训场所	道岔演练场		
工具设备	手摇道岔工具及防护用品一套，多媒体课件，示教板，计算机多媒体设备		
教学目标	专业能力	（1）能够说出道岔和转辙机的作用 （2）能够说出道岔位置的几种状态 （3）能够说出转辙机的分类及其适用范围 （4）能够说出 ZD6—A 型电动转辙机的结构及各部件的作用 （5）能够识读道岔控制原理图	
	方法能力	（1）能综合运用专业知识，通过专业书籍、多媒体课件和图片资料获得帮助信息 （2）能根据实训项目学习任务确定实训方案，从中学会表达及展示活动过程和成果	
	社会能力	（1）能在实训活动中保持积极向上的学习态度 （2）能与小组成员和教师就学习中的问题进行交流和沟通 （3）能与他人共享学习资源，具有较好的合作能力和团队协作精神	

续表

教学活动	略（详见教学设计）
教学评价	（1）学生活动：①以 5～7 人小组为单位开展实训活动，根据本组同学在实训过程中的能力表现及结果进行自评和组内互评；②根据其他小组同学在成果展示活动中的表现及结果进行互评 （2）教师活动：①教师组织学生开展评价活动和总结；②对学生在本实训项目的单元成绩做出综合评价
教学资料	（1）城市轨道交通信号设备教材 （2）ZD6—A 型电动转辙机说明书 （3）实训项目学生学习活页
指导教师		教学时间	年　月　日

2. 实训项目学生学习活页（见表 3.5）

表 3.5　实训项目学生学习活页

实训项目　认知和使用道岔与转辙机

班级：＿＿＿＿＿　姓名：＿＿＿＿＿　学号：＿＿＿＿＿　时间：＿＿＿＿＿

一、实训目标

1. 专业能力目标

（1）能够说出道岔和转辙机的作用；

（2）能够说出道岔位置的几种状态；

（3）能够说出转辙机的分类及其适用范围；

（4）能够说出 ZD6-A 型电动转辙机的结构及各部件的作用；

（5）能够识读道岔控制原理图。

2. 方法能力目标

（1）能综合运用专业知识，通过专业书籍、多媒体课件和图片资料获得帮助信息。

（2）能根据实训项目学习任务确定实训方案，从中学会表达及展示活动过程和成果。

3. 社会能力目标

（1）能在实训活动中保持积极向上的学习态度。

（2）能与小组成员和教师就学习中的问题进行交流和沟通。

（3）能与他人共享学习资源，具有较好的合作能力和团队协作精神。

二、知识总结

（1）外锁闭装置的结构及传动原理。

（2）S700K 型电动转辙机的结构及各部件的作用。

（3）比较 ZD6—A 型转辙机和 S700K 型转辙机有哪些不同？

（4）说明控制台（或显示器）上如何表示道岔的定位和反位。

（5）转辙机的作用是什么？

三、操作应用

（1）下图为 S700K 转辙机示意图，请在对应指引线标注各个零件的名称。

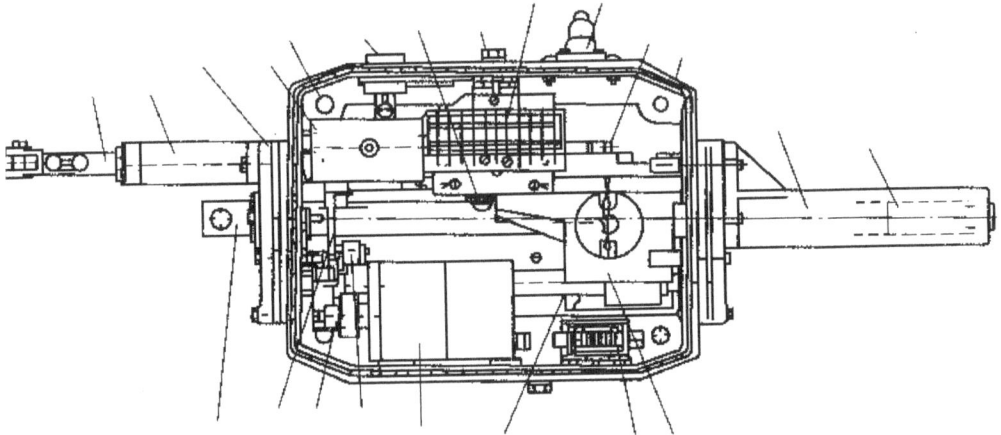

（2）道岔号用什么来表示？

（3）对转辙机有何基本要求？其作用是什么？是如何分类的？

（4）ZYJ7 型电液转辙机由什么组成？并说明其各部件的作用。

四、实训小结

_____

_____

_____

续表

五、成绩评定

1. 学生评价

评价等级	A—优	B—良	C—中	D—及格	E—不及格
学生自评					
组内互评					
他组互评					

2. 教师评价

评价等级	A—优	B—良	C—中	D—及格	E—不及格
专业能力					
方法能力					
社会能力					
评价结果					

3. 综合评价

评价等级	A—优	B—良	C—中	D—及格	E—不及格
评价结果					

注：按照学生自评占10%、组内互评占10%、他组互评占20%、教师评价占60%的比例计分。其中，A—100分，B—85分，C—75分，D—60分，E—50分。

4. 评价量规

等级	行为表现描述
A	能圆满、高效地完成实训任务的全部内容
B	能顺利完成实训任务的全部内容
C	能完成实训任务的全部内容，但需要一些帮助和指导
D	自己只能完成实训任务的部分内容，但在现场的指导下，已经能完成任务的全部内容
E	不能完成实训任务的全部内容

思考与练习

1. 钩式外锁闭装置由什么组成？

2. 简述 ZYJ7 型电液转辙机的机械传动原理。

3. 试说明 S700K 型电动转辙机的整体传动过程。

4. 试说明 ZD6 型电动转辙机电动机是如何实现正、反转的？

5. ZD6 型电动转辙机的摩擦连接器有何作用？

项目四 轨道电路与计轴器

轨道电路是铁路信号自动控制的基础设备。利用轨道电路可以检测列车、车辆的位置，控制信号机的显示；通过轨道电路可以将地面信号传递给机车，从而可以控制列车运行。

计轴器是以安装在钢轨轨腰上的轨道传感器为探测手段，直接计取和检查通过列车的轴数，并通过运算比较器判别计轴轨道区段是否有车占用的信号基础设备。

任务一 轨 道 电 路

学习目标
（1）了解轨道电路的原理；
（2）了解几种典型轨道电路；
（3）了解轨道电路的分类；
（4）了解轨道电路的作用。

学习任务
认知轨道电路，主要轨道电路的组成、音频轨道电路、无绝缘轨道电路。

工具设备
轨道电源、变压器、继电器钢轨及接续线、轨道电阻、绝缘、轨道箱。

教学环境
室内信号实训基地、校外地铁车站、车辆段、多媒体教室。

基础知识

一、轨道电路概述

（一）简单的正线轨道电路

1. 轨道电路的组成

轨道电路是以铁路线路的两根钢轨作为导体，两端加以机械绝缘或电气绝缘，并接上送电和受电设备构成的电路。

轨道电路的送电端由轨道电源 E 和限流器 R_x 组成。限流器的作用有两个：其一是保护电源不致因电流过大而损坏，使电压大部分降在 R_x 上；其二是保证列车占用本区段时，轨道继电器能可靠落下。受电端一般采用轨道继电器 GJ，由它来接收轨道电路的信号电流。

钢轨是轨道电路的传输导体，为减小钢轨接头的接触电阻，增设了轨端接续线，一般用镀锌铁线。钢轨绝缘是为分隔相邻轨道电路而装设的。钢轨引接线一般采用钢丝绳，其将送电端和受电端直接接向钢轨。简单轨道电路如图 4.1 所示。

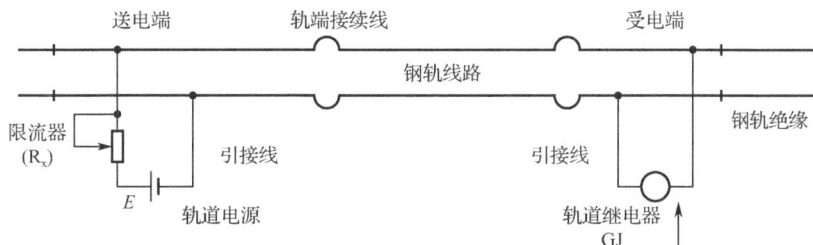

图 4.1 简单轨道电路

2. 轨道电路的工作原理

列车占用与否，GJ 继电器与信号机分别进行动作与显示。如图 4.2 所示，当两根钢轨完整且无车占用，即轨道电路空闲时，电流通过两根钢轨和轨道继电器，使轨道继电器吸起，前接点闭合，信号开放。当列车占用轨道电路时，电流通过机车车辆轮对，轨道电路被分路。由于轮对电阻比轨道继电器电阻小得多，使电源输出电流显著加大，限流电阻上的压降随之增加，两根钢轨间的电压降低，流经轨道继电器的电流减少到它的落下值，使轨道继电器落下，后接点闭合，信号关闭。同时，当轨道电路发生断轨、断线时，同样会使轨道继电器落下。

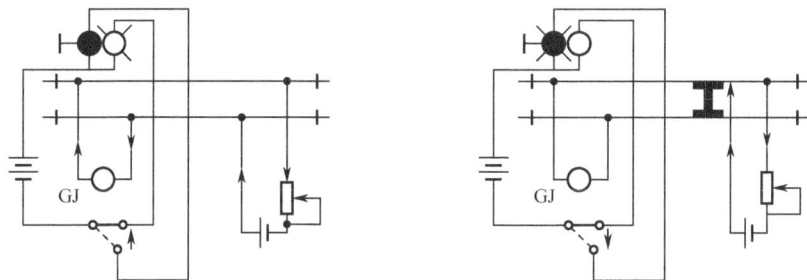

图 4.2 轨道电路的工作原理

（二）轨道电路的作用

（1）可以检查和监督区段是否占用，防止错误地办理进路。

（2）可以检查和监督道岔区段有无机车车辆通过，锁闭占用道岔区段的道岔，防止在机车车辆经过道岔时扳动道岔。

（3）检查和监督轨道上的钢轨是否完好，当某一轨道电路区段的钢轨折断时轨道继电器也将因无电而释放衔铁，防护这一段轨道的信号机也就不能开放。

（4）传输不同的信息，使信号机根据所防护区段及前方临近区段被占用的情况变化而变换显示。

（三）轨道电路的分类

1. 按接线方式分类

（1）闭路式轨道电路。平时轨道继电器吸起，有车时轨道继电器落下，能检查轨道电路完整和设备状态，符合信号设备的"故障-安全"原则。

（2）开路式轨道电路。平时轨道继电器落下（电路处在开路状态），有车时轨道继电器吸起，不能检查轨道电路完整和设备状态，不符合信号设备的"故障-安全"原则，只能用在有特殊要求的场合，如道口出清、半自动到达等区段。

2. 按供电性质分类

（1）直流轨道电路，在轨道电路中传输的是直流电流。直流轨道电路因所传输的是连续或断续电流，所以分为连续式（如 JWXC—2.3）和脉冲式（如高压不对称）两种。

（2）交流轨道电路，在轨道电路中传输的是交流电流。常用的交流连续式轨道电路有 JZXC—480、25HZ、移频、UM71；交流断续式轨道电路有交流计数、微电子交流计数等。

3. 按牵引方式分类

（1）电化区段轨道电路。因在轨道中传输的既有信号电流，也有牵引电流，所以轨道电路要有防牵引电流干扰的措施。目前 25Hz 交流计数、高压不对称、移频和 UM71 等都可以在电化区段使用。

（2）非电化区段轨道电路。如 JWXC—480 交流连续式轨道电路，50Hz 交流计数轨道电路等。

4. 按设备安装位置分类

（1）分散式安装。主要设备都安装在现场轨道旁，如分散式移频轨道电路。分散式安装的特点是投资少，但是工作环境差、维修不方便，现已不采用。

（2）集中式安装。除了信号机、轨道箱外，发送、接收等设备均安装在车站机械室内，（如移频、UM71 等）。因其主要设备放在室内，工作环境稳定、维修方便而得到广泛应用。

5. 按有无机械钢轨绝缘分类

（1）有绝缘轨道电路。目前站内轨道电路和大部分区间轨道电路都是有绝缘的。

（2）无绝缘轨道电路主要运用在自动闭塞区间（如 UM71、ZPW200 移频等）和道口轨道电路（道口控制器）。

6. 按用途分类

（1）站内轨道电路。适用于站内的有 JWXC—480、25Hz 等制式。站内轨道电路还可分为无岔区段、有岔区段和股道三种。

（2）区间轨道电路。适用于区间（包括电码化）的有交流计数、移频、ZPW2000 和 UM71 等制式。

（3）驼峰轨道电路。适用于驼峰峰下分路道岔区段的有可用于非电化区段的 JWXC—2.3 型交流闭路式轨道电路和可用于电化区段的 JWXC—2.3 型直流闭路式轨道电路。

（4）道口轨道电路。适用于铁路与公路的平交道口接近报警或离去解除报警。适用于道口报警的主要有 DK·SW、DK·Y3 道口控制器和道口计轴装置等。

（四）轨道电路的工作状态

1. 调整状态（又称为正常工作状态）

调整状态是轨道电路空闲、线路完整、受电端正常工作时的轨道电路状态，此时轨道继电器 GJ 应可靠吸起。其最不利条件：参数的变化使通过轨道继电器的电流最小，即电源电压最小、钢轨阻抗最大、道砟电阻最小。

2. 分路状态

分路状态是两条钢轨间被列车车轮对或其他导体连接，使轨道电路受电端设备能反映轨道被占用的轨道电路状态。其最不利条件：参数的变化使通过轨道继电器的电流最大，即电源电压最大、钢轨阻抗最小、道砟电阻最大。

3. 断轨状态

断轨状态是指构成轨道电路的钢轨或电缆线路存在断点，轨道电路受电端设备能反映轨道电路断轨或断线的状态。其最不利条件：参数的变化使通过轨道继电器的电流最大。参数除与电源电压最大、钢轨阻抗最小有关系外，还与断轨地点和道砟电阻大小有关。

（五）道岔区段轨道电路

1. 道岔区段轨道电路的特点

（1）轨道电路内部增设道岔绝缘，用于防止轨道电路在调整状态下被分路。

（2）在尖轨与基本轨及两外侧的基本轨之间增设道岔跳线，用于保证调整状态下构成闭合回路。

（3）具有分支电路。轨道电路不仅包括道岔的直向部分线路，还包括侧向部分线路，而且所有列车进路上的道岔区段，其分支长度超过 65m 时，在该分支末端应增设受电设备，称为一送多受轨道电路，有一送二受和一送三受。当一送多受轨道电路任何一处分路或断轨时，均能保证其轨道继电器落下。一送二受道岔区段轨道电路如图 4.3 所示。轨道继电器 GJ2 落下，GJ1 也同时落下，道岔的直股和曲股信号显示红灯，轨道区段被占用。

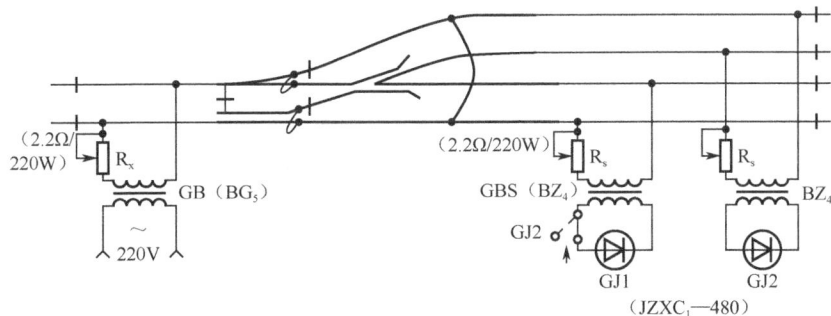

图 4.3　一送二受道岔区段轨道电路

2. 道岔区段轨道电路的作用

设置道岔区段轨道电路的主要作用是监督道岔区段是否有车占用，将轨道继电器接点应用于车站联锁电路中，从而确保有车占用或有列车及调车车列通过时，道岔区段内所有的道岔均处于锁闭状态，避免列车、调车车列运行过程中由于道岔中途转换造成脱轨或进入异线的事故。

道岔区段轨道电路与车站联锁设备相结合，在监督占用的同时，使控制台显示"红光带"或"白光带"，并能表示相应轨道区段内道岔的开通方向，为操作人员提供更直观的道岔状态信息。

（六）轨道电路的基本要求

（1）必须满足信号安全设备的"故障-安全"原则，出现故障后，分路时应有可靠的分路检查。

（2）在最不利条件下，受电端的接收设备在调整状态时应可靠工作，在分路状态时应可靠不工作。如送电端的发送设备兼作机车信号发码电源时，其入口电流应满足机车信号接收灵敏度的要求。

（3）在最不利条件下，用 0.06Ω（驼峰轨道电路取 0.5Ω）电阻在轨道电路内的任何一处轨面可靠分路时，均应使受电端的接收设备可靠地停止工作。

（4）各种制式的轨道电路，在规定的技术性能范围内均应实现一次调整。

（5）为保证轨道电路能安全、可靠、正常使用，任何制式的轨道电路均应进行完整的理论分析和计算。

（6）分路时，当轨端绝缘破损、电路内任一元件故障时，轨道电路不应失去分路检查或造成防护该轨道电路区段的信号机及机车信号机显示升级。

（7）适用于电力牵引区段的轨道电路，应能防护连续或断续的不平衡牵引电流的干扰。当不平衡电流在规定值以下时，应保证调整状态时稳定工作，分路状态时可靠不工作。

（8）电力牵引区段的轨端接续线应采用焊接式钢轨接续线。

（9）各种站内轨道电路，其间传递的信息均应和与其相配实现电码化的机车信号信息不同，其送、受电端均应能适应电码化的要求。

二、FTGS 型音频无绝缘轨道电路

（一）FTGS 型轨道电路概述

FTGS 是西门子公司的遥供无绝缘音频轨道电路的德文缩写，是报文式数字轨道电路。FTGS 轨道电路不仅可以反映轨道区段的占用与空闲，还可以将 ATC 设备产生的报文发送给车载信号设备。广州地铁 1 号线和 2 号线、深圳地铁、南京地铁 1 号线采用了这种轨道电路。

FTGS-917 型轨道电路共使用 8 种频率（9.5kHz、10.5kHz、11.5kHz、12.5kHz、13.5kHz、14.5kHz、15.5kHz、16.5kHz），为了避免相邻区段的干扰，除了使用不同的频率作为某区段固有的中心频率外，还采用了不同位模式进行区分。

位模式用 $X.Y$ 表示：它其实把一小段时间分成八等份，在一个周期内，先是 X 份时间的高电平，然后是 Y 份时间的低电平，且要求 $X+Y \leqslant 8$。FTGS-917 型轨道电路采用 15 种不同的位模式（2.2、2.3、2.4、2.5、2.6；3.2、3.3、3.4、3.5；4.2、4.3、4.4；5.2、5.3；6.2）。

FTGS 轨道电路分为三种类型：标准型（用于一送一受轨道区段）、道岔型（用于一送二受的道岔区段）和中间馈电型（用于长轨道区段，一般是站台）。

FTGS 轨道电路含有室外和室内两部分，中间通过电缆联系。室内设备有发送部分的发送、放大、滤波等电路；还有接收部分的接收、解调、轨道继电器等电路。室内设备的发送和接收组成一个轨道电路组合，每个组合有一专用电源为它提供+12V、+5V 电压。

FTGS 轨道电路一般采用电气绝缘节进行分割，其绝缘节类型有 S 棒、8 字棒及终端棒。因此，FTGS 轨道电路属于无绝缘轨道电路。

无绝缘轨道电路和有绝缘轨道电路相比，具有较明显的特点和优点，即无绝缘接头，因而大大提高了轨道电路的可靠性，在长轨区段安装不用锯轨，在电化区段降低了轨道电路的平衡系数，改善了钢轨线路的运营质量。

（二）室、内外模块组成及功能介绍

1. 轨旁盒（室外设备）

轨道电路室外的发送、接收及连接室内外的设备就是轨旁盒。轨旁盒内一般可分为左右两部分，对称结构布置。每部分都由一个调谐单元和一个转换单元组成；一部分作为一个区段的发送端时，另一部分作为相邻另一个区段的接收端。每一部分的调谐单元接电气节，转换单元接室内设备。轨旁盒内部电路方框图如图 4.4 所示。

调谐单元的作用就是调整谐振点。通过内六角扳手调整可调电感器，使绝缘棒与调谐单元调谐部分达到谐振点，使发到轨面上的电压最高，接收到的相应频率电压最高。另外，选择不同的端子可以选择变压器不同的抽头，调整引入室内的电压值。转换单元主要作用就是转换发送和接收模式。

调谐单元和转换单元根据频率的不同，型号是不一样的。也就是说，相邻的两个轨旁盒里，两种单元的型号是不同的。轨旁盒外形如图 4.5 所示。

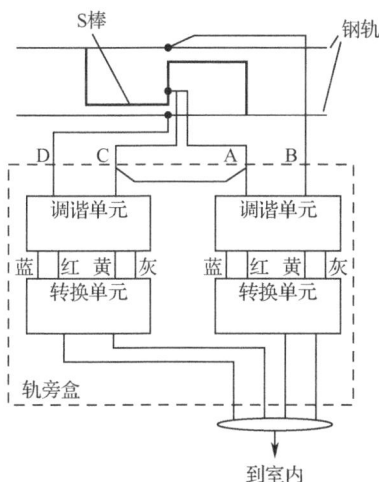

图 4.4　轨旁盒内部电路

图 4.5　轨旁盒外形

2. STEKOP 模块（室内设备）

STEKOP 模块又名输入/输出接口模块，位于 ESTT 接口计算机机柜中，它的作用之一是实现轨道电路与联锁计算机（SICAS）的连接。电源屏、其他联锁之间开关量输入/输出的连接也是通过这个模块。模块采集轨道电路继电板两个继电器的状态来判断轨道的占用或空闲。STEKOP 模块外形如图 4.6 所示。

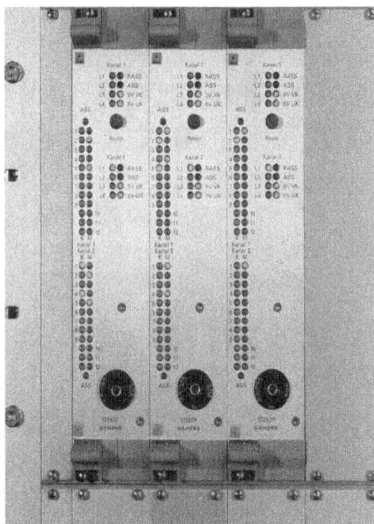

图 4.6　STEKOP 模块外形

3. 标准型轨道电路的组合框架

标准型轨道电路的组合框架包括 B33（接收 1 板）、B34 或 B39（接收 2 板）、B44（报文转换板）、B40（放大滤波板）、B30（发送板）、B35（解调板）、B36（继电器板），如图 4.7 所示。

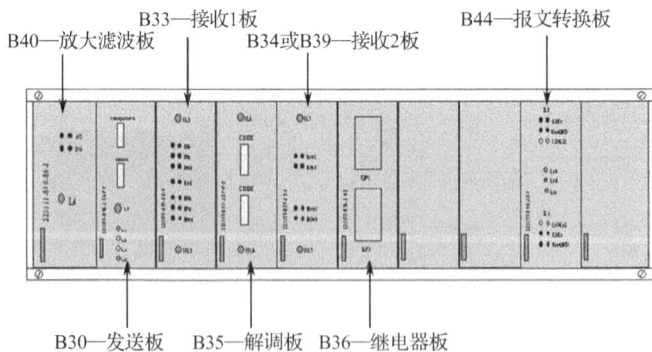

图 4.7　组合框架

4. B30 发送板（室内设备）

B30 发送板的功能是产生各种频率的音频电压；位模式调制和 ATP 报文调制的切换；向接收 2 板提供 16.33kHz 的驱动脉冲。

　　B30 发送板的输入和输出与其他功能模块板连接。其中输出部分：FSK 信息送入放大滤波板；驱动脉冲送至接收 2 板；时钟脉冲送至报文转换板。输入部分：轨道占用时由报文转换板输入触发信号。

5. B40 放大滤波板（室内设备）

　　B40 放大滤波板的功能是对发送板发来的调制音频电压进行放大滤波，滤除发送信号中的高次谐波，仅将本区段频率的信号馈入发送电缆中。输出经调制的 FSK 信息；输入由发送板送来的 FSK 信息。

6. B33 接收 1 板（室内设备）

　　B33 接收 1 板的功能是检测接收回来的电压的中心频率及电压幅值；对接收回来的电压进行放大；轨道空闲时，向解调板提供脉冲电压；轨道空闲时向接收 2 板提供 14.8V 的控制电压；轨道占用时向报文转换板提供"占用"信息。

7. B35 解调板（室内设备）

　　B35 解调板的功能是检测接收回来的音频电压所携带的位模式。当位模式检测正确时向接收 2 板提供控制低电平。

8. B39 或 B34 接收 2 板（室内设备）

　　B39 或 B34 接收 2 板的功能是将接收 1 板的输出信号和解调板送出的 TTL 电平进行动态 AND（或）运算。如果接收 1 板输出 14.8V 的高电位且解调板输出低电位，则发送板输出 16.33kHz 驱动脉冲，可以通过板上的安全触发电路，形成 16V 电压提供给继电器板。

9. B36 继电器板（室内设备）

　　B36 继电器板的功能是接收 2 板输出的直流 16V 电压，发送"轨道占用"或"空闲"信号到联锁和 LZB。

10. B44 报文转换板（室内设备）

　　B44 报文转换板的功能是 FTGS 的位模式和 ATP 报文之间的转换。列车占用轨道区段时，发送 ATP 报文，并使发送方向迎着列车方向；在有列车占用轨道区段时，FTGS 的位模式无效，同时，ATP 报文被激活；发送板执行一个报文转换信号进行开关切换，再通过一个光耦合器，ATP 报文就从报文转换板传送到发送板。

11. B43 方向转换板

　　B43 方向转换板的功能是实现发送电缆和接收电缆的切换。对于标准型和道岔型轨道电路，由 LZB 根据进路的方向直接控制方向转换板上的继电器来转换方向；对于中间馈电型轨道电路，由 LZB 提供进路的方向信息给中间馈电转换板，再由中间馈电转换板根据区段的占用情况和进路方向，控制方向转换板上的继电器来转换方向。

（三）FTGS 型轨道电路技术指标

（1）应用范围：车站和区间，道岔和交分道岔。
（2）牵引回流：双轨条。
（3）抗干扰：通过频率调制传输。

（4）电缆故障：通过编码传输和混线检测系统检测。

（5）故障-安全措施：接收部分为双通道结构；轨道继电器的相同开关状态通过两个继电器的不同状态检测错误。

（6）工作全部频率：9.5～16.5kHz。

（7）调制：频率调制（移频键控）。

（8）编码位模式：15 种位模式，分别为 2.2、2.3、2.4、2.5、2.6、3.2、3.3、3.4、3.5、4.2、4.3、4.4、5.2、5.3、6.2。

（9）传输速度：时分比特位传输 $U_b \leqslant 200$ bit/s；LZB 电码传输 $U_b \leqslant 200$bit/s。

（10）运营可靠性：MTBT=0.2 个故障/年（每个 FFGS 的 MTBF 计算值 4.3 万小时，实际值 7 万小时）;

（11）最大控制距离：6.5km（轨旁盒—联锁柜）。

（12）电缆有效长度：最大值 1.5km（根据接线情况）。

（13）轨道电路有效长度：30～300m。

（14）环境温度：-30～+70℃。

（15）轨道继电器吸合、释放延迟：$t_{吸}$=0.6s，$t_{落}$=0.35s。

（16）供电：工作电压交流 230V（+10%～-20%），50Hz±1Hz。

（17）功耗：标准配置 65V·A；道岔配置 75V·A；中央馈电 75V·A；交分道岔 85V·A。

（18）轨道道砟电阻：最小 R_B=1.5Ω·km。

（19）额定分路灵敏度：$R_A \leqslant 0.5Ω$。

（四）S 棒的电气绝缘原理

短路电缆连成 S 形方式，发送器的一个输出端和接收器的一个输入端接在 S 形导线的中间。B 处电容器 C_2 与钢轨 L_2 及 S 形电缆的另一半组成谐振于 f_2 频率的谐波信号，A 处电容器 C_2 与钢轨 L_2 及 S 形电缆的另一半也组成谐振于 f_2 频率的谐波信号，A、B 两处电缆与钢轨连接点构成轨道区段 2。B 处两个并联谐振回路都对 f_2 信号呈现高阻抗，以使信号能够发送、接收。对于 f_1 和 f_3 两个频率，C_2 所在的谐振电路则呈现出低阻抗，接收器不能接收这两个频率的信号。通过 A、B 两处的发送器和接收器就可以构成电气绝缘的轨道电路，原理图如图 4.8 所示。电缆现场实物图如图 4.9 所示。

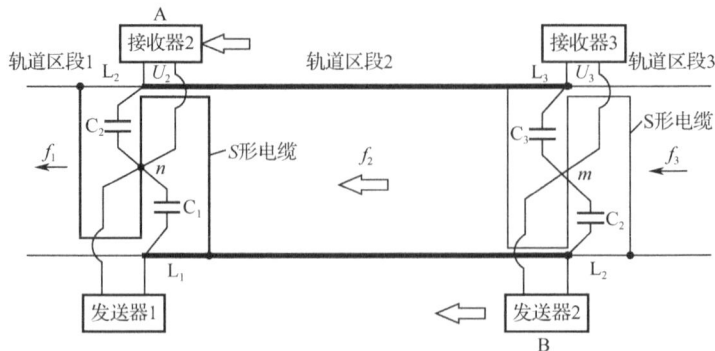

图 4.8　S 棒的电气绝缘原理

图 4.9 电缆现场实物图

三、50Hz 微电子相敏轨道电路

城市轨道交通车辆段内的列车无机车信号显示需求，因此其轨道电路的功能仅具有列车占用检查即可。由于其电力机车一般为直流牵引，且牵引回流为单条钢轨，加设滤波器防护 50Hz 交流连续式轨道电路因滤波器故障不能保证安全，故轨道电路应采用单轨条回流方式的 50Hz 相敏轨道电路。

50Hz 微电子相敏轨道电路是指轨道电路内传输和赖以工作的信号频率是 50Hz，绝缘区段的发送器和接收器工作在同一个频率，接收器收到一定相位的信号才能被吸起。50Hz 相敏轨道电路制式的轨道继电器采用 JRJC 型交流二元插入式继电器，又称为 50Hz 的二元二位相敏继电器，该轨道继电器既具有频率选择特性，又具有相位选择特性。

（一）50Hz 微电子相敏轨道电路技术参数

（1）能适应的最大直流牵引电流为 4000A。

（2）分路电阻为 0.15Ω，分路残压不大于 10V。

（3）送、受电端防护电阻的阻值不小于 1.6Ω。

（4）极限长度为 300m。

（5）当钢轨阻抗为 0.8∠60Ω/km、道砟电阻为 1.5Ω·km～∞、50Hz 电源电压范围为 220V±6.6V 时，在轨道电路极限长度内，轨道电路能满足调整和分路检查的要求，并实现一次调整。

（6）微电子相敏轨道电路接收器交流工作电压为 13.5～18V，工作值为 12.5V±0.5V，理想相位角 0°，失调角不大于 30°，返还系数大于 85%。

（7）电源采用 DC 24V±3.6V，其中交流分量不大于 1V。

（8）送电端电缆允许压降不大于 60V。

（9）当环境温度为 -25～60℃时，设备可靠工作。

（二）WXJ50 型微电子相敏轨道电路接收器技术条件

（1）WXJ50 型微电子相敏轨道电路接收器安装在安全型继电器罩内，采用继电器插座。

（2）WXJ50 型微电子相敏轨道电路接收器工作电源为直流 24V±3.6V，交流分量不大于 1V，可由电源屏供给，也可另加独立整流电源供给。每套接收器耗电小于 100mA（包括驱动 JWXC—1700 型轨道继电器的电流）。

（3）WXJ50 型微电子相敏轨道电路接收器局部电源为 110 V /50Hz，由电源屏或另加独立电源供给。每套接收器局部输入阻抗为 30kΩ，输入电流约为 3.7mA。

（4）WXJ50 型微电子相敏轨道电路接收器的最后执行继电器为 JWXC—1700 安全型继电器。

（5）轨道接收阻抗：Z=500Ω±20Ω，θ=160° ±8°。

（6）当轨道接收信号与局部电源为理想相位 0° 时，工作值为 12.5V±1V，返还系数大于 85%。

（7）具有可靠的绝缘破损防护性能。

（8）轨道输入采用调相防雷变压器，具有较强的雷电防护能力。

（9）调相防雷变压器（TFQ）也安装在安全型继电器罩内，每个继电器罩安装两套设备，供两段轨道电路使用。

（三）50Hz 微电子相敏轨道电路原理

50Hz 微电子相敏轨道电路接收器保留了原继电式相敏轨道电路的优点，克服其缺点，成为具有高可靠、高抗干扰能力的一种新型相敏轨道电路。

50Hz 微电子相敏轨道电路如图 4.10 所示，局部电源和轨道电源分别由电源屏提供，并且局部电源超前轨道电源 90°。送电端轨道电源 GJZ220、GJF220 经节能器、轨道变压器降压后送至钢轨。受电端经中继变压器升压后送至调相防雷器（TFQ），再送至两台WXJ50 型微电子相敏接收器。两台接收器双机并用，只要有一台接收器有输出，轨道继电器 GJ 即吸起，以提高轨道电路的可靠性。当 50 Hz 微电子相敏轨道电路接收器接收到 50 Hz 轨道信号，且局部电压超前轨道电压一定范围的角度时，微电子接收器使轨道继电器吸起。当 θ=90° 时，处于最佳接收状态。当收到的信号不能完全满足以上条件时，轨道继电器落下。

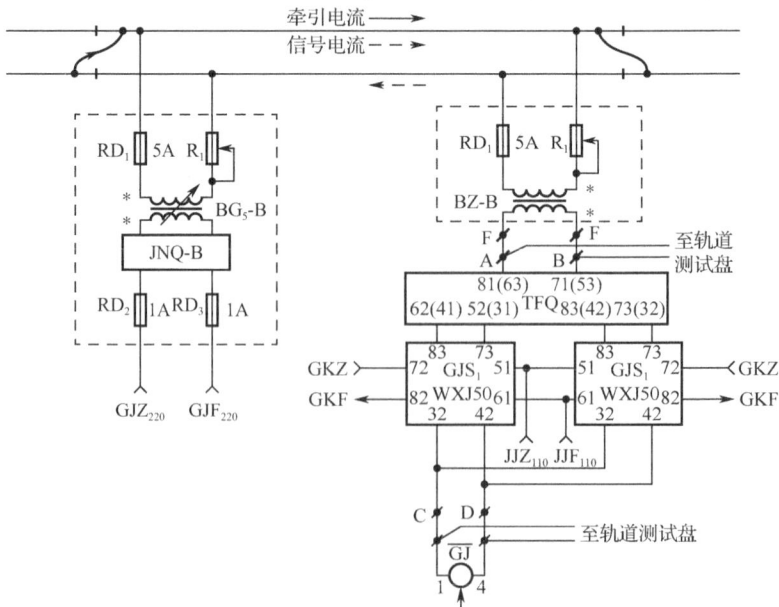

图 4.10　50Hz 微电子相敏轨道电路

其中，轨道电源、局部电源、调相防雷器、微电子相敏接收器、轨道继电器设在室内。节能器、轨道变压器、送电端防护电阻及熔断器设在室外送电端变压器箱内。中继变压器、受电端防护电阻及熔断器设在室外受电端变压器箱内，室内、外设备用电缆相连。

相关案例

【案例1】　7·23 甬温线特别重大铁路交通事故

2011 年 7 月 23 日 20 时 30 分 05 秒，甬温线浙江省温州市境内，由北京南站开往福州站的 D301 次列车与杭州站开往福州南站的 D3115 次列车发生动车组列车追尾事故。

2011 年 7 月 23 日 19 时 30 分左右，有雷击中温州南站沿线铁路牵引供电接触网或附近大地，通过大地的阻性耦合或空间感性耦合在信号电缆上产生浪涌电压，在多次雷击浪涌电压和直流电流共同作用下，LKD2—T1 型列控中心设备采集驱动单元采集电路电源回路中的熔断器 F2（以下简称列控中心熔断器 F2，额定值为 250V、5A）熔断。熔断前温州南站列控中心管辖区间的轨道无车占用，因温州南站列控中心设备的严重缺陷，导致后续时段实际有车占用时，列控中心设备仍按照熔断前无车占用状态进行控制输出，致使温州南站列控中心设备控制的区间信号机错误保持绿灯状态。

雷击也造成 5829AG 轨道电路发送器与列控中心通信故障。使从永嘉站出发驶向温州南站的 D3115 次列车超速防护系统自动制动，在 5829AG 区段内停车。由于轨道电路发码异常，导致其三次转目视行车模式起车受阻，7 分 40 秒后才转为目视行车模式以低于 20 公里/小时的速度向温州南站缓慢行驶，未能及时驶出 5829 闭塞分区。因温州南站列控中心未能采集到前行 D3115 次列车在 5829AG 区段的占用状态信息，使温州南站列控中心管辖的 5829 闭塞分区及后续两个闭塞分区防护信号错误地显示绿灯，向 D301 次列车发送无车占用码，导致 D301 次列车驶向 D3115 次列车并发生追尾。

【案例2】　天窗作业

天窗作业，即指在铁路 24 小时不间断的运行图内不铺画列车运行线或减少列车运行次数，为铁路维修养护、施工预留的空闲时间。

天窗按用途分类，规定如下。

（1）施工天窗：技改工程、线路大中修及大型机械作业、接触网大修时，不应少于 180 分钟。

（2）维修天窗：电气化双线不应少于 90 分钟，单线不应少于 60 分钟；非电气化双线不应少于 70 分钟，单线不应少于 60 分钟。

维修天窗在时间安排上应与施工天窗重叠套用，除春运、暑运、黄金周及铁道部调度命令停止外，原则上每月每区间不应少于 20 次（双线为单方向）。维修单位不需要时，可不申请或减少天窗时间，不计入天窗修考核。

（3）各条线路天窗时间和位置在编制列车运行图时确定，铁路局调整繁忙干线和影响跨局运输的干线天窗必须报铁道部运输局批准。

（4）双线车站同时影响上下行正线的渡线道岔或影响全站信号设备正常使用的电务为主、工务综合利用的设备检修，每月应保证2次，每次不少于30分钟的封锁时间。编组、区段站，可按接发列车方向划分联锁区，按联锁区每月应保证1次不少于30分钟的封锁时间。

（5）编组、区段站每个供电臂每月应保证1次不少于30分钟的封锁停电时间。具备条件的电气化双线区段，应适当安排垂直检修天窗。

（6）不影响跨局运输的干线和支线施工，天窗时间和次数可由铁路局适当调整。

📖 知识拓展

轨道电路常见故障分析

1. 分路不良

分路不良故障指的是轨道区段有车占用时，有关轨道继电器不落下，控制台或显示器相对应的区段不显示红光带。造成这种故障的原因，除了轨道电路本身达到"分路状态最不利条件"以外，还包括轻车、轨面不清洁（如生锈）等原因。

分路不良对车站作业的影响主要在安全方面，由于不能利用轨道继电器检查出轨道区段有车占用，所以可能造成安全隐患。

（1）当线路出现分路不良的现象时，列车行驶至该区段后，轨道电路不显示红光带，在车站计算机或调度终端上不能监控列车的运行状态，系统不能检测到该段轨道电路被列车占用。

（2）当后续列车接近有列车占用且出现轨道电路分路不良的区段时，列车检测到前方轨道有列车占用，不会减速停车，极易造成列车追尾事故的发生。

（3）若分路不良的区段为岔区，当后续列车接近时，系统将自动扳动道岔，排列进路，造成道岔上的列车脱轨或颠覆。

因此，发现分路不良问题后，必须及时报告有关部门，严格执行有关要求，认真确认列车位置，锁闭有关道岔，确保办理列车运行和调车作业安全。

分路不良同样也会影响作业效率。由于不能可靠地分路有关轨道区段，造成列车进出车辆段过程中进路不能正常解锁，控制台上遗留有"白光带"，需人工操作才能解锁有关区段；在区间，会造成车次号丢失（列车的占用以红光带为依据，不以车次号为依据），通过车站计算机或调度终端不能监控列车的运行状态。

2. 红光带

红光带故障指的是轨道区段没有车占用时，控制台或显示器相对应的区段显示红光带。造成这种故障的主要原因有轨道电路送电电压低、道床潮湿肮脏使得泄漏电流大、轨道电路有断线或断轨情况等。

显示红光带的区段相当于有列车占用，因此，发生红光带故障主要影响车站及区间的行车效率，部分行车安全需依靠人工保障，有关工作人员必须严格执行非正常情况下的作业办法。

（1）将故障地点和故障现象通知信号维修人员，并及时联系，确认故障原因及恢复时间。

（2）列车驾驶员在行车调度员的授权下，及时转换驾驶模式，确保列车运行安全。

（3）车站有关工作人员按照行车调度员的指示，及时转换道岔，开放信号。

故障修复后，应及时通知受影响的车站和有关在线列车驾驶员及时恢复正常运行模式。

任务二　计轴器和应答器

学习目标

（1）了解计轴器和应答器的原理；

（2）了解几种典型轨道电路；

（3）了解轨道电路的分类；

（4）了解计轴器和应答器的作用。

学习任务

认知计轴器和应答器，主要包括计轴器和应答器轨旁设备、计轴微机系统。

工具设备

计轴器，应答器，IBP 后备盘，模拟沙盘。

教学环境

室内信号实训基地，校外地铁车站，车辆段，多媒体教室。

基础知识

随着城市轨道交通的发展，目前新建地铁线路信号系统多采用基于无线通信技术的移动闭塞 ATC 信号系统（简称 CBTC 系统）。CBTC 系统降级模式下采用联锁+计轴（列车监测）的运营模式，采用计轴作为辅助列车位置检测设备，计轴系统不具备轨道电路检查断轨状态和传输行车相关信息的功能。

计轴系统通过计轴点检测进入与离开某段线路的车轴数，判定两个计轴点之间轨道区段的空闲或占用情况，其用途与轨道电路相似，用来检测区段状态信息及检测列车运行方向，这是计轴器具备的基本功能。

应答器是现代城市轨道交通信号控制系统中的安全设备，是整个信号系统安全体系中不可或缺的部分。应答器可在特定的地点实现车地间的数据交换，向列车提供可靠的轨旁固定信息或可变信息，是高速率、大信息量的点式数据传输设备。

一、计轴系统

（一）工作原理

在每个计轴点的轨旁架设有计轴器传感器，也就是通常所说的磁头（为了判别列车的运行方向，每个点的传感器配有两套磁头）。当列车驶入该轨道区段，列车车轮抵达计轴器（传感器）A 的作用区域时，传感器 A 将车轴脉冲，经电子连接箱传送给室内计算机主机系统，由主机系统计算车轴数量，并根据两套磁头的作用时机，判明列车的运行方向；同样，当列车车轮抵达计轴器（传感器）B 的作用区域时，传感器 B 将车轴脉冲，经电子连接箱传送给室内计算机主机系统，由主机系统确定对轴数是累加计数还是递减计数。依据该轨道区段驶入点和驶出点所记录轴数的比较结果，确定该区段的占用或空闲状态，输出控制信息使该区段的轨道继电器落下或吸起。同样，在道岔区段，设置计轴器的原则类似轨道电路的"一送多受"，不再赘述。这样即可根据轨道区段的列车占用状态，构成车站联锁和区间闭塞关系，如图 4.11 所示。

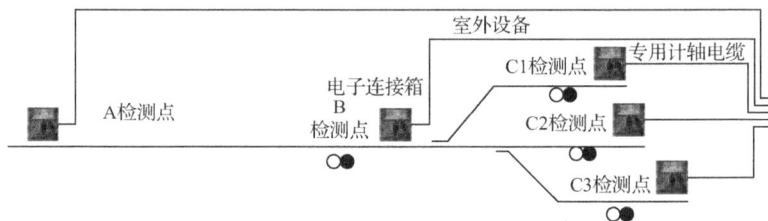

图 4.11　计轴基本原理图

计轴磁头（计轴器）实际上是电磁式有源传感器，利用线圈互感原理，当列车车轮通过检测点时，发生磁通变化，而得到轮轴信号。计轴磁头原理如图 4.12 所示，计轴磁头外形如图 4.13 所示。车轮传感器的每套磁头包括发送（T）和接收（R）两个磁头，发送磁头安装在钢轨外侧，接收磁头安装在钢轨内侧。车轮发送线圈 T 和接收线圈 R 产生的磁通环绕过钢轨。当车轮经过计轴器传感器时，即形成了轴脉冲。

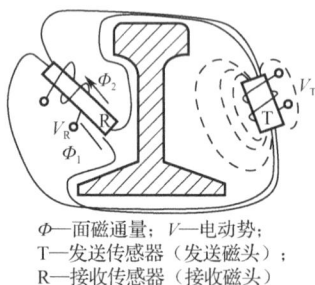

Φ—面磁通量；V—电动势；
T—发送传感器（发送磁头）；
R—接收传感器（接收磁头）

图 4.12　计轴磁头工作原理

图 4.13　计轴磁头外形

每个计轴检测点都由两组车轮传感器磁头，即 T1、R1（一组）和 T2、R2（二组）构成。列车运行时，车轮先经过的磁头系统判断为从该磁头方向驶入，后经过的磁头系统判断为从该磁头驶出，以此确定列车的运行方向。当计轴区段两端计轴检测点记录判断驶入和驶出同一区段的车轴数一致时，完成一次占用/出清的过程。

当车轮经过传感器时，两组磁头产生的二进制轴脉冲组合形成 5 种形态的脉冲对（即 00、10、11、01、00），如图 4.14 所示。根据两脉冲对的组合时序可确定列车的运行方向。在列车从左向右方向运行的过程中：00 表示列车轮对未驶入磁头区域；10 表示列车轮对先驶入 R1、T1 磁组，还未进入 R2、T2 磁组；11 表示列车轮对同时切割 R1、T1 磁组和 R2、T2 磁组；01 表示列车轮对已驶出 R1、T1 磁组，但仍在 R2、T2 磁组中；00 表示列车轮对驶出磁头区域。

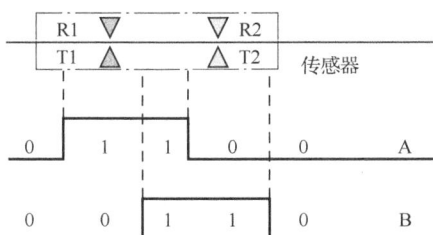

图 4.14　磁头形成脉冲对原理

相对于磁组 R1、T1 形成 A 的码序列 0 1 1 0 0，磁组 R2、T2 形成 B 的码序列 0 0 1 1 0。

若列车从右向左运行，则磁组 R2、T2 形成 A 的码序列 0 1 1 0 0，磁组 R1、T1 形成 B 的码序列 0 0 1 1 0。计轴主机通过车轮切割 R1、T1、R2、T2 的先后时差，即接收到 1 的先后顺序，来判断列车的运行方向。

（二）系统组成

计轴系统的室外设备，由安装在钢轨上的车轮检测器（传感器）和轨旁电子检测设备（EAK）构成。其作用是检测钢轨上运行的列车轮对，并对其进行计数；现场信号采集处理，转换后将信息传送到室内计轴主机进行运算。

计轴系统的室内设备，由计轴主机（运算单元）、计轴电源和防雷单元三部分构成。其作用是对轨旁电子设备 EAK 传送来的信息进行运算，给出相应区段的占用条件或接收区段复位的条件。

其中结合电路包含与计轴运算单元相连接的计轴复位电路、计轴输出的轨道继电器电路。计轴系统结构框图如图 4.15 所示。

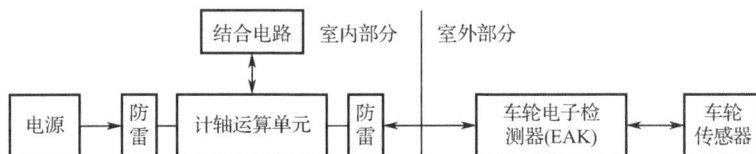

图 4.15　计轴系统结构框图

（三）计轴复位

计轴设备容易受外界环境干扰，受干扰的原因包括"掉电"、电磁干扰、磁头处划过金属物等，因此计数器的轴数往往出现差错导致系统故障，此时需要人工操作进行计轴复位。所谓复位，即让计轴的轴数清零，同时计轴轨道区段为出清状态（轨道继电器吸起），实际上计轴复位是一个安全作业程序，在计轴系统故障状态下使用。在车站控制室，计轴复位按钮盘上设置计轴复位按钮；一般情况下，每个计轴区段（包括道岔区段）可对应一个复位按钮，由车站值班员按压计轴复位按钮，计轴主机采集到计轴复位按钮的按下状态后，做出相应的处理。计轴系统提供如下4种复位方式。

1. 无条件复位

在执行计轴复位前，值班员必须确保该区段内无车，然后按压计轴复位盘上的复位按钮，计轴主机采集到该复位命令，立即执行计轴复位，轨道继电器吸起，区段出清。

2. 有条件复位

当计轴区段里出现计轴干扰时，造成列车进入端的计轴错误计数，而列车离开区段端（驶出端），计轴磁头检测到了列车离开时的轴数，此时离开的轴数和进来的轴数经计轴主机计算两者不相等而使区段显示未出清，但实际此时列车已经出清该区段。在此条件下，必须在最后一个计数动作为离开区段的计数时，才允许执行计轴复位，即称为有条件复位。进行有条件复位可减少调度员人为错误的风险。

3. 预复位

值班员按压计轴复位盘上的复位按钮，计轴主机采集到该复位命令后，先使计轴清零，但此时区段处于列车占用状态，轨道继电器还处于落下状态。随后下一列车通过区段，计轴运算单元判断室外计轴点正确后只有当进入和离开该区段的轴数相同时，才会判定区段出清，此时轨道继电器吸起。

4. 带确认的预复位

带确认的预复位与预复位相比，需要增加一道人工确认列车出清该区段的确认操作。即值班员按压计轴复位盘上的复位按钮，计轴主机采集到该复位命令后，先使计轴清零，此时轨道继电器仍处于落下（区段占用）状态。随后下一列车通过区段，要求人工确认该列车正确通过区段，然后向主机发送一个确认命令。只有当进入和离开该区段的轴数相同时，计轴运算单元判断室外计轴点正确后，才会判定区段出清，此时轨道继电器吸起。

地铁多推荐采用预复位方式，在计轴系统出现问题时，将一段计轴区间的状态复位为零，该计轴区段仍显示占用，当首列沿着此计轴方向行驶的列车（要求低速）通过该计轴区段后，计轴设备就会提供计轴区段出清空闲的显示。复位按钮按压时间一般要求超过0.5s。

（四）西门子 AzS(M)350 M 型微机计轴系统

西门子 AzS（M）350 M 型微机计轴系统是一种小型微机计轴系统，它采用 SIMIC—C 安全型计算机为控制核心，配备完善的配套电路构成其运算单元，每个运算单元可以直接连接 4 个西门子 ZP43V 型计轴点设备，同时具备检查两个轨道区段的能力，并且通过多个运算单元的有机组合来构成一个整体系统，用以检查不同规模形式的站场和区间轨道的空闲与占用状态。目前，西门子 AzS（M）350 M 型微机计轴系统已在许多国家和地区得到应用。广州地铁 1 号线、2 号线联络线也采用了该设备。

AzS（M）350 M 型微机计轴系统的组成包括：安装在站场或区间钢轨和轨旁的西门子 ZP43V 型计轴点设备；安装在室内的 AzS（M）350 M 运算单元组合；ZP43V 型计轴点与 AzS（M）350 M 运算单元间的外部电缆连接系统；AzS（M）350 M 运算单元与车站联锁系统之间的接口电路；在值班控制台上的控制按钮及配套的电源设备等。

计数单元是一种基于微计算机系统的可靠的数据处理设备。其核心是经过安全性证明的计算机系统 SIMIS—3216，该系统有 3 个数据处理通道，在 3 个通道内的数据流同步。在结构上，计数单元装在 4 排框架上，组件用插入方式安装在框架上。

AzS（M）350 M 的主要特征为：①最多可接续 16 个计数点；②自动纠错；③经由联锁总线或调制/解调器向计算机服务器及维修中心给出故障表示。

二、应答器

应答器是一种采用电磁感应原理构成的高速点式数据传输设备，用于在特定地点实现地面与列车的通信。

应答器的主要用途是向车载 ATP 控制设备提供可靠的地面固定信息和可变信息。主要传递以下信息。

（1）线路基本参数，如线路坡度、轨道区段长度等参数。

（2）线路速度信息，如线路最大允许速度、列车最大允许速度等。

（3）临时限速信息，如当由施工等原因引起的对列车运行速度进行限制时，向列车提供临时限速信息。

（4）特殊定位信息，如列车定位等。

应答器也称信标，它也是信号系统的基础设备，随着 ATC 系统的普及，应答器在城市轨道交通中得到广泛的应用。有"有源应答器"和"无源应答器"之分。无源应答器预先固定写入一条应答器报文，当列车经过无源应答器上方时，无源应答器接收到车载天线发射的电磁能量后，将其转换成电能，使地面应答器中的电路工作，把存储在地面应答器中的 1023 位数据报文循环发送出去，直至电能消失（即车载天线已经离去）。通过报文读写工具 BEPT 可以改写无源应答器的数据报文，可以对无源应答器存储的数据报文进行读出、校核。

有源应答器通过与编码器 LEU 的连接，可实时改变传送的数据报文，主要是从联锁系统获得的各种轨旁变量信息，如信号机、道岔状态信息。当与 LEU 通信故障时（接口"C"故障），有源应答器可以自动切换到无源应答器工作模式，发送默认报文。

20 世纪 80 年代初，瑞典最早将应答器应用于铁路，后来法国、德国、日本等都相继采用应答器作为车地之间点式通信的方式。经过应用的积累，确定了应答器系统的结构及技术参数，即欧洲铁路标准 subset—036。该标准应答器是电感耦合射频识别系统，采用非谐性反馈频率，数据发送频率传输载波为 4.237MHz。低频应答器能耗低、成本低，适用于短距离但安全型要求较高的场合。

（一）应答器工作原理

应答器采用的射频识别（Radio frequency Identification，RFID）技术，利用电磁感应或微波进行非接触、双向通信，通过交换数据来识别对象。RFID 系统一般由读写器、标签和天线三部分组成。读写器通过控制射频模块向标签发射读写信号，接收标签的应答，并由主机将数据处理后供其他系统使用。在城市轨道交通中，通常使用应答器进行单向通信，即地对车的通信。地面应答器布置在两根钢轨中间，其内部寄存器按协议以比特域形式存放，实现列车速度监控并获得其他行车控制数据。当列车经过地面应答器时，车载天线通过和载频一致的射频信号激活应答器，使其发射预置数据，从而使列车获得控车信息，实现列车运行控制。

应答器系统包括地面设备和车载设备：地面设备主要是应答器和轨旁电子单元（编码器 LEU），车载设备包括车载查询器天线和车载查询器主机（BTM）。车载查询器天线置于列车底部，是一个双工收发天线，一方面连续向地面发送高频电磁能量，以激活地面应答器；另一方面接收地面应答器发送的数据报文。查询器主机检查、校验、解码接收到的报文，并传送给列车运行控制系统。

（二）应答器功能

在城市轨道交通 CBTC（基于通信的列车控制）系统中，应答器主要具有如下功能。

1. 列车定位建立及校正

在城市轨道交通信号系统中，ATP（列车自动防护）系统对于列车间隔的控制需要列车位置数据的支持，在现行系统中一般由测速电动机或脉冲速度传感器等实现。CBTC 车载设备通常在轨道数据库（TDB）中存储应答器的编号、位置、链接等信息，车载设备在经过两个连续的地面应答器时，可配合列车测距信息，唯一地确定列车的位置和运行方向。

CBTC 系统中测速测距系统的定位误差可分为固定误差和比例误差两部分。列车每经过一个应答器，就可以根据 TDB 中的精确数据对测速测距误差进行修正，缩小误差比例，确保测距的精度在合理范围之内。当运行过程中丢失应答器信息时，系统测距误差无法及时得到校正，将影响系统的整体性能，为此 CBTC 系统需要间隔一定距离设置应答器，确保系统测距误差整体可控。

2. 轮径校核

测速电动机或脉冲速度传感器对列车的位置和速度的测定是以车轮的转动为依据的。车轮每转动 1 周测速传感器可以产生固定数量的测速脉冲信号，车载计算机根据一定时间内脉冲信号的数量，计算列车车轮转动的角度，再结合车轮轮径进一步计算列车运行距离与速度，因此轮径是定位及测速的关键。

列车的轮径不是永恒不变的，为了减小列车定位及测速的误差，在每次运营之前车载设备需要完成轮径校准工作。校准的过程就是用车载里程计测量两个应答器之间的车轮转数，并与车载数据库中预置的这两个应答器之间的实际距离比较，由车载控制器计算出实际轮径，实现自动轮径校准。一般在车辆段/停车场出入段线及正线平直区段设置用于轮径校核的专用传感器，确保列车上线运营时或在正线运行时轮径值可以得到校核。

3. 系统初始化

当列车从车辆段/停车场驶入正线时，需在出段线路转换轨"登录"进入 ATC（列车自动控制）控制区域。列车驶入转换轨，经转换轨上的应答器触发后转换车载控制模式，下载电子地图的版本号应与车载自存的版本号对比一致。同时列车运行一段距离后进行列车定位功能的自检，在经过第二个应答器时，根据其提供的位置信息与自检计算得到的定位数据进行对比；若一致，则 ATS（列车自动监控）发送列车的识别号经区域控制器到车载系统，此列车便完成了初始化程序正式登录 ATC 控制区域。

4. 移动授权

在 CBTC 系统降级模式下，系统安全列车间隔和列车防护依靠联锁进路的固定闭塞及联锁控制的信号机显示。进路通常是两个顺向信号机间的路径。CBTC 系统降级模式下系统中的联锁只有在进路和保护区段均具备条件的情况下才开放信号。此时，ATP 计算的移动授权默认从始端信号机到终端信号机，紧急制动曲线将会在前方出站信号机处终止。连接 LEU 的主应答器或预告应答器发送 LEU 根据采集到的信号机开放状态生成的应答器报文，车载设备根据收到的信息对列车进行控制。

对于区间信号机，通常为其设置预告应答器，用于复示主应答器的信息。预告应答器和主应答器的示意图如图 4.16 所示。在图 4.16 中，如果预告应答器提供"进路开放"信息，则列车将认为其对应的信号机为开放信号，移动授权计算可延伸至下一条进路，即图 4.16 中的新 ITC-MA（点式移动授权）；否则列车将在主信号应答器前停车，即图 4.16 中的原 ITC-MA。

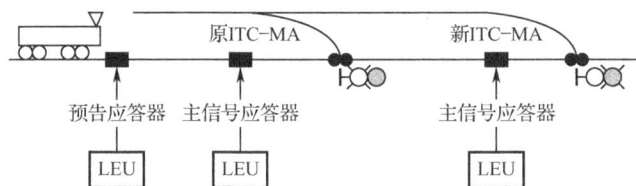

图 4.16 预告应答器扩展移动授权示意图

对于出站信号机，通常不设置预告应答器，列车默认在出站信号机对应的有源应答器前停车。有源应答器设置在列车正常停车位置与对应信号机之间。这种位置关系使列车在正常制动曲线下不会读到有源应答器。若出站信号机没有开放，司机错误发车，车载计算机通过查询器天线检测到该信号机的禁止信息，则立即实施紧急制动，从而防止列车冒进红灯信号。出站信号有源应答器的位置如图 4.17 所示。

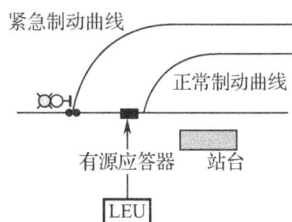

图 4.17 出站信号主应答器示意图

5. 进路信息提示

通过有源应答器的设置，也可在应答器报文中对列车前方的进路信息进行提示。道岔防护信号机对应的有源应答器，通常需对道岔直向/侧向的锁闭信息进行编码并发送给列车。车载 ATP 系统收到对应的应答器信息时，可通过进路信息确定前方的进路，并根据需要更新线路信息。

6. 精确停车

列车在车站停车时，车门与站台门的开度要配合良好，要求车门与站台门之间的停站允许误差控制在 0.25～0.5 m 内。列车精确停车信息需要地面应答器提供。图 4.18 阐明了采用应答器装置能够测定车门是否与站台门对准。用于车站定位停车的应答器，在站台确定的范围内沿线路设置在两钢轨之间特定的位置，应答器将轨旁的准确位置信息传送至车载计算单元内。位置的输入被用于确定何时启动停车曲线。接近停车位置的应答器数量决定站停位置的精确度，一般为 3～4 个。图 4.18 中的上行方向，当列车运行至始端应答器位置时，列车接收到第一个应答器信息即停车标志位置信息，启动定点停车程序，列车按照定点停车曲线运行，其制动率被控制在一个恒定值，此时列车离定位停车点较远；当列车到达中间应答器位置时，应答器将根据定点停车曲线对实际车速进行校正；当列车接收到终端应答器位置信息时，列车转入定位模式，制动率进一步降低；最后当列车接收到站台接近传感器（金属对位板）的信息时，立即实施全常用制动，将车停住。列车停准后，车载设备将会向轨旁发送列车停稳信号，然后才能进行开关车门和屏蔽门的操作。如果列车停止但未读取到接近传感器的信息，将无法进行开关车门和屏蔽门的操作。

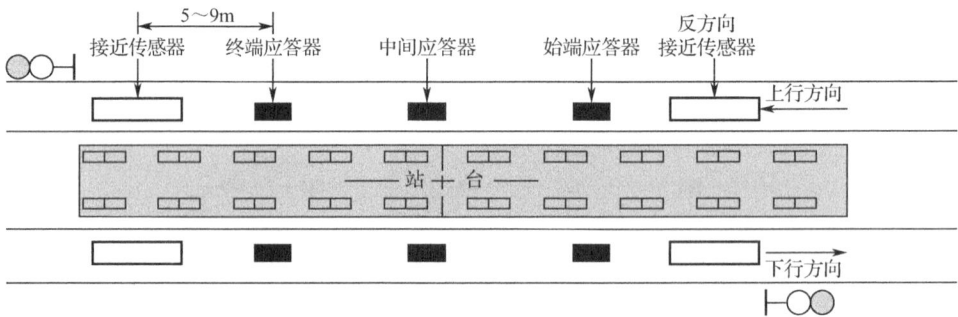

图 4.18　列车精准停车示意图

7. 其他功能

应答器还可为系统提供线路固定限速、坡度、弯道、无线切换点、无电区、转换轨、公里标、临时限速等信息，从而为系统提供更强的运行控制能力。

（三）地面应答器设备

信号系统为每一个地面应答器分配一个固定的坐标；地面应答器的主要功能是：接收车载应答器天线传递的载频能量和向车载天线发送数据信息。地面应答器是一种可以发送数据报文的高速数据传输设备。地面应答器应能提供上行数据链路，实现地对车的数据传输。地面应答器应具有足够的、可用的固定信息容量，当与地面电子单元连接时，能提供实时可变的数据信息。

1. 地面电子单元（LEU）

如图 4.19 所示为地面应答器和车载应答器的原理示意图，地面电子单元是一种数据采集与处理单元，当有数据变化时（如信号显示改变等），将改变后的数据形成报文传送给应答器进行发送。

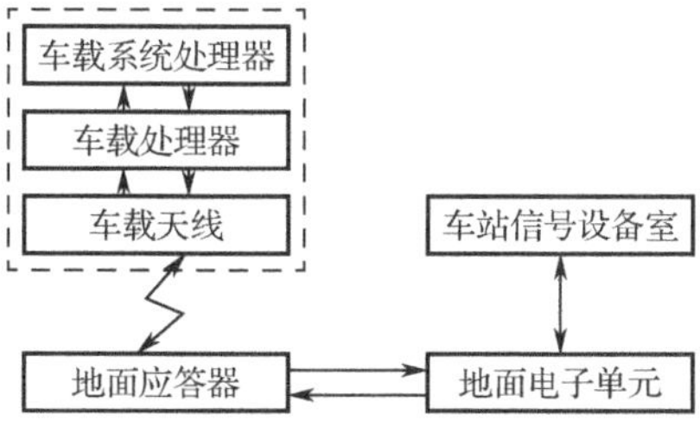

图 4.19 地面应答器和车载应答器的原理示意图

2. 地面应答器

地面应答器有无源应答器和有源应答器两种，无源应答器向列车传送固定的信息；而有源应答器一般都与地面电子单元连接，通过连接的地面电子单元，可实时更新地面有源应答器中存储的数据。地面无源应答器通过接收车载应答器天线传递的载频能量，获得电能量，使地面应答器中的信号发生器工作，然后将事先存储在地面应答器中的数据发送给车载天线。

当车载应答器天线在有效作用范围内时，地面应答器需发送连续的信息。应答器发送的信息形成一个无缝的报文信息流，该报文由同步码、有效信息及校验码组成。一个应答器只能发送一种长度的报文。

无源应答器向列车传送固定的数据信息，以告知列车已经到达线路的某一个固定的位置，例如，告知列车已经接近车站，列车进入自动对位停车程序；又如，列车收到某一个信标信息，列车可以自动校正定位的误差。

可变编码的有源应答器内的数据报文是随外部控制条件而变化的。列车在接近应答器一定距离时，地面应答器内的数据应该保持不变。

有的城市轨道交通在车站的出站信号机处设置出站有源应答器，它根据车站联锁确定的列车发车进路状况，向列车传送包括列车运行方向及进路状态等信息。无源应答器和有源应答器如图 4.20 所示。

图 4.20 无源应答器和有源应答器

（四）车载应答器设备

每个地面应答器对应于线路的某一个固定的坐标，所以列车收到的地面应答器信息可以对列车行走里程进行精确定位及校正。列车收到前一个地面应答器的信息后，可判断该应答器的特性、位置。这些信息特性包括：地面应答器所处的位置、位置参数的精度、列车的运行方向等；如果接收到的地面应答器的信息与预期不同，则车载应答器解码设备应有相应的表示或相应的输出，以便车载 ATP 设备做出相应的反应，并采取相应的安全措施。

车载接收器的主要功能：发送地面应答器需要的能量；接收来自地面应答器的信息；分析接收到的数据流，找出完整的报文、形成处理好的无错码报文、确定定位参考点、从车上向地面发送包括检查码在内的各种信息。

车载应答器设备包括车载天线、解码器、载频发生器与功率放大器等。

车载天线是一个双工的收发天线，既要向地面发送激活地面应答器的功率载波，还要接收地面应答器发送的数据报文。

载频发生器与功率放大器用于产生激活地面应答器所需的载频能量，并通过车载天线传递给地面应答器。

车载解码器是用于对地面应答器的数据进行处理的模块，由微处理器、滤波器和其他相关单元组成。解码器用于对地面应答器信息的接收、滤波、数字解调与处理，经处理的数据通过相应的接口，传送至相关的设备，如车载 ATP 设备、司机显示单元或无线设备。

📒 相关案例

案例 1　应答器技术参数

20 世纪 80 年代初，瑞典最早将应答器应用于铁路，后来法国、德国、日本等都相继采用应答器作为车地之间点式通信的方式。经过应用的积累，框定了应答器系统的结构及技术参数，即欧洲铁路标准 subset-036。该标准应答器是电感耦合射频识别系统，采用非谐性反馈频率，数据发送频率传输波为 4.237MHz。低频应答器能耗低、成本低，适用于短距离但安全性要求较高的场合。

欧标应答器的主要技术参数如下。

① 耦合方式：电磁感应式；

② 能量传输频率：27.095MHz±5kHz；

③ 中心频率：4.234MHz±200kHz；

④ 数据传输速率：（1±2.5～6）564.48kbit/s；

⑤ 有效数据范围：>500mm；

⑥ 报文码长：1023bit；

⑦ 可用码长：830bit；

⑧ 读取距离：220～460mm。

案例 2　地铁车辆在车站准确停车

在地铁列车进站过程中，会按照车站的对标点和屏蔽门的位置进行对标停车，在人工驾驶模式下，由司机进行手动操作停车；在 ATO 模式下，由信号系统设备自行完成自动停车功能。站台的屏蔽门（PSD）是根据车门位置安装的，会比车门大一点点，在站台停好后，车头所在的点叫作 SSP（Service Stop Point）。SSP 的设置确保车头停在这一点，车门刚好是对准屏蔽门的。

在列车进站停车之前，要通过信标对列车的位置进行精确定位，一般一个站台会布置 3～4 个信标（精度要达到 0.5m）。ATO 会根据自己的定位和目标停车点，计算自己的速度曲线，以保证停下来的时候刚好停在 SSP 点。列车精确定位停车原理如图 4.21 所示。

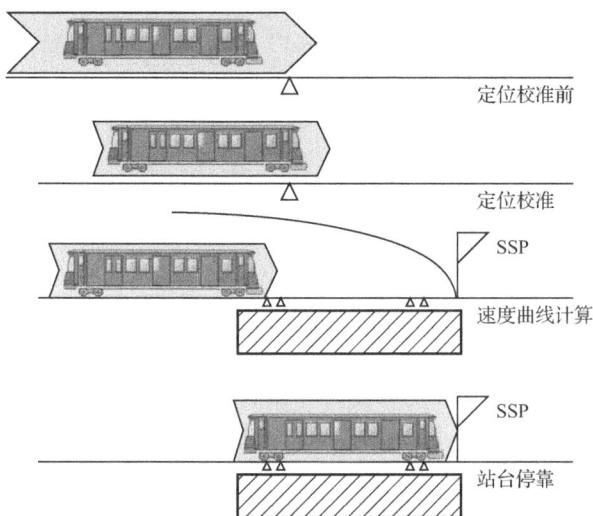

图 4.21　列车精确定位停车原理

📖 **知识拓展**

S700K 转辙机的维护和调整

S700K 转辙机内部维护少，但是对结合部和机械调整要求比较高，部分现场信号维修人员不能熟练掌握结合部整治和机械调整技巧与标准，导致道岔在日常运用中出现卡阻、密贴不良、转换不到位等现象，呈现出 S700K 电动转辙机机械故障比较频发的状况。结合以往现场故障现象和维护经验，只有加强机械维护和调整标准的落实，才能确保道岔机械状态运用良好。

1. 维护

（1）在日常检查转辙机密贴的同时，要重点检查转辙机机械动作部位，工电结合部等，要经常保持油润，确保转辙机动作灵活，不卡滞。

（2）重点注油部位：①动作杆油孔，两月一次，注油 5 滴；②动作杆销子，两月一次，注油 5 滴；③动作杆接头丝扣，两月一次，涂油；④检测杆销子，两月一次，注油 5 滴；

⑤检测杆调整丝扣，两月一次，涂油；⑥锁闭框内两侧及锁闭铁斜面，一月一次，涂刷油。

2. 调整顺序和标准

（1）调整说明。

尖轨外锁闭装置安装好后，要检查是否安装方正，转辙机托板与基本轨相垂直，锁闭杆与基本轨相垂直。在转换过程中要求锁钩动作平稳，锁钩与锁闭框结合面良好。锁闭后锁钩用检查锤敲击有轻微摆动。调整动作连接杆的长度使得尖轨定、反位开程基本均匀（两边开口值相差不超过 2mm）。苦发现尖轨密贴状态不好（大于 0.5mm），可通过增减锁闭铁与锁闭框间调整片的数量进行调整。

（2）调整顺序。

① 检查、调整安装装置（其中包括"结合部"方面的项目及螺丝紧固、清扫、注油等）。

② 检查、调整外锁闭（其中包括"结合部"方面的项目及螺丝紧固、清扫、注油等）。

③ 检查、调整密贴检查器（其中包括"结合部"方面的项目及螺丝紧固、清扫、注油等）。

④ 电动转辙机内部检查。

⑤ 检查、调整道岔开程，先调整第一牵引点<J1、X1>，后调整第二牵引点<J2、X2>。J1 标准：160mm±31mm；J2 标准：75mm±3mm。

⑥ 检查、调整道岔密贴，先调整第一牵引点<J1、X1>，后调整第二牵引点<J2、X2>。密贴标准：2mm 锁闭，4mm 不锁闭。

⑦ 检查、调整道岔锁闭量，先调整第一牵引点<J1、X1>，后调整第二牵引点<J2、X2>。锁闭量标准≥35mm。

⑧ 检查、调整表示缺口（重点对转辙机内锁闭块距保持连接器底座边缘间隙进行检查和调整）。标准：1.5mm±0.5mm。

任务三 轨道电路与计轴器操作运用实例

【操作运用案例】 认知和使用轨道电路与计轴器

1. 实训项目教师工作活页（见表 4.1）

表 4.1 实训项目教师工作活页

实训项目	认知和使用轨道电路与计轴器		
学时	2	班级	略
实训场所	信号实训实验室、车站、车辆段		
工具设备	继电器，信号机，示教板，轨道电路实训箱，计算机多媒体设备		
教学目标	专业能力	（1）能够说出轨道电路、计轴器和应答器的作用 （2）能够说出轨道电路的几种状态 （3）能够说出轨道电路的分类及其适用范围 （4）能够说出相敏轨道电路和音频数字轨道电路的原理及特点 （5）能够说出计轴器的作用和应答器布置原则	

续表

教学目标	方法能力	（1）能综合运用专业知识，通过专业书籍、多媒体课件和图片资料获得帮助信息 （2）能根据实训项目学习任务确定实训方案，从中学会表达及展示活动过程和成果
	社会能力	（1）能在实训活动中保持积极向上的学习态度 （2）能与小组成员和教师就学习中的问题进行交流和沟通 （3）能与他人共享学习资源，具有较好的合作能力和团队协作精神
教学活动		略（详见教学设计）
教学评价		（1）学生活动：①以5～7人小组为单位开展实训活动，根据本组同学在实训过程中的能力表现及结果进行自评和组内互评；②根据其他小组同学在成果展示活动中的表现及结果进行互评 （2）教师活动：①教师组织学生开展评价活动和总结；②对学生在本实训项目的单元成绩做出综合评价
教学资料		（1）城市轨道交通信号设备教材 （2）FTGS—917技术资料 （3）实训项目学生学习活页
指导教师		教学时间　　　　　　　年　月　日

2. 实训项目学生学习活页（见表4.2）

表4.2　实训项目学生学习活页

实训项目　认知和使用轨道电路与计轴器

班级：_____　姓名：_____　学号：_____　时间：_____

一、实训目标

1. 专业能力目标

（1）能够说出轨道电路、计轴器和应答器的作用；

（2）能够说出轨道电路的几种状态；

（3）能够说出轨道电路的分类及其适用范围；

（4）能够说出相敏轨道电路和音频数字轨道电路的原理及特点；

（5）能够说出计轴器的作用和应答器布置原则。

2. 方法能力目标

（1）能综合运用专业知识，通过专业书籍、多媒体课件和图片资料获得帮助信息。

（2）能根据实训项目学习任务确定实训方案，从中学会表达及展示活动过程和成果。

3. 社会能力目标

（1）能在实训活动中保持积极向上的学习态度。

（2）能与小组成员和教师就学习中的问题进行交流和沟通。

（3）能与他人共享学习资源，具有较好的合作能力和团队协作精神。

二、知识总结

（1）试比较计轴设备与轨道电路的优、缺点。

续表

（2）为什么一个计轴点要设置两套轨道磁头？

（3）叙述计轴系统进行列车检测的原理。

（4）简述 AzS（350）M 计轴设备的组成。

三、操作应用

（1）下图为轨道上某个计轴点的两个磁头，分别安装在 A、B 两处，当列车从 A 点开始通过 B 点时，分析 A、B 两处磁头输出的脉冲。

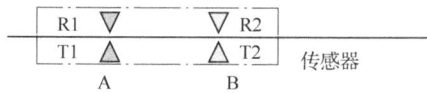

```
┌───────────────────────────┐
│  R1  ▽          ▽  R2      │
├───────────────────────────┤
│  T1  △          △  T2      │  传感器
└───────────────────────────┘
       A          B
```

（2）如何对计轴系统进行复位？

（3）应答器具备哪些功能？

（4）有源应答器和无源应答器有什么不同？

四、实训小结

续表

五、成绩评定

1. 学生评价

评价等级	A—优	B—良	C—中	D—及格	E—不及格
学生自评					
组内互评					
他组互评					

2. 教师评价

评价等级	A—优	B—良	C—中	D—及格	E—不及格
专业能力					
方法能力					
社会能力					
评价结果					

3. 综合评价

评价等级	A—优	B—良	C—中	D—及格	E—不及格
评价结果					

注：按照学生自评占 10%、组内互评占 10%、他组互评占 20%、教师评价占 60%的比例计分。其中，A—100 分，B—85 分，C—75 分，D—60 分，E—50 分。

4. 评价量规

等级	行为表现描述
A	能圆满、高效地完成实训任务的全部内容
B	能顺利完成实训任务的全部内容
C	能完成实训任务的全部内容，但需要一些帮助和指导
D	自己只能完成实训任务的部分内容，但在现场的指导下，已经能完成任务的全部内容
E	不能完成实训任务的全部容

思考与练习

1. 简述轨道电路的基本原理。它有哪两个作用？

2. 轨道电路有三种状态，最不利的工作状态是什么？

3. 说明相敏轨道电路的工作原理。

4. FTGS 轨道电路有哪些特点？由哪些硬件组成？

5. 轨道电路与计轴系统相比，有哪些特点？

项目五 联锁系统

　　计算机联锁系统是实现城市轨道交通现代化和自动化的基础设施之一，是一种高效、安全的车站联锁设备，是提高车站通过能力的基础。同时，计算机联锁系统还具有故障-安全性能，与电气联锁系统相比，其在设计、施工和维护方面都较为便捷，且便于改造和增加新功能，为城市轨道交通信号向智能化和网络化方向发展创造了条件。

任务一　认知联锁系统

学习目标

（1）了解联锁的原理；

（2）了解联锁电路的功能；

（3）了解联锁电路的操作；

（4）了解计算机联锁 HMI 操作界面的操作。

学习任务

认知联锁系统，主要有 6502 继电联锁、计算机联锁。

工具设备

人工闭塞工具、单开道岔、信号机、联锁机柜。

教学环境

室内信号实训基地、校外地铁车站、多媒体教室。

基础知识

一、联锁基本概念

　　在铁路车站，列车或车列在站内运行时所经过的路径称为进路。每一条进路都有一组或若干组道岔，道岔的位置不同，进路也不同。每一条进路必须有信号机防护。为了保证列车运行及调车作业的安全，站内相关信号、道岔、进路之间必须建立一种相互制约的关系，这种关系称为联锁关系，简称联锁。实现联锁关系的控制设备称为车站信号联锁系统。

　　在电气集中车站，无论采用继电联锁控制还是计算机联锁控制，室外的控制对象都相同，即通常被称为车站信号"三大件"的信号机、转辙机、轨道电路。联锁系统的任务就是实现对室外信号设备的控制和监督。

二、联锁道岔

(一)道岔的位置

道岔定位既可能开通直向位置,也可能开通侧向位置。确定道岔定位时应按照左侧行车制,尽量减少扳动次数,以保证行车和调车作业安全为前提,基本原则如下。

(1)单线区段车站正线道岔,以车站两端开通不同股道为定位。如图 5.1 所示,1 号道岔以开通 3 股道(侧向开通)为定位,2 号和 4 号道岔以开通 Ⅱ 股道(直向开通)为定位。

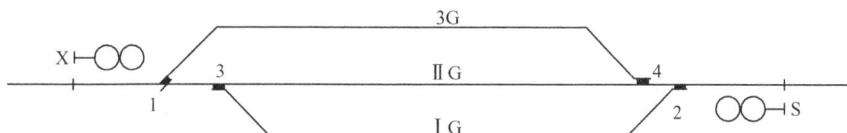

图 5.1　单线区段车站定位示意图

(2)复线区段车站正线道岔以开通正线为定位,如图 5.1 所示,站场连接正线的道岔均以开通直股为定位。

(3)引向安全线、避难线的道岔,以开通安全线、避难线为定位。除引向安全线、避难线的道岔外,一般以开通直股为定位。

(二)单动道岔和双动道岔

在实际站场中,有些道岔的动作和位置与其他道岔不发生关联,即根据作业的需要可以单独开通定位或反位,这样的道岔称为单动道岔。

有许多道岔的动作和位置会与其他道岔发生关联,当两组道岔中经过其中一组道岔反位走车时,必然也经过另一组道岔的反道岔的反位。而另一组道岔如果在定位中,则可以进行平行作业。所以,对两组道岔的位置要求一致,称这样的两组道岔为双动道岔。

三、进路

如按作业性质分,进路大体上可分列车进路和调车进路两类。凡是进站、出发及通过列车经过的进路,称为列车进路,包括接车进路、发车进路和通过进路。凡是调车车列为完成调车作业所经过的进路,称为调车进路。进路的范围一般从防护该进路的信号机起至同一方向限制列车或调车车列运行的信号机(或站界标、车挡表示器)止的一段线路。如图 5.2 粗实线所示为接车进路。接车进路是列车进入车站所经过的进路,由进站信号机防护,始于进站信号机,终于另一咽喉区的出站信号机。

(一)列车进路的分类

1. 多列车进路

在一条进路中可能出现多列车在运行。多列车进路排出后,如果进路中有列车运行,则人工取消进路时,只能取消最后一次排列的进路至前行列车所在位置的进路,其余进路由前行列车通过以后解锁。人工取消多列车进路的前提是：进路的第一个轨道区段必须空闲。

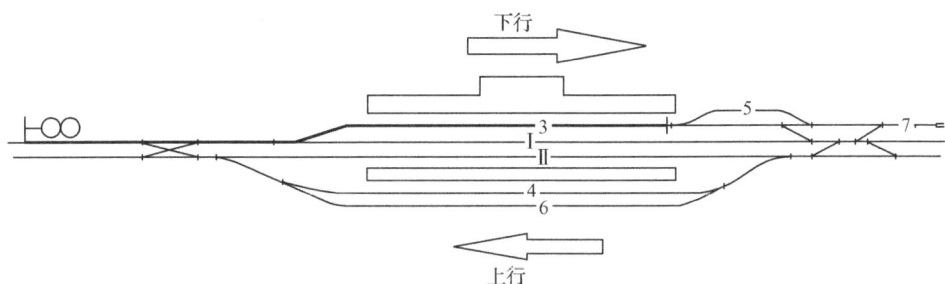

图 5.2　接车进路

2．追踪进路

追踪进路是联锁系统本身的一种自动排列进路功能。当列车接近具有自动信号属性的防护信号机，占用触发区段时，列车运行所要通过的进路自动排出。

3．折返进路

折返进路可以由联锁系统根据折返模式自动排列进路，也可以由人工手动排列进路。折返进路包含两条基本进路。

4．连续通过进路

连续通过进路也是由联锁系统自动排列进路。当信号机被设置为连续通过信号时，该信号机防护的进路将自动排列出来。

5．保护区段

为了保证列车的安全运行，避免列车因种种原因不能在信号机前方停住而导致事故的发生，应充分考虑列车的制动距离及线路等因素，在停车点前设置保护区段，即终端信号机后方的一至两个区段为保护区段。

侧面防护可分为两种：主进路的侧面防护和保护区段的侧面防护。列车进路需要侧面防护是为了保证其安全的运行进路，侧面防护靠侧面道岔防护，或通过显示红色信号来确保。道岔为一级侧面防护，信号机为二级侧面防护。

（二）进路的划分

所谓进路的划分，即确定各种进路的始端和终端。列车进路的划分原则是：进路的始端一般是信号机；进路范围包括道岔和道岔区段；一架信号机同时可防护几条进路，即它可作为几条进路的始端（如进站信号机等）；发车进路的终端可以是信号机，站界标及警冲标；调车进路的始端是防护该调车进路的调车信号机或出站兼调车信号机，终端则视具体情况而定。现以某站场为例，说明进路的划分，如图 5.3 所示。

上行Ⅱ股道接车进路的始端是上行进站信号机 S，其终端是上行Ⅱ股道上的出站信号机 SⅡ，接车进路的范围从 S 至 SⅡ，其中包括Ⅱ股道。

上行Ⅱ股道发车进路的始端是 SⅡ，而终端是 X，上行Ⅱ股道发车进路的范围从 SⅡ至

X（不包括股道）。

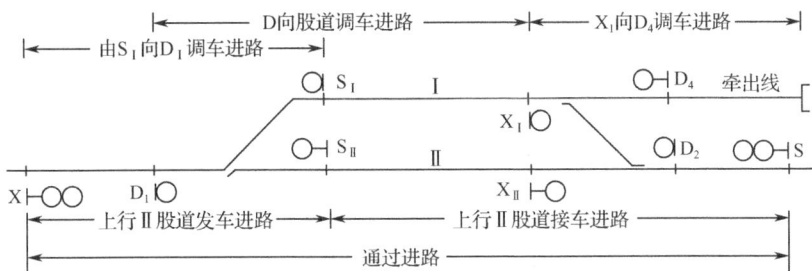

图 5.3 进路的划分

上行通过进路的始端是 S，终端是 X，通过进路的范围从 S 至 X（包括股道）。

四、联锁关系

（一）进路与道岔的联锁

道岔有定位和反位两个工作位置，进路则有锁闭和解锁两个状态。道岔位置正确，进路才能锁闭，进路解锁后，道岔才能改变其工作位置。当建立一条进路时，与进路相关的道岔锁闭在规定位置才能开放信号。若与进路相关的道岔的开通位置不对，则不许开放信号。如图 5.4 粗实线所示为接车进路，1/3、5/7 号道岔在定位，9 号道岔在反位。

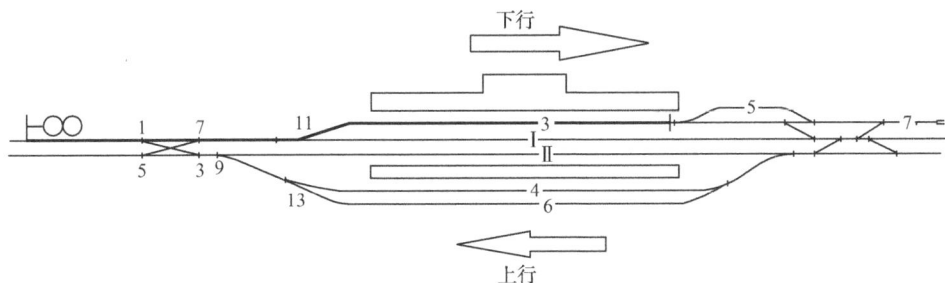

图 5.4 进路与道岔联锁

（二）进路与进路的联锁

（1）抵触进路。建立一条进路时，如果另外一条进路与该进路有重叠部分，即使两条进路经过的道岔位置不同，不加以防护也不会发生危险，因为两条进路不可能同时建立。一般把道岔位置能够区分、不可能同时建立的两条进路称为抵触进路。如图 5.5 所示，发车股道与接车股道是互为抵触进路，因为 11 号道岔不可能同时既在定位又在反位。

（2）敌对进路。用道岔位置无法区分，但同时建立有可能发生危险的两条进路互为敌对进路。如图 5.5 所示，如果上行方向用 3 股道作为发车进路，同时又为下行的接车进路，那么这两条进路为敌对进路。为保证作业安全，在建立一条进路前，应确保与该进路相敌对的进路均未建立。

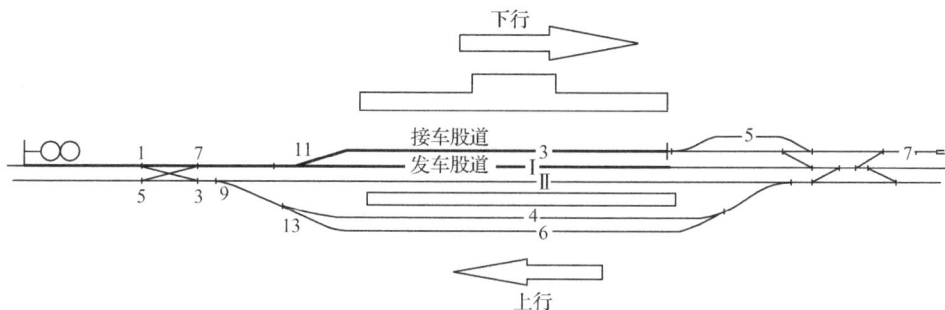

图 5.5　进路与进路的联锁

（三）进路与信号机的联锁

由于任何一条进路都有信号机防护，当建立一条进路时，若能保证该进路的敌对进路的防护信号机不开放，则排除了敌对进路建立的可能，因此下面介绍进路与信号机之间的联锁。

（1）敌对信号。建立一条进路时，用道岔位置无法区分，但又不允许开放的信号即为敌对信号。

（2）条件敌对信号。在较复杂的站场中建立一条进路时，进路之外的某一信号机有时不允许其开放，即为敌对信号；有时又允许其开放，即为非敌对信号，这样的信号称为条件敌对信号。

如图 5.6 所示的站形，当建立 D_1 至 D_9 的调车进路时，若 5/7 道岔在定位，则 D_{11} 信号是敌对信号；若 5/7 道岔在反位，则 D_{11} 信号是非敌对信号，这里 D_{11} 信号就属于该进路的条件敌对信号，区分条件就是 5/7 道岔的位置。

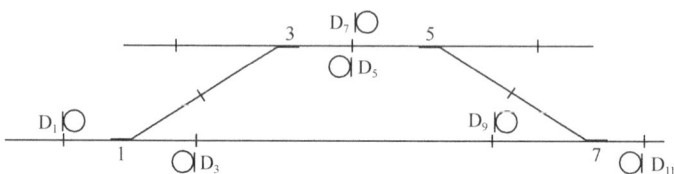

图 5.6　条件敌对信号

（四）进路与轨道区段之间的联锁

联锁条件要求建立一条进路时必须检查有关轨道区段，只有当其空闲时才能开放信号，否则会造成列车或调车车列的冲突。在信号开放的过程中，必须始终检查监督有关区段是否空闲。

（1）建立列车进路时，必须检查进路范围内各轨道区段的空闲情况。

（2）建立调车进路时，只检查道岔区段的空闲情况。当调车进路最末区段为股道或无岔区段时，尽管这些区段在调车进路的范围内，但为了保证机车联挂或满足取送车辆的需要，当股道或无岔区段有车占用时，允许向其排列调车进路，不检查其空闲情况。

（3）当有侵限绝缘，经侵限绝缘一侧的轨道区段建立进路时，要对侵限绝缘相邻的另一区段进行有条件的检查，既要保证平行作业，又要防止发生侧面冲突。

（五）排列进路联锁需要满足的条件

1. 不允许建立会导致列车、机车车辆冲突的进路

防护进路的信号开放前，应检查其敌对信号处于关闭状态；信号开放后，应将其敌对信号锁闭在关闭状态，不允许办理与之相敌对的进路。

2. 进路上的道岔必须被锁闭在与所办理进路相符合的位置

车辆段联锁设备通过按压控制台按钮或者利用鼠标点击计算机屏幕上的有关按钮办理进路，当有关道岔转换至开通进路的位置并锁闭后，才能开放信号。

3. 信号机的显示必须与进路的开通状态相符合

车辆段中，调车信号机的显示不表示道岔开通方向，但有些信号机，如进段信号机的显示，应指示所防护进路中的道岔开通方向。

在车辆段联锁设备中，防护进路的信号机显示允许灯光时表示进路已经准备好，允许列车进入。防护进路的信号开放应满足以下技术条件。

（1）进路上各区段空闲时才能开放信号。

（2）进路上有关道岔在规定位置才能开放信号。

（3）敌对信号未关闭时，防护进路的信号机不能开放。

五、联锁设备的基本要求

联锁设备应符合下列规定。

（1）确保进路上进路、道岔、信号机的联锁关系，联锁条件不符时，禁止进路开通。敌对进路必须相互排查，不得同时开通。

（2）装设引导信号的信号机因故不能开放时，应通过引导信号实现列车的引导作业。

（3）联锁设备宜采用进路操纵方式。根据需要，联锁设备可实现车站有关进路、端站折返进路的自动排列。

（4）进路解锁宜采用分段解锁方式。锁闭的进路应能随列车正常运行自动解锁、人工办理取消进路和限时解锁并应防止错误解锁。限时解锁时间应确保行车安全。

（5）联锁道岔应能单独操纵和进路选动。影响行车效率的联动道岔宜采用同时启动方式。

（6）车站站台及车站控制室应设站台紧急关闭按钮。站台紧急关闭按钮电路应符合故障-安全原则。

（7）联锁设备的操纵宜选用控制台。控制台上应设有意义明确的各种表示，用以监督线路及道岔区段占用、进路锁闭及开通、信号开放和挤岔、遥控和站控等。

（8）车站联锁主要控制项目包括：列车进路、引导进路、进路的解锁和取消、信号机关闭和开放、道岔操纵及锁闭、区间临时限速、扣车和取消、遥控和站控、站台紧急关闭和取消。

相关案例

【案例1】 匡巷事故

1988 年沪杭铁路列车相撞事故。1988 年 3 月 24 日，一列由 ND2 型内燃机车牵引、南京开往杭州的 311 次旅客列车，运行到沪杭铁路外环线（下行线）匡巷站时并没有停车。按行车计划，该列车本应在匡巷站停车，会让从长沙开往上海的 208 次旅客列车。但是由于 311 次列车的两名司机严重违章失职，将接听车站紧急呼叫的无线列调电话关闭，又没有认真瞭望，导致列车冒进信号，挤坏道岔并冲入上行线，在下午 2 时 19 分与正要进站的 208 次旅客列车发生正面相撞，事故发生位置位于今天的沪昆铁路 K12+700 米处。事故发生后 208 次旅客列车后方的行李车压在列车上方，而 311 次列车后的第一辆软座车插入第二辆软座车中，陷入的深度达车长的一半以上。在事故中共造成旅客及乘务员死亡 28 人，重伤 20 人，轻伤 79 人，其中坐在第二辆软座车的日本旅客死亡 27 人，重伤 9 人，轻伤 28 人，这些日本旅客都是到中国访问和旅游的日本高知市青少年修学旅行团，死伤者中除 1 名教师外，其余都是 16 岁以下的中学生。机车大破报废 2 辆，中破 1 辆，沪杭铁路中断正线行车 23 小时 7 分。

【案例2】 股道和道岔的编号

为了作业和维修管理上的方便，站内线路和道岔应有统一的编号。

1. 股道编号方法

站内正线规定用罗马数字编号（Ⅰ、Ⅱ、…），站线用阿拉伯数字编号（1、2、3、…）。

（1）在单线铁路上，应当从站舍一侧开始顺序编号；位于站舍左、右或后方的线路，在站舍前的线路编完后，再从正线方向起，向远离正线顺序编号，如图 5.7 所示。

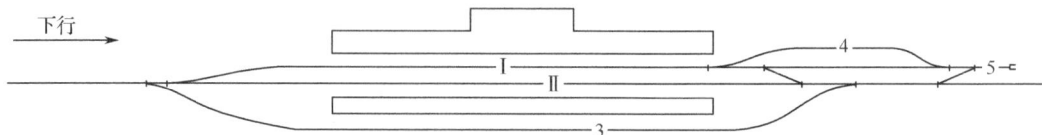

图 5.7　单线股道编号

（2）在复线铁路上，下行正线一侧用单数，上行正线一侧用双数，从正线向外顺序编号，如图 5.8 所示。

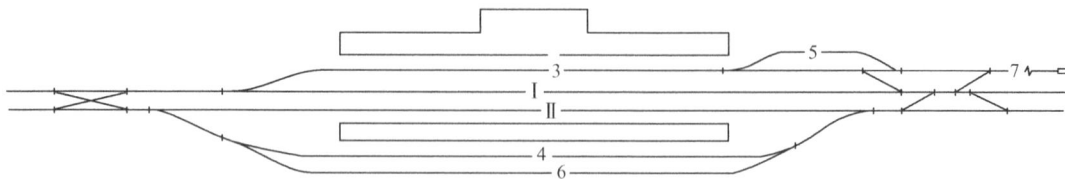

图 5.8　复线股道编号

（3）尽头式车站，站舍位于线路一侧时，从靠近站舍的线路起，向远离站舍方向顺序编号。站舍位于线路终端时，面向终点方向由左侧线路起顺序向右编号，大站上股道较多，应分别按车场各自编号，如图5.9所示。

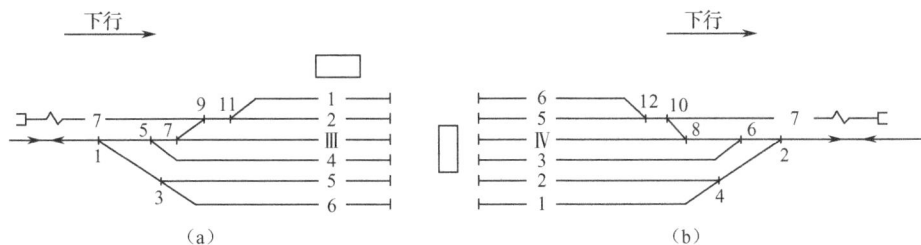

图5.9 尽头式车站股道编号

2. 道岔编号方法

（1）用阿拉伯数字从车站两端由外向内依次编号。上行列车到达一端用双数，下行列车到达一端用单数。

（2）站内道岔，通常以车站站台中心线作为划分单数号与双数号的分界线。

（3）每一道岔均应编为单独的号码，对于渡线、交分道岔等处的联动道岔，应编为连续的单数或双数（见图5.10和图5.11的1/3号和10/12号道岔）。

（4）当车站有几个车场时，每一车场的道岔必须单独编号，此时道岔号码应使用三位数字，百位数字表示车场号码，个位和十位数字表示道岔号码。应当避免在同一车站内有相同的道岔号码。

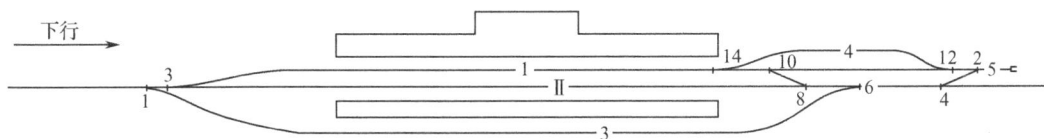

图5.10 单线铁路站内线路、道岔编号图

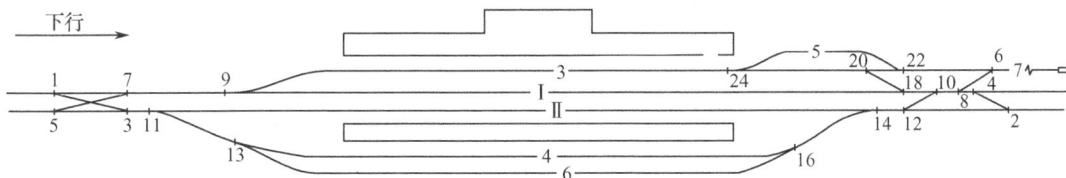

图5.11 双线铁路站内线路、道岔编号图

知识拓展

铁路行车组织名词解释

1. 行车组织

（1）车列：将若干车辆连挂在一起的编组。

（2）列车：车列挂上机车，配备上乘务人员并在区间运行时。

（3）调车：在车站内进行列车编组、解体、转线、车辆摘挂、转场；采排场专用线的取送；机车出入库作业等，使机车车辆有目的的移动（列车、单机、动力车在车站的到发、通过并在区间运行时，不属于调车）。

（4）区间：为了安全有效地组织列车运行，铁路线路以车站和线路所为分界点划分成许多线段，分别叫站间区间和所间区间。

（5）占用区间：区间已进入列车、办理闭塞、封锁区间、已溜入或停有车辆、区间岔线开通反位时。

（6）闭塞：为防止列车在区间内发生冲突或追尾事故，在同一区间或双线区间的同一方向内，同时只允许有一列车运行时。

（7）闭塞设备：为施行闭塞而采用的设备。

（8）进路：列车或调车车列在车站内，由一点运行到另一点的全部行程。

（9）通过进路：通过线两端进站信号机（或站界标）之间的一段线路。

（10）接车进路：接入列车从进站信号机（或站界标）起至接车线末端（出站信号机或警冲标）止的一段线路。

（11）发车进路：发出列车从列车前端起至相对进站信号机（或站界标）止的一段线路。

（12）调车进路：由调车信号机（手信号）至次一架调车信号机（手信号）的一段线路。

（13）冒进信号：机车车辆的任何一部分超过显示停车信号的位置。

（14）越过警冲标：超过不准向线路交叉点方面的地点警冲标。

（15）妨碍接发车的有关进路：直接妨碍接发车的调车作业活动或邻线调车时可能越过警冲标，侵入接发车限界。

2．线路

（1）站线：站界内的线路。有到发线、通过线、翻车线、车库线、停车线等。

（2）干线：连接车站及通往各工作面或连接厂房专用线担负运量较大的重要线路。

（3）岔线：按作业用途而确定的专用线路。如安装线、电铲线等。岔线分为站管岔线、区间岔线、干线岔线。

（4）站管岔线：与车站衔接的线路。

（5）区间岔线：与区间干线衔接的线路。

（6）干线岔线：与干线衔接的线路。

（7）固定线：担负运量多又不移动的线路。

（8）移动干线：担负运量多而移动较少的线路。

（9）移动线（活道）：采排场工作面上的活动线路。

（10）定位：道岔向某一线路经常保持开通的位置。

任务二 6502 电气集中联锁的操作

学习目标

（1）了解 6502 继电联锁的结构；
（2）了解 6502 继电联锁的功能；
（3）了解 6502 继电联锁的特点；
（4）了解 6502 继电联锁的操作。

学习任务

认知联锁系统及 6502 继电联锁操作。

工具设备

6502 继电联锁设备、联锁示教板。

教学环境

室内信号实训基地、多媒体教室。

基础知识

6502 在铁路信号专业中指电气集中联锁，保证站内运输作业安全，提高作业效率的铁路信号设备。将道岔、进路和信号机用电气方式集中控制与监督，并实现它们之间联锁关系的技术方法和设备称为电气集中联锁。用继电器实现联锁关系的称为继电式电气集中联锁。6502 电气集中联锁是我国目前应用最普通的一种继电式电气集中联锁，我国上海地铁 1 号线、北京地铁 1 号线、广州地铁 1 号线车辆段等均采用 6502 电气集中联锁。

一、设备组成

电气集中联锁设备分为室内和室外两部分，如图 5.12 所示。信号楼内设有室内设备，如控制台、继电器组合及组合架、电源屏、区段人工解锁按钮盘和分线盘。室外有色灯信号机、电动转辙机、轨道电路和电缆。

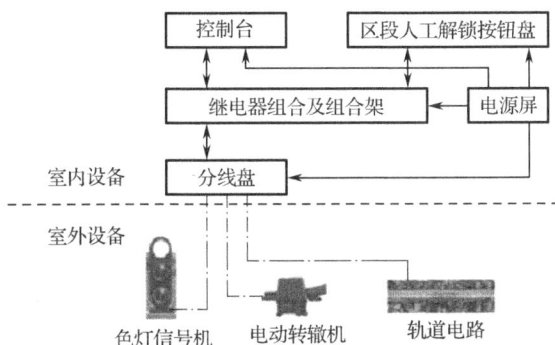

图 5.12 6502 电气集中联锁设备的组成

（一）室内设备

1. 控制台

控制台设置于车站运转室内，盘面由带有按钮及表示灯的单元块拼装而成，用光带组成模拟站场线路图形，是车站值班员指挥列车运行和调车作业的中心。车站值班员利用控制盘面上的按钮操纵全站联锁区域内的道岔，排列列车进路及调车进路，开放和关闭信号，并通过盘面上的表示灯监督道岔位置、线路占用情况及信号机显示状态。控制台如图5.13所示。

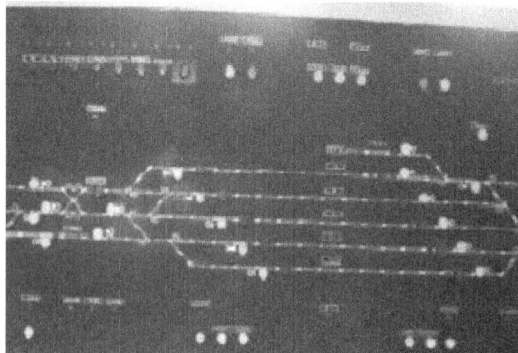

图5.13　6502电气集中联锁控制台

2. 区段人工解锁按钮盘

区段人工解锁按钮盘安装在车站运转室内，盘面设有许多带铅封的事故按钮，每个按钮对应车站的一个道岔区段或有列车经过的无岔区段。当轨道电路区段因故不能按进路方式解锁时，可以利用有关按钮办理区段人工解锁。当采用取消解锁或人工解锁的办法也不能关闭信号时，可以利用它关闭信号。

区段人工解锁按钮盘应与控制台隔开一定距离，操作时一人按压控制台上的总人工解锁按钮，另一人按压区段人工解锁按钮盘上的按钮，避免单人操作危及行车安全。区段人工解锁按钮盘如图5.14所示。

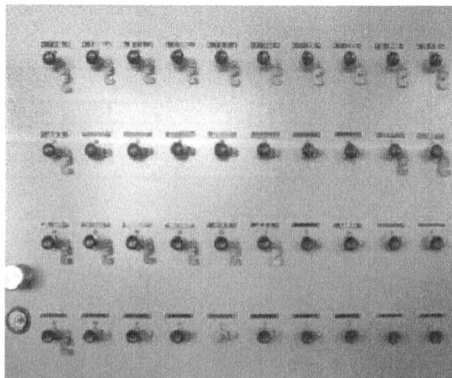

图5.14　区段人工解锁按钮盘

3．继电器组合及组合架

6502 电气集中联锁电路由若干种继电器定型组合构成，每个定型组合电路均由若干继电器组成，称为继电器组合。每个组合最多可以安装 10 个继电器，并将这些组合按设计要求安装在组合架上，如图 5.15 所示。

图 5.15　继电器组合及组合架

4．电源屏

电气集中联锁车站应有可靠的交流电源，以保证不间断的供电。电源屏提供电气集中联锁需要的各种交、直流电源及闪光电源等。有的车站设有区间电源屏，为区间信号设备供电。电源屏如图 5.16 所示。

图 5.16　电源屏

5．分线盘

分线盘是室内、室外电缆连接的地方。除上述设备外，信号机械室还设有信号微机监测设备、TDCS 站机等，采用 CTCS2 的区段设置有车站列控中心，采用调度集中的区段还设有调度集中分机。分线盘如图 5.17 所示。

图 5.17　分线盘

（二）室外设备

1. 色灯信号机

各种信号机均采用色灯信号机。

2. 电动（液压）转辙机

车站联锁区内的每个道岔都设置一台或多台转辙机。

3. 轨道电路

电气集中联锁车站的股道、联锁区道岔区段和无岔区段，均应装设轨道电路，反映列车、调车车列的占用情况。

4. 电缆及电缆盒

室内与室外信号设备间、室内控制台与继电器组合架间的联系都通用电缆完成。室外电缆的分歧点、连接点及终点设有电缆盒或变压器箱，用以实现电缆与电缆、电缆与设备之间的连接。

二、6502 电气集中控制台盘面

6502 电气集中采用控制和表示合用的控制台，控制台上设按钮和表示灯。按钮用来进行各种操作。

按钮均采用二位式。二位式按钮只有定位（平时所处位置）和按下两个位置。

按钮分为自复式和非自复式两种：自复式按钮带复位弹簧，按下时接通，松手后自动恢复定位；非自复式按钮无复位弹簧，按下后处于按下位置，恢复时需手动拉出。

控制台上涉及行车安全的按钮必须加铅封，必要时可装设计数器监督。

在控制台盘面上利用光带模拟站场线路，排列与取消进路时，控制台上有明显的表示，通过光带不同状态监督进路的开通、解锁及轨道电路区段的占用、空闲和故障等，同时利用信号复示器和道岔表示灯监督现场信号机、道岔的状态。

（一）与排列进路有关的按钮和表示灯

1. 进路按钮

（1）列车进路按钮。列车进路按钮为二位自复式绿色按钮，设在对应进站及出站信号机处的光带上，办理列车进路时作为始、终端按钮。

（2）调车进路按钮。调车进路按钮为二位自复式白色按钮，设在对应调车信号机处光带旁边，办理调车进路时作为始、终端按钮。

（3）变通按钮。在大站，咽喉道岔较多，从进路的始端至终端有几条经路时，一般根据作业需要规定其中一条为基本进路，其余均为变通进路。在变通进路与基本进路不重叠的位置上如果无调车进路按钮，则在相应位置的光带上增设变通按钮，为二位自复式绿色按钮，专门用于办理变通进路。

2. 按钮表示灯

为了记录或监督按钮的按下，对应每个按钮设置表示灯，按钮表示灯显示闪光或稳定灯光时，表示进行了按下按钮的操作。

3. 光带

在控制台盘面上利用光带模拟站场线路，通过光带的不同状态监督进路的锁闭和解锁、轨道电路区段的占用、空闲和故障，以及道岔的开通方向等。

用于监督站内轨道电路的光带有三种状态：平时应处于灭灯状态；控制台显示红光带时，表示对应的轨道电路区段被占用或故障；当办理好进路时，控制台上该进路有关的轨道电路区段显示白光带。

4. 信号复示器

信号复示器用于监督信号机状态。除进站信号机的复示器经常显示红灯外，其他信号复示器平时均处于熄灭状态，表示有关信号机关闭。

（二）与操纵道岔有关的按钮和表示灯

每个咽喉区设道岔总定位按钮和总反位按钮各一个，均为二位自复式，总定位按钮上方有一个绿灯，总反位按钮上方有一个黄灯，按下按钮时点亮。

每组道岔设一个道岔单独操纵按钮和一个道岔单独锁闭按钮（双动道岔合用一个道岔按钮）。单独操纵按钮为自复式，用于单独转换该组道岔。道岔单独锁闭按钮为非自复式，按下时，按钮表示灯（红色）点亮，用于单独锁闭该组道岔。

每个道岔按钮上方设两个表示灯，亮绿灯表示道岔在定位，黄灯表示道岔在反位，道岔在转换中或挤岔时，其黄灯和绿灯均不亮。

三、控制台操作

（一）基本操作原则

6502 电气集中采用双按钮操纵方式，办理进路、取消和人工解锁进路、单独操作道岔时都要按压两个按钮才能动作设备，这样可以防止由于误操作按钮造成信号设备错误动作。

（二）进路锁闭

列车进路、调车进路均设置进路锁闭。进路锁闭指的是进路排通、防护进路的信号开放后，进路上有关道岔不能转换，有关敌对信号不能开放。控制台上办理好进路后，从防护进路的信号开始至进路的终端显示白光带，称该进路处于锁闭状态。集中联锁的道岔区段是锁闭的主要对象，进路锁闭的实质是由构成该进路的各轨道区段的锁闭构成的。

根据进路的接近区段占用状态不同，进路锁闭分为预先锁闭和接近锁闭。

1. 预先锁闭

进路排通、防护进路的信号开放后，接近区段空闲时的进路锁闭，又称为进路的预先锁闭。

2. 接近锁闭

进路排通、防护进路的信号开放后，接近区段有车占用时的进路锁闭，称为进路的接近锁闭，又称为完全锁闭。

当调车信号机未设接近区段时，调车信号开放后即构成接近锁闭。

进路的锁闭程度不同，主要影响人工办理进路解锁的方式。

（三）信号的开放

控制台上操纵按钮办理进路后，满足下列条件时信号即可自动开放：

（1）进路空闲。

（2）有关道岔转换至规定位置。

（3）敌对进路未建立并锁闭在未建立状态。

（4）进路锁闭。

（四）信号的关闭

已经开放的信号，在下列情况应即时自动关闭：

（1）当列车进入列车信号机内方第一个轨道区段时。

（2）当调车车列全部越过开放的调车信号机，即出清调车进路接近区段。若接近区段留有车辆，则车列出清调车信号机内方第一个轨道区段时信号关闭。

（3）当信号显示与防护进路的条件不符合时（如进路上轨道电路故障或信号机灯丝断丝等）。

（4）办理取消或人工解锁进路时。

（五）进路的自动解锁

进路的自动解锁指的是进路锁闭信号开放后，随着列车的出发、到达、通过及调车车列的牵出、折返，进路上有关轨道电路区段自动解锁，控制台上相应轨道区段的白光带自动熄灭。

进路的自动解锁根据电路动作的特点不同，包括以下两种情况。

1. 正常解锁

即列车或调车车列顺序占用和出清进路的各轨道电路区段后，进路上的轨道电路区段自动顺序解锁。

2．调车中途返回解锁

在车站咽喉区调车过程中，调车车列未占用或部分占用的轨道电路区段，能够随着调车车列的折返而自动解锁。

（六）人工办理解锁进路及解锁轨道电路区段

人工办理解锁进路指的是进路建立后，不经列车或调车车列运行，人为将进路解锁。

1．取消解锁

当进路处于预先锁闭时，办理"取消解锁"，可将进路解锁。

2．人工解锁

当进路处于接近锁闭时，应办理"人工解锁"，这样才能将进路解锁。

当进路处于接近锁闭办理人工解锁进路时，进路自动延时解锁，其中接车进路和正线发车进路延时 3min，站线发车进路及调车进路延时 30s。

设置延时解锁是为了防止解锁原有进路改办其他进路时，处于接近区段的列车或调车车列可能由于停车不及冒进信号而压上正在转换的道岔。延时 3min 或 30s 能够确保列车或调车车列有足够的停车时间。

3．区段故障解锁

当发生车站停电后恢复供电，以及进路没有完全解锁等情况时，控制台上全部或部分轨道电路区段显示白光带，此时有关区段均处于锁闭状态，应办理"区段故障解锁"手续，才能将有关轨道区段解锁。

（七）道岔的锁闭

除进路锁闭外，联锁道岔还有以下锁闭方式。

1．区段锁闭

道岔区段有车占用时，区段内有关道岔不能转换，称为区段锁闭，此时控制台上有关道岔区段显示红光带。

2．单独锁闭

利用控制台上道岔单独锁闭按钮断开道岔控制电路，使该道岔不能转换。对道岔进行单独锁闭后，控制台上该道岔表示灯显示红灯。

3．故障锁闭

在故障情况下道岔区段被锁闭，此时控制台上有关道岔区段显示白光带。例如，列车经过进路后，由于分路不良使部分轨道电路区段不能解锁，控制台遗留有白光带。

（八）道岔的转换

在不受上述任何一种锁闭的条件下，联锁道岔允许进路操纵和单独操纵。单独操纵优先于进路式选动。在进路操纵过程中，如果尖轨转换遇阻不能转换到底，为保护电动机，则允许单独操纵转回原来位置。

为保证列车和调车作业安全，联锁道岔一经启动，则不受列车或调车车列进入道岔区段的影响，应继续转换到底。

转换到位后控制台有相应定位或反位表示，联锁道岔只有两端尖轨均转换到位才能构成表示。

（九）信号的重复开放

信号因故关闭后，未经人工办理，不能自动重复开放。

（十）引导接车

办理接车进路时，当有关信号机、轨道电路、道岔等发生故障时，进站信号机不能正常开放，应使用引导接车的方式，进站信号机开放引导信号将列车接入站内。

四、列车进路办理方法

6502 电气集中采用双按钮选路方式，即只需在控制台上顺序按压进路的始端、终端按钮就能够按照操作意图自动转换道岔、锁闭进路、开放信号，而且不论进路中有多少组道岔，均自动转换，简化了操作手续，提高了效率。

6502 电气集中联锁同一咽喉同时只能办理一条进路，即在排列进路表示灯点亮时不能办理第二条进路。只有第一条进路已经选出，排列进路表示灯熄灭后才能办理第二条进路。当路上有车占用、轨道电路故障、正在进行人工解锁及敌对进路已建立时，都不能办理进路。

（一）接车进路

办理接车进路时，以对应防护接车进路的进站信号机处的列车按钮为始端按钮，以股道入口处的列车按钮为终端按钮。

（二）发车进路

办理发车进路时，以对应防护发车进路的出站信号机处的列车按钮为始端按钮，以对应发车进路终端处的列车按钮为终端按钮。

（三）变通进路

在大站咽喉区内，进路的始端和终端之间往往有几条路径可走，根据作业需要，一般规定路径最短或对其他进路影响最小的进路为基本进路，其余为变通进路，又称作迂回进路。

（1）在变通进路上的调车信号按钮，无论单置、并置、差置均可作为列车进路变通按钮。如果同时有几个调车信号按钮满足要求，办理时只需按压其中任意一个即可。

（2）在变通位置没有调车按钮时，应专门设置一个"变通按钮"作为进路的变通按钮。

五、调车进路办理方法

（一）调车基本进路

办理调车进路与办理列车进路的原则相同，按压调车进路按钮，其按钮为白色。调车进路的始端按钮是防护进路的信号机的调车按钮，按不同情况确定调车进路的终端按钮。

（1）以单置调车信号机为进路终端时，终端按钮是该调车信号机的调车按钮。

（2）以并置或差置调车信号机为进路终端时，终端按钮是与进路终端调车信号机构成并置或差置关系的另一架调车信号机的进路按钮，而不能使用终端调车信号机的进路按钮，这是由电路结构决定的。

（二）长调车进路

长调车进路可以分段办理，即一段一段地分别办理组成长调车进路的各短调车进路。为了简化操作手续，长调车进路可以一次办理，按下长调车进路的始端、终端按钮，即可选出整条长调车进路，其终端按钮的确定原则同上所述。

（三）变通进路

办理调车变通进路与办理列车变通进路的方法相似，即顺序按压始端的调车进路按钮、变通按钮和终端调车进路按钮选出变通进路。其中变通按钮确定方法如下：

（1）在变通位置上有专门设置的变通按钮（BA）时，可作为调车进路的变通按钮。

（2）在变通位置上的反向单置调车信号按钮，可作为调车进路变通按钮。

（3）在变通位置上的并置、差置及同向单置调车信号按钮不能作为调车变通进路的变通按钮。

六、引导接车办理方法

引导接车是车站联锁设备故障时采用的接车办法，采用引导接车时，准许列车在该信号机前方不停车，以不超过20km/h的速度进入站内，并准备随时停车。

办理引导接车时，为了保证行车安全，也要锁闭进路上的道岔，叫引导锁闭。引导锁闭分为两种：一种是按照进路锁闭方式进行，称为引导进路锁闭；另一种是锁闭全咽喉区的联锁道岔，称为引导总锁闭。

为办理引导进路锁闭及引导总锁闭，控制台下部的左右两端，对应每个进站信号机设置一个带有铅封的引导按钮，按钮上方有白色表示灯。每个咽喉区设置一个带有铅封的非自复式引导总锁闭按钮，按钮上方有白色表示灯。

（一）引导进路锁闭

当进站信号机或接车进路信号机因故不能正常开放（如允许信号灯泡断丝），以及接车进路上某一段轨道电路区段故障不能正常建立接车进路时，应使用引导进路锁闭方式接车。

引导进路锁闭的办理手续如下。

（1）将进路上的有关道岔转换到规定位置开通进路，如果有道岔区段轨道电路故障，还要对该区段的道岔进行单独锁闭（防止故障排除后，该区段的道岔自动解锁）。

（2）破铅封按压相应的引导按钮，其上方白色表示灯点亮，沿道岔开通方向锁闭进路，控制台显示白光带，进站信号机开放引导信号。

（3）列车驶入进站信号机内方，引导信号自动关闭，引导进路不随列车运行而自动解锁，列车沿进路通过后，除股道显示红光带外，整条引导进路显示白光带，引导按钮上方表示灯不灭，进路仍继续处于锁闭状态。

（4）车站值班员确认列车全部驶入股道停妥后，办理引导进路解锁手续，即同时按压本咽喉总人工解锁按钮和接车进路始端按钮，进路不经延时立即解锁，白光带熄灭。

引导信号开放后，如果需要关闭信号，可办理引导解锁手续，即步骤（4），则进路解锁，引导信号关闭。

如果接车进路范围内轨道电路故障，而且故障区段内道岔需要转换，则应在现场采用手摇道岔的方式，这将使道岔失去表示，不能按进路方式进行锁闭，只能采用引导总锁闭的方式办理接车。

（二）引导总锁闭

引导总锁闭用于接车进路上道岔失去表示时，以及向非接车线路接车或向无联锁线路接车（如向调车线、货物线接车），是将全咽喉联锁道岔全部进行锁闭的方式。由于这种方式没有进路锁闭，因此在控制台上没有白光带。

引导总锁闭的办理手续如下。

（1）将进路上的有关道岔转换到规定位置开通进路。

（2）破铅封按下本咽喉的引导总锁闭按钮，其上方白色表示灯点亮，表示将全咽喉联锁道岔锁闭。

（3）破铅封按下相应的引导按钮，进站信号机开放引导信号，但没有白光带。

（4）列车驶入进站信号机内方，引导信号自动关闭，在控制台上可以通过红光带监督列车运行。

（5）车站值班员确认列车全部驶入股道并停妥后，办理解锁手续，拉出引导总锁闭按钮，本咽喉道岔解锁。

采用引导总锁闭方式接车，不检查本咽喉的联锁条件，也不锁闭另一咽喉的敌对进路，此时应停止本咽喉区的一切其他接发车和调车作业，以及另一咽喉区的敌对作业，行车安全完全由人工保证。

开放引导信号后，如果要关闭引导信号，只要拉出引导总锁闭按钮即可。

采用上述两种方式引导接车时，都是利用进站信号机内方第一段轨道电路区段关闭引导信号。当进站信号机内方第一段轨道电路区段故障时，引导信号不能保持，需一直按压引导按钮才能保证引导信号开放，待确定列车头部进站后才能松开。

七、进路的解锁

（一）进路的自动解锁

进路的自动解锁，就是进路锁闭、防护进路的信号开放后，随着列车的出发、到达、通过及调车车列的牵出、折返，进路上有关轨道区段自动解锁，控制台相应轨道区段的白光带自动熄灭，无须任何操作。

1. 正常解锁

信号开放后，列车顺序接近、占用、出清进路上各轨道电路区段，自进路的始端至终端，各轨道电路区段顺序解锁。

调车进路的正常解锁与列车进路基本相同，只是调车信号要调车车列全部越过调车信号机后才自动关闭。

需要说明的是，进路中各区段逐段解锁的一个条件是前一个区段已经解锁。当由于轨道电路分路不良等原因造成某区段没有显示红光带时，该区段及其后的各区段不能解锁，列车或调车车列经过后，这些区段又重新显示白光带，需要人工操作才能解锁各区段。

2. 调车中途返回解锁

调车中途返回解锁是指调车中途折返时对原调车进路上不能正常解锁的区段，在调车车列折返后，也能使之自动解锁。

（二）进路的取消

信号开放后，列车或调车车列尚未进入进路的接近区段，即进路处于预先锁闭时，如需解锁进路关闭信号，可使用取消的方法，同时按压进路始端按钮和本咽喉区的总取消按钮，信号自动关闭，进路解锁，进路上白光带熄灭。

为了办理进路的取消，控制台下方每个咽喉区设有一个总取消按钮，按钮上方有红色表示灯。

（三）进路的人工解锁

列车或调车车列驶入进路的接近区段后一般不允许解锁进路，如特殊情况需解锁进路，则必须使用人工解锁的方法。

为了办理进路的人工解锁，控制台下方每个咽喉区设带有铅封的总人工解锁按钮，按钮上方有三个红色表示灯，分别标有"30 秒人工解锁""总人工解锁""3 分人工解锁"，用于表示当前正在进行的任务。

办理人工解锁的方法：同时按压进路的始端按钮和本咽喉区的总人工解锁按钮，信号随即关闭，进路延时解锁。自信号机关闭，接车进路和正线发车进路延时 3min 解锁，此时人工解锁按钮上方"3 分人工解锁"表示灯点亮；发车进路和调车进路延时 30s 解锁，此时总人工解锁按钮上方"30 秒人工解锁"表示灯点亮。

同一咽喉区不能同时办理两条进路的人工解锁，只有前一条进路延时解锁后，才能办理另一条进路的人工解锁。

（四）区段解锁

在列车或调车车列沿进路通过后，某些区段因故不能正常解锁，或由于某种原因（如停电后恢复供电）引起错误锁闭时，应采用区段故障解锁的方法使有关轨道电路区段解锁。办理时需要两个人协同操作，一个人按压控制台上本咽喉区的总人工解锁按钮，另一个人同时按压区段人工解锁按钮盘上需解锁区段的事故按钮，光带熄灭，区段解锁。对于无列车通过的无岔区段，不设事故按钮，其两端道岔区段实施区段人工解锁后，其白光带即自动熄灭。

八、控制台其他操作

（一）道岔的单独操纵

控制台上方对于每组道岔设一个道岔单独操纵按钮，每个咽喉区设一个总定位按钮和一个总反位按钮。

当有关道岔区段未处于锁闭状态时，可以单独转换道岔。同时按下道岔单独操纵按钮和本咽喉区的总定位按钮，道岔转换至定位，道岔表示灯显示绿灯；同时按下道岔单独操纵按钮和本咽喉区的总反位按钮，道岔转换至反位，道岔表示灯显示黄灯。

（二）道岔的单独锁闭

当需要单独锁闭某组道岔时，按下道岔单独锁闭按钮，此时按钮内红灯亮，表示该道岔被单独锁闭，不能转换。解除单独锁闭时，再次按下道岔按钮即可使之恢复定位，按钮内红灯熄灭。

（三）重复开放信号

车站办理好进路信号开放后，由于进路上轨道电路瞬间显示红光带等原因，会造成防护进路的信号自动关闭。电气集中联锁设备要求，故障恢复后信号不能自动重复开放，需人工操作信号才能开放。

重复开放信号的方法：经有关部门（如工务、电务部门）确认故障恢复并签认后，在已有进路处于锁闭状态（即白光带完好）的基础上，按下进路始端按钮，防护进路的信号即可重复开放。

（四）取消对进路按钮的误操作

6502 电路能够自动记录对于进路按钮的按下操作。当由于误按某进路按钮造成按钮表示灯闪光时，控制台上本咽喉区的排列进路表示灯也显示红灯。此时，只有取消对该按钮的操作，该咽喉区才能办理其他进路。

取消对进路按钮误操作的方法：按下本咽喉区的总取消按钮，本咽喉区所有进路按钮表示灯及排列进路表示灯均熄灭，取消对进路按钮的按下操作。

当道岔、轨道电路故障等原因，按下进路的始端、终端按钮后进路不能建立时，有关按钮的表示灯也处于闪光状态，按上述方法同样能够取消对按钮的操作。

（五）接通表示灯

1. 接通光带

每个咽喉区设置一个接通光带按钮，二位自复式，按下该按钮时，可使本咽喉区内按道岔开通位置点亮全部光带（但不说明进路已经建立），便于了解各道岔开通方向。

2. 接通道岔

每个咽喉区设置一个接通道岔按钮，二位非自复式，按下该按钮，使本咽喉区所有道岔表示灯按道岔所在位置点亮；拉出时，道岔表示灯熄灭。

（六）切断报警

当发生挤岔、跳信号、主灯丝断丝等故障时，6502电气集中控制台有声光报警，对于每种故障均设置有二位非自复式按钮，用于切断声光报警。

1. 挤岔报警

控制台下方中部设置挤岔按钮，按钮上方设置红色的挤岔表示灯，监督全站道岔。

控制台上电铃鸣响，挤岔表示灯亮，相应道岔的定位、反位表示灯均熄灭，其他道岔表示正常，说明无表示的道岔挤岔或失去表示超过13s。

车站值班员按下挤岔按钮使电铃暂停鸣响，并通知维修人员及时修复。修复后，电铃再次鸣响，通知车站值班员故障修复，拉出挤岔按钮后，电铃停止鸣响。

2. 主灯丝断丝报警

控制台下方每个咽喉区设置一个灯丝报警按钮，按钮上方设置红色的灯丝断丝报警表示灯。控制台上电铃鸣响，主灯丝报警表示灯亮，说明本咽喉区某一列车信号机正点亮的灯泡主灯丝故障，改点副灯丝。

车站值班员按下灯丝报警按钮使电铃暂停鸣响，并通知电务维修人员及时更换灯泡。修复后，电铃再次鸣响，通知车站值班员故障修复，拉出灯丝报警按钮后电铃停止鸣响。

3. 跳信号报警

控制台下方每个咽喉区设置一个跳信号报警按钮，按钮上方设置红色的表示灯。

控制台上电铃鸣响，跳信号报警表示灯亮。说明本咽喉区已开放的进站信号机或正线出站信号机在列车未接近时因故自动关闭。

车站值班员按下跳信号报警按钮，使电铃暂停鸣响，并通知电务维修人员及时维修。修复后电铃再次鸣响，通知车站值班员故障修复，拉出跳信号报警按钮后电铃停止鸣响。

相关案例

【案例1】 6502电气集中室外设备轨道电路的导通试验

目前，6502电气集中电路仍在铁路信号设备中使用，6502电气集中设备导通试验是车站信号设备施工的重要环节，6502电气集中设备导通试验的总体思路是按照先局部后整体、先简后繁的步骤来进行的。根据这个思路，先将室外设备（信号机、道岔、轨道电路等），利用各种模拟条件单独调试，电气集中的室内设备也利用模拟电路进行单独调试，缩小查找故障的范围，将相互关联的复杂故障化解成单个故障。待室内、外设备均调试完毕后，再连接起来进行统调。

在室外轨道电路导通试验中，最容易发生的故障是出现红光带，这是由于轨道电路区段一般距离较长，线路上设备也较多，影响轨道的因素相应较多，所以处理故障比较复杂。一般应本着就近的原则，首先可测量受电端或送电端的轨面电压值。对于受电端，如果轨面电压低于正常状态的电压值或者测不到电压，则故障可能发生在钢轨线路上或送电端。反之，如果电压高于正常值，则故障应在受电端，这时应检查受电端引接线是否折断或接触不良；检查箱盒内配线是否错误、受电电缆是否开路等。对于送电端，若轨面电压正常，则说明故障在线路上。这有两种可能，一种是轨道接续线接触不良，压降过大，使得受电端的电压降低，造成红光带；另一种可能是由于线路上泄漏过大，可能是由工务绝缘不良、轨距保持杆绝缘不良等原因造成的。若送电端轨面电压过低，故障可能是由轨道绝缘破损（主要应检查岔心绝缘）、道岔角钢绝缘破损、引接线钢丝绳接触不良、箱盒内配线错误等原因造成的。

【案例2】　铁路信号智能电源屏

1. 基础功能

（1）基本供电功能：按照铁路信号供电的标准，根据不同规模的铁路信号站场、区间设备用电要求，选配不同频率、交直流、容量的单元模块，组成满足不同信号设备用电要求的电源屏。

（2）辅助管理功能：应用计算机和通信技术，实现系统和模块的监测、控制管理、故障报警和记录、分析。另外，随着铁路信号可靠性技术的提升，对智能电源设备又提出了新的要求——电源屏必须实现二路引入电源切换时间不大于0.15s时稳定工作；具有电源输出零中断功能，有效去除脉冲及浪涌干扰；当电源屏电源模块出现故障时，模块可以带电热插拔更换，且不影响信号设备正常工作。这是用户对电源屏的基本要求，同时客观地体现了两方面的内容，一方面是运输高速、重载发展对供电提出了新的要求；另一方面是铁路信号智能电源的技术发展也必须努力实现这一要求。

2. 综合UPS铁路信号智能电源屏主接线方案

综合UPS铁路信号智能电源屏是一套不间断供电系统，是适应铁路提速、扩能、安全的智能系统，是采用完全成熟的高频逆变应用技术的功率电子电源系统。具有如下特点：

（1）二路输入电源可以是单相、三相的任何一种方式，前置UPS可对二路供电电源谐波干扰进行抑制，电源输入无触点切换，零中断，可为高等级铁路或重要枢纽站提供更加可靠的电源系统。

（2）直流、交流电源输出均可以实现并联均流冗余热备份，交流输出负载也实现了并联输出。

（3）通用总线结构，完全模块化，带有自诊断、监测功能一体化的模块可以在任意位置安装，方便实现扩容改造。

（4）电源前面板设计成人性化的系统模拟盘显示方式，替代传统的仪表显示，设备的工况一目了然。

（5）系统采用逆变技术，在不具备两路三相电源输入的车站，采用成熟的单变三劈相技术，可实现没有三相电源的车站三相交流转辙机的正常工作。

相关案例

6502 电源屏功能介绍

1. 技术条件

一级负荷（凡是发生停电就会造成行车秩序混乱的负荷），不间断供电（双网络供电），对交流有稳（调）压功能，过流过压保护功能，电源切换时间小于 0.15s。

2. 电源屏组成

稳压屏、交流主、交流副、转换屏、直流主、直流副、25 周轨道电源屏。

3. 供出电源种类

（1）交流：信号机点灯 XJZ—XJF 220V；轨道电路 GJZ—GJF 220V；道岔表示电路 BJZ—BJF 220V；控制台表示灯 JZ—JF 24V。

（2）直流：继电器用 KZ—KF 24V；控制转辙机 DZ—DF 220V。

任务三　计算机联锁

学习目标

（1）了解 SICAS 计算机联锁的结构；
（2）了解 SICAS 计算机联锁的功能；
（3）了解 SICAS 计算机联锁的特点；
（4）了解 SICAS 计算机联锁的操作。

学习任务

认知 SICAS 计算机联锁，SICAS 计算机联锁操作。

工具设备

SICAS 计算机联锁模拟系统、联锁示教板。

教学环境

计算机联锁模拟机房、多媒体教室。

基础知识

车站联锁控制系统是车站信号的基础设备，基于布线逻辑的继电联锁装置自 1927 年问世以来已整整统治了近 70 年。随着计算机技术的发展，特别是对可靠性和冗余容错技术的深入研究，车站信号联锁安全技术也正在不断更新、发展。1978 年世界上第一个计算机联锁系统在瑞典哥德堡问世，随后从 20 世纪 80 年代起各国竞相开发研究计算机联锁，并取得了显著的成绩，90 年代已有不少国家开始大面积推广计算机联锁系统。它与继电集中联锁设备相比，在安全性、可靠性、经济性，以及设计、施工、维修、使用等方面，具有明显的优势，更适应铁路信号设备数字化、网络化、综合化、智能化的要求，是车站联锁设备的发展方向。

我国第一套微机联锁设备于 1984 年在南京梅山铁矿地下运输线正式开通，而后陆续在冶金、矿山等铁路试用。1989 年，中国铁道科学研究院通信信号研究所研制的微机联锁系统首先在郑州北编组站峰尾开通，这是微机联锁系统应用于国家铁路的开始。而后，中国铁道科学研究院通信信号研究所于 1993 年在哈局平房站安装计算机联锁，中国铁路通信信号集团公司于 1994 年在浦口交通站安装计算机联锁。至此，我国铁路开始在铁路干线采用微机联锁系统。

目前，我国已经研制出了多套适合我国铁路和城轨交通特点的计算机联锁系统。以中国铁道科学研究院通信信号研究所、中国铁路通信信号集团公司、北京交通大学、卡斯柯信号有限公司等单位为代表的生产厂家相继通过铁道部的技术鉴定，有的已经达到了国际先进水平。

一、计算机联锁的功能与特点

计算机联锁是由微型计算机的软硬件和其他一些电子、继电器件组成的，具有故障-安全性能的实时控制系统。其安全可靠、处理速度快，与继电集中联锁相比具有十分明显的技术经济优势。无论在安全性、可靠性、经济性等方面都是继电集中联锁无法比拟的，而且设计、施工、维修和使用大为方便，是一套全新的系统设备。

（一）联锁功能

（1）联锁逻辑运算：接收 ATS 或车站值班员的进路命令，进行联锁逻辑运算，实现对道岔和信号机的控制。

（2）轨道电路信息处理：处理列车监测功能的输出信息，以提高列车监测信息的完整性。

（3）进路控制：设定、锁闭和解锁进路。

（4）道岔控制：解锁、转换和锁闭道岔。

（5）信号机控制：确定信号机的显示。

（二）联锁特点

（1）性能方面：大大减少了系统的设计与施工工作量，并方便系统的功能扩容与完善；提供现代化的声像图文显示，人机交互功能完善；系统可靠性和安全性更高。

（2）经济方面：性能价格比高，适于大型车站的系统应用；采用分布式系统结构，节省干线电缆的使用造价；体积小、占地面积小，车站规模越大，面积节省越显著。

（3）维护方面：安装、运行、维修费用大幅度减少；具有自诊断、故障定位等功能，可实现远程实时控制；继电部分结构简单，便于维护。

（4）其他方面：系统便于联网，为铁路信号系统的智能化和网络化方向发展创造条件。

二、计算机联锁操作形式

计算机联锁基本保留了 6502 电气集中的操作原则，但计算机联锁多采用显示和操纵分开的方式。按人机会话硬件设备形式的不同，有以下几种。

1. 控制台方式

在计算机联锁发展的初级阶段，系统的操作通过控制台实现，有的采用专用按钮盘（由绘制站场图的金属板和按钮组成）配备显示器，有的直接采用原有电气集中控制台。但这种设备不能完全体现计算机联锁的特点，在站场改扩建时，控制台的配线和开关量输入板改动较大。

2. 数字化仪方式

数字化仪由各种标准尺寸的面板和控制定位工具组成，与 PC 通过串行口连接，通过编制通用程序即可实现上位机的按钮发送任务。车站值班员的操作意图通过操作光笔动作数字化仪来实现，与传统按压按钮操作方式相似。其特点是不用另外增加硬件设备，只需通过各种绘图软件绘制相应站场图并输入相应数据即可完成控制台的设计。

3. 鼠标方式

通过鼠标点击显示器上的按钮实现各种功能。目前多采用鼠标方式。使用数字化仪方式或者鼠标方式，计算机联锁系统一般都使用大屏幕显示器（CRT 或 LCD），使车站值班员可以清晰地看到站场的实际状态及各种信息。当站场规模较大时，可以采用多屏显示卡，连接多个大屏幕显示器，分屏显示站场的结构。显示器能给出控制台的全部信息，以彩色光带和图形符号模拟表示出整个站场线路、轨道电路区段、信号机及道岔等设备的位置及状态，给出各种操作表示。还能提供当前时间、无效操作的提示，配合语言系统发出各种报警信号。

三、正线 SICAS 型计算机辅助信号系统

SICAS 是西门子计算机辅助信号系统（Siemens Computer Aided Signalling），是一个模块化的、灵活的联锁系统，可以通过单独操作、进路设置等方式实现对道岔、轨区段、信号机等室外设备的监督和控制。SICAS 型计算机辅助信号系统被广泛地应用在干线铁路、市铁路。

（一）SICAS 型计算机辅助信号系统组成及功能

SICAS 型计算机辅助信号系统分别对应为：LOW（现场操作员工作站）、SICAS（联锁计算机）、STEKOP（现场接口计算机）、DSTT（接口控制模块），以及现场的道岔、轨道电路和信号机，如图 5.18 所示。

（1）LOW（现场操作员工作站）是人机操作界面，将设备和列车运行情况图形化显示，接收操作员的操作指令并传递给联锁计算机进行处理。

（2）SICAS 的联锁计算机根据需要可采用二取二结构或三取二结构，主要功能是接收来自 LOW 的操作指令和来自现场的设备状态信息，联锁逻辑运算，排列、监督和解锁进路，动作和监督道岔，控制和监督信号机，防止同时排列敌对进路，向 ATC 发出进入进

路的许可，并将产生的结果状态和故障信息传送至 LOW。

（3）根据配置不同，SICAS 型计算机辅助信号系统对现场设备控制部分包括 ESTT、STEKOP、DSTT 等部分。

系统中联锁计算机对现场设备的控制有三种基本配置。一是带 DSTT 的系统，由 SICAS 直接经 DSTT 控制现场设备；二是带 DSTT 和 STEKOP 的系统，SICAS 经 STEKOP 和 DSTT 控制现场设备；三是带 ESTT（电子元件接口模块系统）的系统，SICAS 直接经 ESTT 控制现场设备。

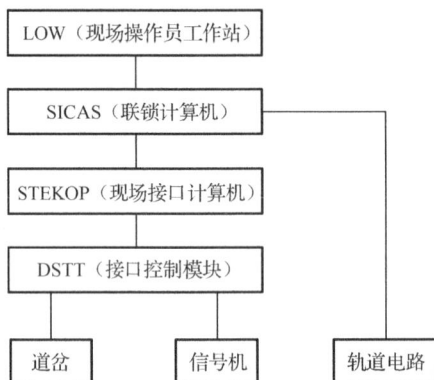

图 5.18　SICAS 型计算机联锁总体结构

除上述外，SICAS 型计算机辅助信号系统还有与 ATC 系统、其他联锁设备（车辆段联锁设备、相邻 SICAS）的接口。

（二）联锁主机的结构

为保证设备安全，提高设备的可靠性，目前联锁主机主要采用两种冗余方式：二取二系统和三取二系统。

二取二系统由两个各自独立的、相同的、对命令同步工作的计算机通道组成。过程数据由两个通道输入、比较并进行处理。只有两个通道处理结果相同时才能输出。独立于数据流的在线计算机监测功能在一定的周期内完成一次，一旦发现故障此系统将停止工作，避免发生由此故障引起的危害。

三取二系统由三个各自独立的、相同的、对命令同步工作的计算机通道组成。过程数据由三个通道输入、比较并进行处理。只有当三个或两个通道处理结果相同时结果才能输出。如果其中一个通道故障，在该监测周期内相关通道会被切除，联锁计算机按二取二系统方式继续工作，只有当又有一个通道故障时，系统才停止工作。采用这种三取二的方式，提高了系统的可靠性和安全性。

（三）与有关设备接口

1．与车辆段联锁接口

正线车站与车辆段的信号接口设有相互进路照查电路，操作人员只有确认设置于控制台或计算机屏幕的照查表示灯显示后才能开放信号。主要联锁关系包括：

（1）不能同时向对方联锁区排列进路。

（2）当进路中包含有对方轨道电路时，必须根据对方相关轨道电路空闲信息进行进路检查，进路排出后应将排列信息传送至对方并要求对方排出进路的另一部分。

（3）列车入段时，车辆段必须先排接车进路，正线车站才能排列入段进路，以减少对咽喉区的影响。

2．与洗车机接口

只有得到洗车机给出的同意洗车信号时，才能排列进入洗车线的进路，否则，不能排列进路。

3．与防淹门接口

在特别情况发生时，SICAS联锁通过与防淹门的接口保证列车运行安全。联锁设备与防淹门间传递的信息包括：防淹门"开门状态"信息、"非开状态"信息、"请求关门"信号及信号设备给出的"关门允许"信号。其基本联锁关系主要表现为：

（1）只检测到防淹门的"开门状态"信息而未收到"请求关门"信号时才能排列进路。

（2）信号机开放后，收到防淹门"非开状态"信息时，立即关闭并封锁信号机。

（3）信号机开放后，收到防淹门"请求关门"信号时，关闭并封锁始端信号机并取消进路（接近区段有车时延时30s取消进路），通过轨道电路确认隧道内没有列车后立即发出"关门允许"信号，否则需要防淹门操作人员人工确认列车运行情况并根据有关规定人工关门。

4．与ATC接口

SICAS联锁与ATC的连接通过逻辑上的连接来实现，响应来自ATS的命令，进行联锁逻辑运算，在满足安全的前提下，控制进路、道岔和信号机，并将进路、轨道电路、道岔、信号机的状态信息提供给ATS（列车自动监视）、ATP（列车自动防护）、ATO（列车自动运行），主要设备状态信息包括：

进路状态——进路的锁闭、占用、空闲；

信号机状态——信号机的开放、关闭；

道岔位置——道岔的定位、反位、四开、挤岔；

轨道电路状态——占用、锁闭、空闲。

5．与相邻联锁系统接口

城市轨道交通正线车站被划分为数个联锁区，各联锁区的相互连接经由联锁总线通过连接中央逻辑层实现，联锁边界处的每个设备均以其进路特征反映至相邻联锁系统。

当一条进路的始端信号机和终端信号机位于不同联锁区时，进路由始端信号机所在的联锁区来设定，进路包括带有自身联锁区内进路部分和相邻联锁区内进路部分的连接点，两部分相互作用实现SICAS联锁的链接。

（四）进路控制

1．进路控制基本知识

（1）重复锁闭。

信号在开放期间，当列车刚越过始端信号机还没有出清接近区段或进路出现故障而不再满足信号开放的条件时，联锁系统会自动关闭信号，且相应的信号机设置重复锁闭功能；此时，在LOW上显示该信号机基柱为蓝色。

当进路的故障已恢复且满足信号开放的条件时，联锁系统也不允许信号自动开放。

进路解锁、进路取消或人工开放信号后，将取消重复锁闭。

（2）进路的组成。

主进路：由始端信号机、终端信号机、轨道区段（含道岔区段）组成。

保护区段：由保护区段及其侧防元素组成。

侧面防护：由道岔、信号机及轨道区段的单个元素或组合元素组成。

2. 进路建立

进路建立需要三个过程：①进路元素的可行性检查；②进路元素的征用；③进路监督及开放信号。

（1）排列进路的条件。

① 进路中的道岔没有被锁闭或锁定在相反的位置；

② 进路中的轨道区段（道岔区段）没有被封锁；

③ 进路中的轨道区段（道岔区段）没有被敌对进路征用；

④ 与相邻联锁通信正常（只适用于排列跨联锁区的进路）；

⑤ 与车场的照查功能正常。

（2）进路元素的征用。

进路元素的征用是指元素被该进路选用以后，在这些元素解锁之前，其他任何进路将不能使用。

进路元素通过可行性检查后，联锁对进路元素的征用情况如下：

① 进路中所有处于与进路要求位置相反位置上的道岔必须进行转换，并且把所有道岔锁闭在进路要求的位置上（表现为被征用锁闭的道岔编号框为红色）。

② 进路中所有轨道区段未被解锁之前，其他进路不能征用。

③ 要求提供侧面防护（例如，符合条件的侧防道岔能自动转换至侧防位置，并被锁闭。被侧防征用的道岔编号框为白色）。

④ 要求提供保护区段或延时保护区段（保护区段为淡绿色）。

⑤ 与车场的照查功能正常。

如进路中有道岔（含侧防道岔）出现挤岔、转不到位或连接中断等故障，则在排列进路时，故障道岔不能被征用，但联锁系统保持检查故障道岔的征用条件。当道岔恢复正常，且在需要执行"挤岔恢复"或"转换道岔"命令后道岔才能被征用。

（3）进路的建立。

当进路已排列且进路中的轨道区段（道岔区段）无故障时，信号进入监控层。联锁系统将周期性地对进路中的元素进行检查，并将检查的结果通过始端信号机基座的颜色体现出来。

进路的监控层级分为监控层和非监控层。监控层从低到高分别为：引导层、移动闭塞层和主信号层。

进路建立后，需要满足的条件和特征如图 5.19 所示。

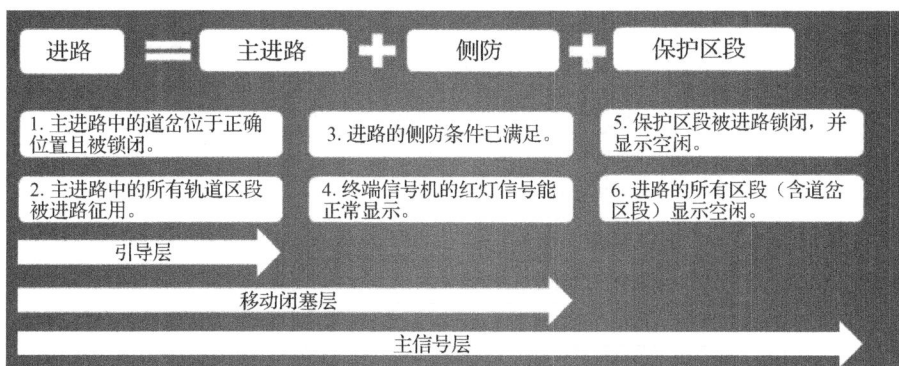

图 5.19 建立进路需要满足的条件和特征

3．进路的人工取消

（1）取消的条件。

① 要取消的进路必须为一条已排列的完整的进路；

② 进路的第一个轨道区段为空闲；

③ 列车未占用接近区段，如果已占用，则延时解锁。

（2）特征。

① 始端信号机立即关闭；

② 列车未占用设计的接近区段，进路立即取消；

③ 列车已占用接近区段，进路将延时（30秒）取消；

④ 如果进路中没有列车占用，则可以取消整条进路；

⑤ 如果进路中有列车占用（例如由于多列车进路的原因），进路取消只能取消到最后一列车后面的轨道区段（如果在进路延时取消当中，则列车位置为进路延时取消后的实际位置，并不是操作取消进路命令时的位置）；

⑥ 如果在取消进路的延时过程中，对该进路执行"排列进路"的命令，联锁将拒绝执行，但在执行"开放信号"命令后，联锁系统立即开放信号，该取消进路的操作将被取消。

（五）LOW 联锁的操作

LOW 的全称是 Local Operator Workstation，中文含义为现场操作员工作站。LOW 是信号系统网络的区域终端设备，每个联锁站都有一套 LOW 设备，主要由一台计算机和一台记录打印机组成。SICAS 联锁系统的本地操作和表示是通过 LOW 来完成的。

1．对联锁的控制

联锁控制功能表如表 5.1 所示。

表 5.1　联锁控制功能表

自排全开	功能	1	进路自动排列（ARS）是 ATS 系统的一部分，它的任务是与联锁配合，根据目的地码为列车运行自动排列进路
		2	把本联锁区全部信号机设置为自动排列进路状态
	特点	1	如果想修改列车路径，则要修改列车的目的地码，即修改车次
	现象	1	按照目的地码为列车自动排列进路
		2	联锁区所有信号机的编号为绿色
		3	综合信息显示栏"自排"字体显示绿色
自排全关	功能	1	为所有信号机关闭进路自动排列状态
	现象	1	停止为列车自动排列进路
		2	联锁区所有信号机的编号为红色
		3	综合信息显示栏"自排"字体显示白色
追踪全开	功能	1	把本联锁区信号机全部设置为自动排列追踪进路状态
	特点	1	根据接近区段自动排列固定方向的进路，并且追踪（由联锁设计）进路运行方向通常是正常运营的方向
		2	当已命令的行车进路的准入条件检查出现了否定结果时，行车进路命令将被循环重复执行
		3	追踪进路可设置始点站、终点站的折返进路，一般不能设置中间站的折返进路（除非是特殊设计要求）
	现象	1	综合信息显示栏自动"追踪"字体显示黄色
		2	联锁区所有信号机的编号为黄色
追踪全关	功能	1	本联锁区信号机关闭自动排列追踪进路状态
	特点	1	如果任一已排列的行车进路或进路要素被人工解锁，则现有的进路自动追踪功能最终在该信号机处关闭
	现象	1	联锁区所有信号机的编号为红色
		2	综合信息显示栏自动"追踪"字体显示白色
交出控制	功能	1	交出对本站的控制权限
	特点	1	只有在 LOW 上执行了"交出控制"操作，控制中心（ATS）才可以执行"接收控制"，从而取得控制权，可以对联锁进行一些常规命令的操作
	车站名颜色	1	绿色闪烁：车站交出控制、OCC 未接收（控制权仍在车站）
		2	白色：OCC 控制（遥控）
接收控制	功能	1	接收对本站的控制权限
	特点	1	只有在接收控制权以后，在 LOW 上的操作才有效
	车站名颜色	1	白色闪烁：OCC 交出控制、车站未接受（控制权仍在 OCC）
		2	绿色：车站控制（局控）
☆	强行站控		
	车站强行取得控制权。即在控制中心（ATS）没有下放控制权的情况下，都可以通过该操作来取得对 LOW 的控制权，对联锁进行相关的操作		

续表

☆	关区信号
	关闭并封锁联锁区全部信号机
	针对开启的信号机：信号机关闭，设置重复锁闭，封锁信号机
	针对关闭的信号机：封锁信号机
☆	重启令解
	SICAS 系统重新启动后（并非指 LOW 计算机重启，而是指 SICAS 计算机），解除全部命令的锁闭
	要求所有的车都停到位；如果联锁故障修复后不执行此操作，再操作其他命令时则提示"被联锁拒绝"
☆	释放指令
	TGMT 系统重新启动，恢复相关命令操作功能

注：☆为安全命令。

2. 对信号机的控制

信号机控制功能表如表 5.2 所示。

表 5.2　信号机控制功能表

开 放 信 号
功能：把本信号机设置为开放状态
条件：信号达到主信号层，信号没有被封锁，且信号机正常
关 闭 信 号
功能：把开放的信号机设置为关闭状态
条件：信号机处于开放状态
其他：信号机在开放状态或引导信号状态时可用"关闭信号"命令关闭信号。同时也可以使用"关站信号"或"关区信号"命令分别关闭且封锁一个车站或一个联锁区的所有信号机
出现以下情况，引导信号将被关闭： 1. 引导信号在开放期间，当列车越过始端信号机占用进路的第一个区段时 2. 引导信号在开放期间，进路出现故障使信号从监控层降到非监控层 3. 联锁系统接收到一个操作（例如关闭信号或封锁信号）来请求关闭开放的信号机时 4. 引导信号开放 30 秒后，列车没有进入进路，引导信号将自动关闭
封 锁 信 号
功能：把关闭状态下的信号机封锁
特点： 信号机被封锁后，将不能开放主信号，但可以开放引导信号；在人工解封后，（即使在信号没有开放过的情况下）信号都不会自动开放，只可以人工再次开放信号
现象： 针对开放的信号，关闭信号/重复锁闭/封锁信号——需要解封信号——人工开放信号 针对开放的信号，关闭信号/重复锁闭/封锁信号——可以人工开放引导信号 针对关闭的信号，封锁信号机——需要解封信号——人工开放信号 针对关闭的信号，封锁信号机——可以人工开放引导信号
解 封 信 号
功能：取消在关闭状态下的信号机的封锁

续表

自 排 单 开	
功能：命令执行后，可以把单架信号机设置为自动排列进路状态（根据目的地码排列进路）	
条件：信号机具备自动排列功能且追踪全开功能没有打开	
自 排 单 关	
功能：关闭进路自动排列，把单个信号机设置为人工排列状态	
追 踪 单 开	
功能：把单个信号机设置为联锁自动排列进路状态（由联锁机调用唯一的进路）	
条件：信号机具备追踪功能且自动排列全开功能没有打开（只有追踪功能信号机除外）	
追 踪 单 关	
功能：单个信号机取消由联锁自动排列进路状态	

3. 对轨道区段的控制

对轨道区段的控制功能表如表 5.3 所示。

表 5.3　对轨道区段的控制功能表

强解区段	
1. 强解区段时，始端信号机立即闭关，区段显示为黄色空闲状态。	
2. 如果接近区段及进路无车，则区段立即解锁。	
3. 如果接近区段有车，则会延时解锁（30秒）。	
4. 强解区段针对单个逻辑区段设置。	
5. 进路元素强解后，相应的侧防元素也立即解锁。	
6. 区段被强行解锁后，将会取消进路或保护区段对该所选轨道区段的征用。	
7. 如果区段正延时解锁，这时对该进路执行"排列进路"命令，联锁将拒绝执行，而执行"开放信号"命令后，该区段的解锁立刻被取消，信号机立即开放。	
8. 当列车占用保护区段且出清保护区段后，保护区段立即解锁；或者当列车占用目的轨后，保护区段开始延时解锁，延时过后，保护区段将自动解锁（在延时中，保护区段必须保持逻辑空闲）	

封锁区段	命令执行后，不能通过该道区段排列进路
	封锁成功后，轨道中部显示深蓝色
	对于已经排列的进路，封锁区段只对下一进路起作用
解封区段	取消对该区段的封锁，允许通过该轨道区段排列进路
轨区设限	轨道区段限速设定
	设置限速之后，在区段下方以红色字体显示限速值
	正线限速值（km/h）为 0、20、25、30、45、60
轨区消限	取消对轨道区段的限速
强行消限	强行取消对轨道区段的限速
	因 ATP 故障，正常消限无法执行，人工确认后执行该命令
计轴预复位	一段计轴区间的状态设置为"零轴"状态，仍提供一个占用指示
	计轴预复位针对的是计轴区段，不是逻辑区段
	计轴预复位的作用是将计轴数清零，区段颜色是淡粉色

4. 对道岔的控制

对道岔的控制功能表如表 5.4 所示。

表 5.4 对道岔的控制功能表

单独锁定	锁定该道岔（电子锁定），阻止该道岔通过电操作转换
取消锁定	取消对该道岔的（电子）锁定，道岔可通过执行转换道岔命令自由转动
转换道岔	道岔没有被锁闭（没有被进路、保护区段、侧防征用）；没有挤岔；没有（单独）锁定。执行后，可以把该道岔从一个位置转换到另一个位置
强行转岔	在转换道岔不起作用时，执行此命令来转换道岔（条件同上）
封锁道岔	禁止通过该道岔排列进路，但道岔可通过转换道岔命令进行位置转换
解封道岔	取消对该道岔区段的封锁，允许通过该道岔区段排列进路
强解道岔	同强解区段
计轴预复位	同区段计轴预复位
挤岔恢复	道岔没有锁闭（没有被进路、保护区段、侧防征用）；道岔挤岔（挤岔显示）；没有（单独）锁定；执行后，可以取消挤岔逻辑标记，并且道岔转换一个位置
岔区设限	同区段设限。限速值（km/h）为 0、5、10、20、25
岔区消限	同区段消限
强行消限	同区段强行消限

相关案例

【案例1】 IBP 信号控制盘

1. IBP 简介

在城市轨道交通监控系统中，车站监控室内的综合后备控制盘（Integrated Backup Panel，IBP）在越来越多的线路中得到了应用，它集中显示火灾自动报警系统（FAS）、环境与设备监控系统（BAS）、供电系统（PSCADA）、安全门系统（PSD）、自动售检票系统（AFC）、信号系统（ATS）、广播系统（PA）、闭路电视监控系统（CCTV）等主要设备运行状态，并在紧急状态下对车站内相应的系统设备进行紧急操作。IBP 上涉及安全的操作按钮带有铅封。

2. IBP 的构成

IBP 一般由上下两部分组成，上层部分为 IBP 盘面，主要设置指示灯和按钮，用于显示设备运行状态和控制操作；下层部分为设备操作台，主要放置各专业系统的设备，如显示器、调度电话、监视器等，以及相关的辅助设备。车站监控室 IBP 与各专业系统通过电缆采用硬节点方式进行连接，其构成主要有工作电源、盘面布置的各专业操作。

IBP 盘面上设置按钮有紧急停车按钮、取消紧停按钮、扣车按钮、终止扣车按钮、紧停报警（蜂鸣器）、报警切除按钮，在所有车站车控室都设置这些按钮。计轴复位按钮、计轴总预复零按钮及 ATS/LCW 切换开关只在集中站设置。基本设置如图 5.20 所示。

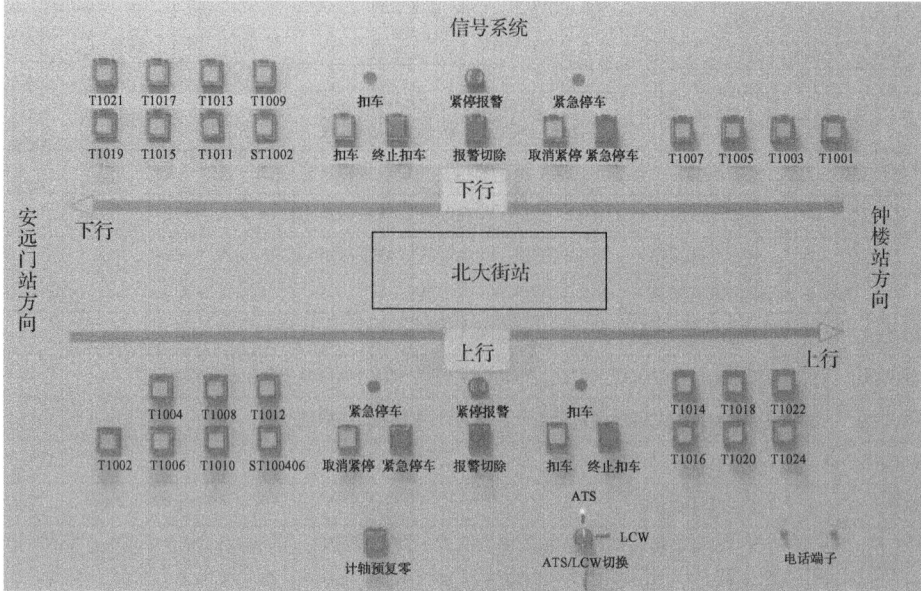

图 5.20　IBP 后备盘面板

3．IBP 盘面及按钮设置

（1）非集中站 IBP 盘面及按钮设置。

非集中站 IBP 盘面及按钮设置如图 5.21 所示。

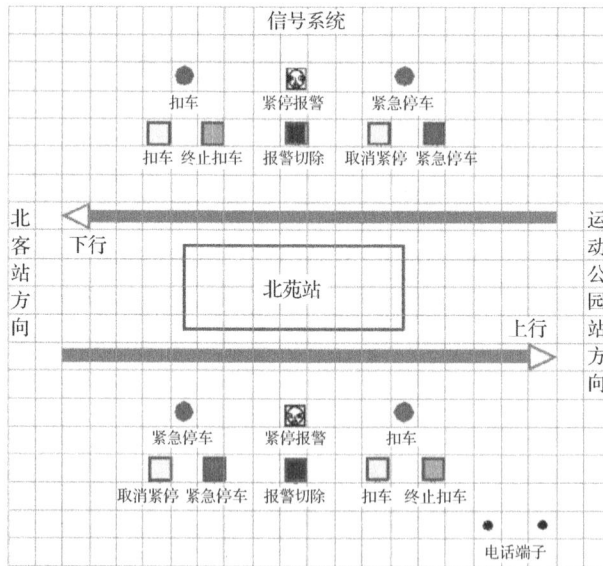

图 5.21　非集中站 IBP 盘面

　　IBP 上设置站台扣车、站台终止扣车、紧急停车、取消紧停等按钮，其中取消紧停按钮采用带铅封的自复式按钮，声音报警切除采用非自复式按钮。

（2）集中站 IBP 盘面及按钮设置。

集中站 IBP 盘面及按钮设置如图 5.22 所示。

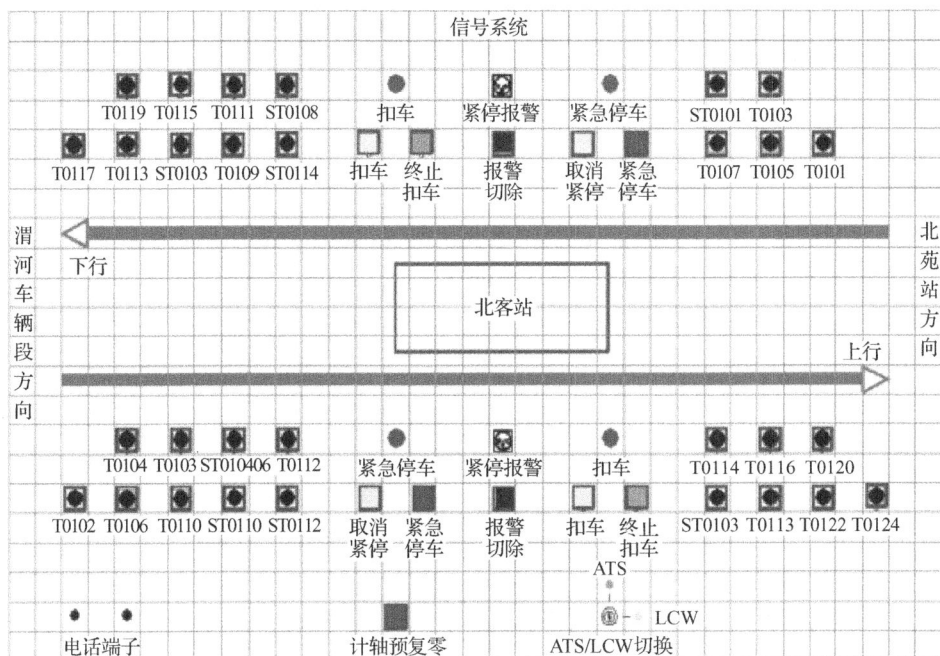

图 5.22　集中站 IBP 盘面

设备集中站的 IBP，除了具备非集中站的按钮布置，还设有每个区段的计轴复位按钮、计轴总预复零带铅封按钮及 ATS/LCW 切换开关，如图 5.23 所示。

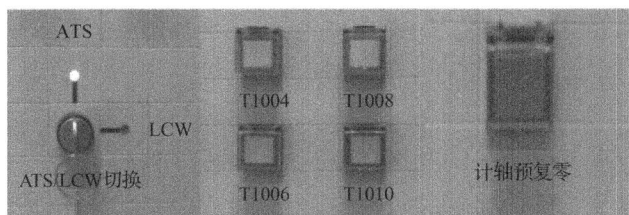

图 5.23　集中站 IBP 盘面计轴复位按钮

4. IBP 设备操作台功能介绍

正常情况下，由控制中心调度人员指挥全线路的运行，在特殊情况下，当控制中心失去功能时，整个地铁线路可降级运行，由各车站直接完成运行管理，此时 IBP 就起到一定的作用。

（1）紧急停车功能。

所有车站的站台和车站控制室都设有紧急停车按钮。这些按钮一经按下，其所对应的防护区域（上行、下行站台）内的信号将立刻被关闭，并且这些区域内的移动授权也应该被取消。

当紧急停车按钮按下时，如果 CBTC 列车已经进入站台区域，则列车将立即紧急制动并停车；如果 CBTC 列车正在接近站台，ZC 会将移动授权更新到站台之前，为了防止列车进入站台区域，列车将会根据与站台的距离来决定施加常用制动或紧急制动。

（2）站台扣车功能。

车站值班人员通过 IBP 设置了站台扣车，出站信号机关闭（点红灯），对于 CBTC 列车信号机依旧保持灭灯，移动授权收回，列车施加常用制动，如果此时 ATS 系统工作正常，发车计时器 DTI 将显示扣车信息。

列车到站停稳后，从 ATS 系统给定的停站时间开始，用红色 IFD 矩阵显示在计时显示区上。站台扣车的复位只能通过按压站台扣车复位按钮来完成。

在 IBP 上，对应上下行线路，分别设置站台扣车按钮、站台终止扣车按钮和相应的表示灯。扣车按钮（SKCA）、终止扣车按钮（SZZKCA）在 IBP 上设置如图 5.24 所示。

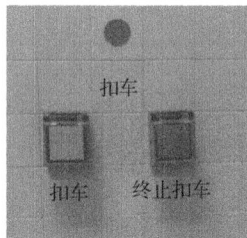

图 5.24　扣车按钮和终止扣车按钮

（3）计轴复零功能。

当计轴区段受到干扰，且区段内无列车占用，但计轴区段显示占用时，使用计轴复位按钮对该区段进行复位。

在对应每个区段设置计轴预复零按钮（白色），每个联锁区设置一个总预复零按钮（红色），按钮为铅封自复式按钮，如图 5.25 所示。

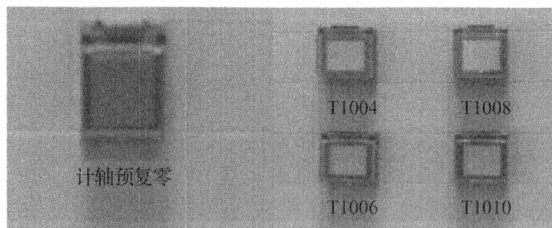

图 5.25　计轴预复零按钮

【案例 2】　速度传感器

1. 速度传感器测速原理

速度传感器（见图 5.26）是车载信号系统中重要的速度及距离测试设备，随着车轮的转动，传感器会输出数字脉冲。这些脉冲由硬件计数器来计数，脉冲数量与车轮旋转角度成正比，集合已知的车轮直径数值计算出车轮转动时的走行距离，从而可在给定周期内测试速度。列车的实际运行速度及走行距离是车载信号系统的重要参数之一，也是车载 ATP 运行及判断列车状态的重要依据之一。因此，车载测速部件必须为车载 ATP 系统提供安全可靠的速度及走行距离参数，且要在列车产生空转、打滑等特殊条件时能够消除带来的误差。速度传感器经过多次现场使用，被证明是非常可靠的。

图 5.26 速度传感器

2. 速度传感器安装

车载速度传感器要求安装于列车非动力轴的不同轮对上，通常安装于拖车的左一及右四轮对上（如西安地铁二号线），这样一是降低了共模故障的风险，二是车载信号机柜安装于两端司机室，这样的安装方式可减少速度传感器到车载信号机柜的走线距离。

拓展知识

手信号

手信号也是一种铁路移动信号，它们是由人直接挥动信号旗和信号灯来下达的各种命令。信号旗有三种基本颜色：绿、黄、红；信号灯（也叫号志灯）有四种基本灯光：绿、黄、红、白。手信号的种类很多，常见的有列车运行手信号、调车手信号、联系用手信号等。

1. 列车运行手信号

停车信号——白天展开红色信号旗；夜间用红色灯光。如果白天没有信号旗，可将两臂高举头上向两侧急剧摇动；如果夜间没有红色灯光，也可用白色灯光上下急剧摇动，表示要求列车停车。

减速信号——白天展开黄色信号旗；夜间用黄色灯光。如果白天没有黄色信号旗，可用绿色信号旗下压数次；如果夜间没有黄色灯光，也可用白色灯光下压数次，表示要求列车降低到要求的速度。

发车信号——白天展开绿色信号旗，上弧线向列车方做圆形转动；夜间用绿色灯光，上弧线向列车方面做圆形转动，表示要求司机发车。

通过信号——白天展开绿色信号旗；夜间用绿色灯光，表示准许列车由车站或车场通过。

引导信号——白天展开的黄色信号旗高举头上左右摇动；夜间将黄色灯光高举头上左

右摇动，表示准许列车进入车场或车站。

特定引导手信号——白天展开绿色信号旗高举头上左右摇动；夜间将绿色灯光高举头上左右摇动。

2. 调车手信号

减速信号——白天展开绿色信号旗下压数次；夜间用绿色灯光下压数次。

指挥机车向显示人方向运行的信号——白天展开绿色信号旗在下部左右摇动；夜间用绿色灯光在下部左右摇动。

指挥机车向显示人方向稍行移动的信号——白天拢起红色信号旗直立平举，再用展开的绿色信号旗左右小动；夜间用绿色灯光下压数次后再左右小动。

指挥机车向显示人反方向运行的信号——白天展开绿色信号旗上下摇动；夜间用绿色灯光上下摇动。

指挥机车向显示人反方向稍行移动的信号——白天拢起红色信号旗直立平举，再用展开的绿色信号旗上下小动；夜间用绿色灯光上下小动。

3. 联系用手信号

过标信号——白天拢起信号旗做圆形转动；夜间用白色灯光做圆形转动。这是运转车长与接车人员显示的信号，表示列车整列进入警冲标内方。

互检信号——白天拢起信号旗高举；夜间将白色灯光高举。这是运转车长与接车人员、巡道人员在双线区段列车交会时，与邻线的运转车长显示的互检信号，表示列车安全运行。

道岔开通信号——白天拢起黄色信号旗高举头上左右摇动；夜间将白色灯光高举头上，表示进路道岔准备妥当。

连接信号——白天两臂高举头上，使拢起的信号旗杆呈水平末端相接；红、绿灯光交互显示数次，表示机车车辆进行连挂作业。

任务四　联锁系统操作运用实例

【操作运用案例】　认知和使用联锁系统

1. 实训项目教师工作活页（见表 5.5）

表 5.5　实训项目教师工作活页

实训项目	认知和使用联锁系统		
学时	2	班级	略
实训场所	信号实训实验室、车站、车辆段		
工具设备	6502 电气集中联锁设备，控制台，示教板，计算机仿真联锁		
教学目标	专业能力	（1）能够说出联锁系统的作用 （2）能够说出道岔控制的程序 （3）能够说出进路的定义和区别几种基础进路 （4）能够说出联锁设备的基本要求 （5）能够操作 6502 电气集中联锁设备和控制台	

教学目标	方法能力	（1）能综合运用专业知识，通过专业书籍、多媒体课件和图片资料获得帮助信息 （2）能根据实训项目学习任务确定实训方案，从中学会表达及展示活动过程和成果
	社会能力	（1）能在实训活动中保持积极向上的学习态度 （2）能与小组成员和教师就学习中的问题进行交流和沟通 （3）能与他人共享学习资源，具有较好的合作能力和团队协作精神
教学活动		略（详见教学设计）
教学评价		（1）学生活动：①以5～7人小组为单位开展实训活动，根据本组同学在实训过程中的能力表现及结果进行自评和组内互评；②根据其他小组同学在成果展示活动中的表现及结果进行互评 （2）教师活动：①教师组织学生开展评价活动和总结；②对学生在本实训项目的单元成绩做出综合评价
教学资料		（1）城市轨道交通信号设备教材 （2）6502电气集中联锁使用说明书 （3）实训项目学生学习活页
指导教师		教学时间　　　　　　　　　年　　月　　日

2. 实训项目学生学习活页（见表5.6）

表5.6 实训项目学生学习活页

实训项目　认知和使用联锁系统

班级：_____　姓名：_____　学号：_____　时间：_____

一、实训目标

1. 专业能力目标

（1）能够说出联锁系统的作用；

（2）能够说出道岔控制的程序；

（3）能够说出进路的定义和区别几种基础进路；

（4）能够说出联锁设备的基本要求；

（5）能够操作6502电气集中联锁控制台。

2. 方法能力目标

（1）能综合运用专业知识，通过专业书籍、多媒体课件和图片资料获得帮助信息。

（2）能根据实训项目学习任务确定实训方案，从中学会表达及展示活动过程和成果。

3. 社会能力目标

（1）能在实训活动中保持积极向上的学习态度。

（2）能与小组成员和教师就学习中的问题进行交流和沟通。

（3）能与他人共享学习资源，具有较好的合作能力和团队协作精神。

二、知识总结

（1）联锁的基本内容有哪些？

（2）满足哪些条件才能开放信号？

（3）进路如何划分？

（4）6502 电气集中设备由哪几部分组成？

三、操作应用

（1）下图为某站场图，请列出敌对进路。

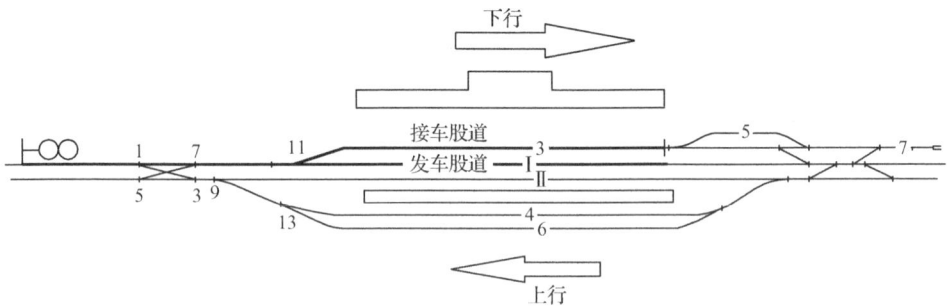

（2）排列进路联锁需要满足哪些条件？

（3）对联锁设备有哪些基本要求？

（4）6502 电气集中设备进路锁闭有哪些流程？

四、实训小结

续表

五、成绩评定

1. 学生评价

评价等级	A—优	B—良	C—中	D—及格	E—不及格
学生自评					
组内互评					
他组互评					

2. 教师评价

评价等级	A—优	B—良	C—中	D—及格	E—不及格
专业能力					
方法能力					
社会能力					
评价结果					

3. 综合评价

评价等级	A—优	B—良	C—中	D—及格	E—不及格
评价结果					

注：按照学生自评占 10%、组内互评占 10%、他组互评占 20%、教师评价占 60%的比例计分。其中，A—100 分，B—85 分，C—75 分，D—60 分，E—50 分。

4. 评价量规

等级	行为表现描述
A	能圆满、高效地完成实训任务的全部内容
B	能顺利完成实训任务的全部内容
C	能完成实训任务的全部内容，但需要一些帮助和指导
D	自己只能完成实训任务的部分内容，但在现场的指导下，已经能完成任务的全部内容
E	不能完成实训任务的全部容

思考与练习

1. 计算机联锁有哪些优点？

2. 举例说明怎样办理调车进路。

3. 举例说明怎样办理列车进路。

4. 举例说明怎样办理进路的取消解锁和人工解锁。

5. 什么情况下使用引导进路锁闭方式接车？怎样办理？

6. 如何在 IBP 上进行扣车的操作？

项目六 列车自动控制系统

列车自动控制（Automatic Train Control，ATC）系统是以技术手段对列车运行方向、运行间隔和运行速度进行控制，保证列车能够安全运行、提高运行效率的系统，简称列控系统。列控系统分为列控地面子系统和列控车载子系统。在不同的应用场合，列控系统的设备构成有所不同。

任务一　认知列车自动控制（ATC）系统

学习目标

（1）了解 ATC 系统的组成框图；

（2）了解 ATC 系统的功能；

（3）了解不同闭塞模式的 ATC 系统；

（4）了解 ATC 系统控制模式。

学习任务

认知 ATC 系统，主要包括西门子 CBTC 系统。

工具设备

相关视频和 PPT、OCC 仿真系统、行车沙盘。

教学环境

地铁车站和行车沙盘实验室。

基础知识

列车自动控制（ATC）系统是我国城市轨道交通保证列车行车安全、提高列车运行效率的重要系统，以有效的技术手段对列车运行速度、运行间隔进行实时监控和超速防护。目前，先进的城市轨道交通信号系统通常由列车自动控制（ATC）系统和联锁 IS（Interlocking System）设备两大部分组成，用于列车运行控制、行车调度指挥、信息管理和设备维护等，实现行车指挥和列车运行自动化，减轻运营人员的劳动强度，发挥城市轨道交通的通过能力，是一个高效的综合自动化系统。

一、ATC 系统的构成

ATC 系统从功能分主要包括三个子系统：列车自动防护（Automatic Train Protection，

ATP）子系统，主要作用是防止列车追尾、冲突事故的发生，并控制列车的运行速度不超过允许的最高速度；列车自动运行（Automatic Train Operation，ATO）子系统，主要作用是实现列车自动驾驶，并使列车在设定的车站自动停车；列车自动监控（Automatic Train Supervision，ATS）子系统，主要作用是对线路上运行的所有列车进行监督和管理，控制列车根据列车运行图完成运营作业。

　　三个子系统的功能既能相对独立，又紧密相连，通过信息交换网络构成闭环系统，实现地面控制与车上控制结合、现地控制与中央控制结合，构成一个以安全设备为基础，集行车指挥、运行调整及列车驾驶自动化等功能于一体的列车自动控制系统。ATC系统的结构框图如图6.1所示。

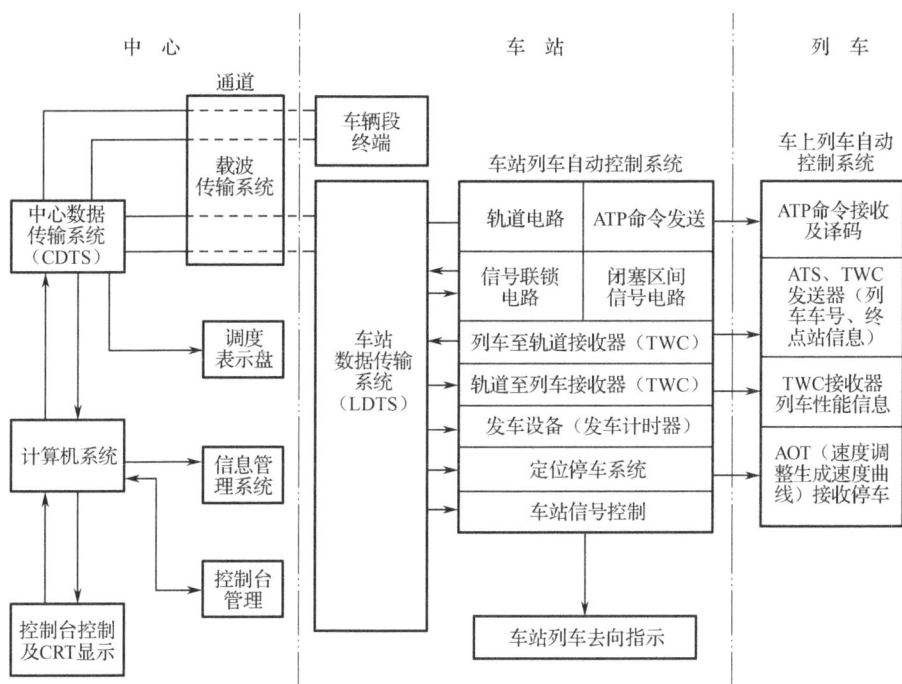

图6.1 ATC系统的结构框图

二、ATC系统的功能

（一）ATC系统包括的四个功能

ATS功能、列车检测功能、ATC功能和PTI（列车识别）功能。

1. ATS功能

可自动或由人工控制进路，进行行车调度指挥，并向行车调度员和外部系统提供信息。ATS功能主要由位于OCC（控制中心）的中央ATS设备和位于车站的本地ATS设备实现。

2. 列车检测功能

一般由轨道电路完成。

3. ATC 功能

在联锁功能的约束下，根据 ATS 的要求实现列车运行的控制。ATC 功能有三个子功能：ATP/ATO 轨旁功能、ATP/ATO 传输功能和 ATP/ATO 车载功能。ATP/ATO 轨旁功能负责列车间隔和报文生成；ATP/ATO 传输功能负责发送感应信号，包括报文和 ATC 车载设备所需的其他数据；ATP/ATO 车载功能负责列车的安全运营和列车自动驾驶，且为信号系统和司机提供接口。

4. PTI 功能

PTI 功能通过多种渠道传输和接收各种数据，在特定的位置传给 ATS 子系统，向 ATS 子系统报告列车的识别信息、目的号码、乘务组号和列车位置数据，以优化列车运行。

（二）ATC 系统功能框图

ATC 系统功能框图如图 6.2 所示。

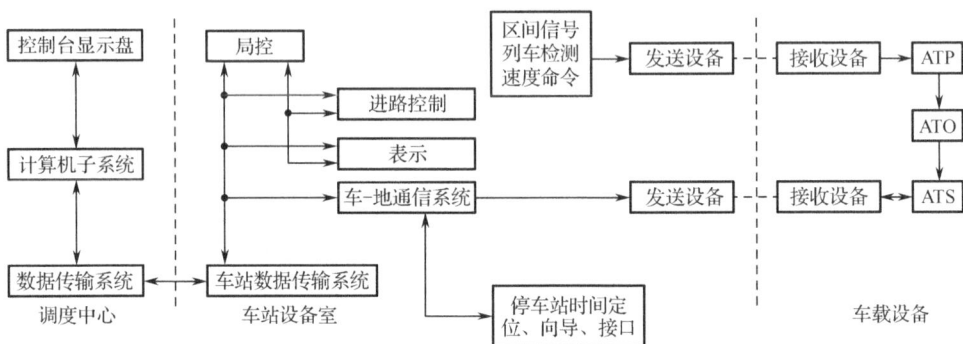

图 6.2　ATC 系统功能框图

三、不同闭塞制式的 ATC 系统

按闭塞制式，城市轨道交通 ATC 可分为：固定闭塞式 ATC 系统、准移动闭塞式 ATC 系统和移动闭塞式 ATC 系统。

（一）固定闭塞

传统的自动闭塞属于固定闭塞范畴，传统的自动闭塞一般设地面通过信号机，装备机车信号，保证列车按照空间间隔控制运行的技术方法是用信号或凭证来实现的。自动闭塞一般以地面信号为主，可分为二显示自动闭塞、三显示自动闭塞、四显示自动闭塞、多信息自动闭塞。

二显示自动闭塞系统中，信号机只给出"行进"（绿）及"禁止"（红）信息。两列车间的最短间隔是两个空闲的闭塞分区，这些闭塞分区的长度应大于一个制动距离及一个安全距离。

三显示自动闭塞就是通过信号机具有三种显示，能预告列车前方两个闭塞分区状态的自动闭塞。其特征为：通过信号机具有三种显示；能预告列车前方两个闭塞分区状态；分两个速度等级，一个闭塞分区的长度满足从规定速度到零的制动距离。

四显示自动闭塞就是通过信号机具有四种显示，能预告列车前方三个闭塞分区状态的自动闭塞。其特征为：通过信号机具有四种显示；能预告列车前方三个闭塞分区状态；分三个速度等级，两个闭塞分区的长度满足从规定速度到零的制动距离。

当系统采取分级速度控制模式时，采用固定闭塞方式。运行列车的空间间隔是若干个闭塞分区，闭塞分区数依划分的速度级别而定。一般情况下，闭塞分区是用轨道电路或计轴装置来划分的，它具有列车定位和占用轨道的检查功能。固定闭塞的追踪目标点为前行列车所占用闭塞分区的始端，后行列车从最高速开始制动的计算点为要求开始减速的闭塞分区的始端，这两个点都是固定的，空间间隔的长度也是固定的，所以称为固定闭塞。

采用固定闭塞方式的 ATC 系统，通常以轨道电路检测列车位置和列车间距。线路条件和列车参数等均在闭塞设计过程中予以考虑，并体现在地面闭塞分区的划分中。ATP 根据每个闭塞分区的限速指令，监控列车的速度。固定闭塞方式 ATC 系统的速度控制模式一般都是分级速度控制方式。分级速度控制方式分阶梯式和小曲线式两种。

2002 年开通的大连快轨 3 号线使用的 ATC 系统也属于此种类型，它是我国自主开发研制的国产 ATC 系统。该方式的 ATC 系统采用阶梯式控制方式，为了保证列车运行安全，运行前方需要较长的保护区段；另一方面，它利用钢轨作为传输载体，通过模拟轨道电路信息来完成列车定位功能，因而传输的信息量少，对列车运行控制精度不高，对列车运行的舒适度控制不好，司机的劳动强度较大，不易实现列车的优化控制和节能控制，限制了行车效率的提高。

在固定闭塞设计中，要求的运行间隔越短，闭塞分区（设备）数就越多，列车最小行车间隔为 100～105s。

图 6.3 中阶梯式速度控制线为限制速度，分段的小曲线为允许速度，阶梯式小曲线大都是由车载信号设备虚构的，实际上每一闭塞分区始端入口限制速度的小曲线连接，并不是由地面提供线路参数计算后得到的。

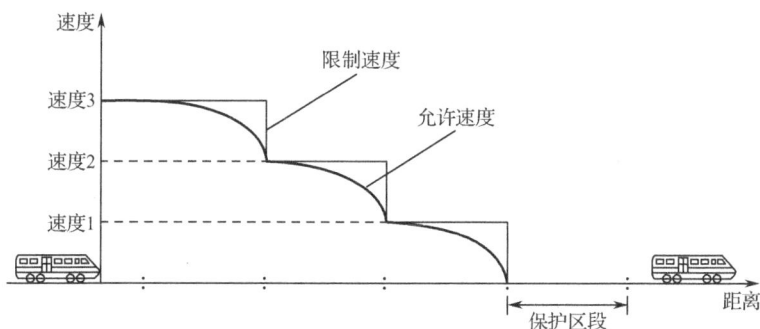

图 6.3　阶梯式速度控制示意图

上海地铁 1 号线引进的 GRS（现属 ALSTOM）公司的 ATP 子系统和北京地铁 1 号线引进的西屋公司的 ATP 子系统均为阶梯式速度控制方式。

由于列车定位是以固定区段为单位的（系统只知道列车在哪个区段中，而不知道其在区段中的具体位置），所以固定闭塞的速度控制模式必然是分级的，即阶梯式的。在这种制式中，需要向被控列车"安全"传送的只是代表少数几个速度级的速度码。

（二）准移动闭塞

准移动闭塞方式的 ATC 系统，根据由列车前方目标距离、线路状态、列车性能等因素确定的速度控制曲线对列车的速度进行监控。原则上当列车速度超过速度控制曲线限定的速度值时，对列车实施安全制动控制，其速度控制模式具有一次连续的特点。

准移动闭塞对前、后列车的定位方式是不同的。前行列车的定位仍沿用固定闭塞的方式，而后续列车的定位则采用连续的或称为移动的方式。为了提高后续列车的定位精度，目前各系统均在地面每隔一段距离设置 1 个定位标志（可以是轨道电路的分界点或信标等），列车通过时提供绝对位置信息。在相邻定位标志之间，列车的相对位置由安装在列车上的轮轴计数器测得。

由于准移动闭塞同时采用移动和固定两种定位方式，所以它的速度控制模式既具有无级（连续）的特点，又具有分级（阶梯）的性质。当前行列车不动而后续列车前进时，其最大允许速度是连续变化的；而当前行列车前进，其尾部驶过固定区段的分界点时，后续列车的最大速度将按阶梯跳跃上升。

设计中，要求的运行间隔越短，闭塞分区（设备）的个数就越多，列车最小运行间隔为 85～90s。准移动闭塞的 ATC 系统连续曲线速度控制示意图如图 6.4 所示。

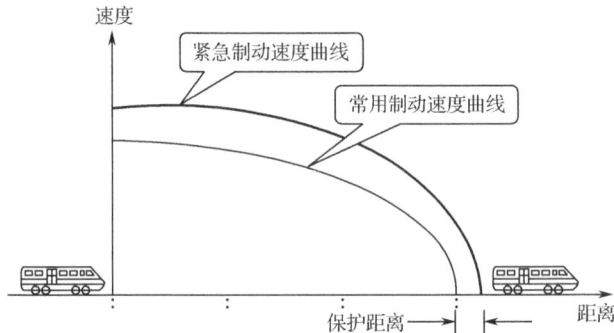

图 6.4　准移动闭塞的 ATC 系统连续曲线速度控制示意图

（三）移动闭塞

1. 移动闭塞的基本概念

移动闭塞的特点是前、后两列车都采用移动的定位方式，不存在固定的闭塞分区，列车之间的安全追踪间距随着列车的运行而不断移动且发生变化。

移动闭塞可借助感应环线或无线通信的方式实现。早期的移动闭塞系统大部分采用基于感应环线的技术，即通过在轨间布置感应环线来定位列车和实现车载计算机（VOBC）与车辆控制中心（VCC）之间的连续通信。而今，大多数先进的移动闭塞系统已采用无线通信系统实现各子系统间的通信，构成基于无线通信技术的移动闭塞。

2. 移动闭塞的特点

（1）线路没有固定划分的闭塞分区，列车间隔是动态的，并随前一列车的移动而移动。

（2）列车间隔是按后续列车在当前速度下所需的制动距离，加上安全余量计算和控制的，确保不追尾。

（3）制动的起点和终点是动态的，轨旁设备的数量与列车运行间隔关系不大。

（4）可实现较小的列车运行间隔。

（5）采用地-车双向传输，信息量大，易于实现无人驾驶。

3．移动闭塞的工作原理

移动闭塞与固定闭塞的根本区别在于闭塞分区的形成方法不同，如图 6.5 所示，移动闭塞系统是一种区间不分割、根据连续检测先行列车位置和速度进行列车运行间隔控制的列车安全系统。这里的连续检测并不意味着一定没有间隔点。实际上该系统把先行列车的后部看作是假想的闭塞区间。由于这个假想的闭塞区间随着列车的移动而移动，所以叫作移动闭塞。在移动闭塞系统中，后续列车的速度曲线随着目标点的移动而实时计算，后续列车与先行列车的保护段后部之间的距离等于列车制动距离加上列车制动反应时间内驶过的距离。

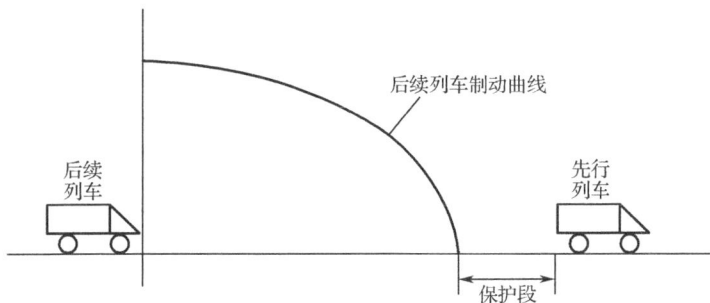

图 6.5　移动闭塞原理示意圈

移动闭塞技术在对列车的安全间隔控制上更进了一步。通过车载设备和轨旁设备连续地双向通信，控制中心可以根据列车实时的速度和位置动态地计算列车的最大制动距离。列车的长度加上这一最大制动距离及在列车后方加上一定的防护距离，便组成了一个与列车同步移动的虚拟闭塞分区，如图 6.5 所示。由于保证了列车前后的安全距离，因此两个相邻的移动闭塞分区就能以很小的间隔同时前进，这使列车能以较高的速度和较小的间隔运行，从而提高运营效率。

无线移动闭塞系统的组成主要包括无线数据通信网、车载设备、区域控制器和控制中心设备等。其中，无线数据通信是移动闭塞实现的基础。通过可靠的无线数据通信网，列车不间断地将其标志、位置、车次、列车长度、实际速度、制动潜能和运行状况等信息以无线的方式发送给区域控制器。区域控制器追踪列车并通过无线传输方式与列车进行信息交互，根据来自列车的信息计算、确定列车的安全行车间隔，并将相关信息（如先行列车的位置、移动授权等）传递给列车，控制列车运行。车载设备包括人机交互界面、车载计算机和其他设备（如传感器、查询器等）。列车将采集到的数据（如车辆信息、现场状况和位置信息等）通过无线数据通信网发送给区域控制器，以协助完成运行决策；同时对接收到的命令进行确认并执行。

4. 移动闭塞 ATC 系统分类

移动闭塞 ATC 系统就车-地双向信息传输速率而言，可分为基于电缆环线传输方式和基于无线通信与数据传输媒介的传输方式。

按无线扩频通信方式，可分为直接序列扩频方式和跳频扩频方式。

按数据传输媒介传输方式，可分为点式应答器、自由空间波、裂缝波导管和漏泄电缆等传输方式。

四、ATC 系统控制模式

ATC 系统应包括下列控制等级：控制中心自动控制模式；控制中心自动控制时的人工介入控制或利用 CTC 系统的人工控制模式；车站自动控制模式；车站人工控制模式。

一个系统在同一时间只能处于一种模式。

以上控制等级应遵循的原则是：车站人工控制模式优先于控制中心自动控制时的人工介入控制模式、控制中心自动控制时的人工介入控制模式优先于控制中心自动控制模式或车站自动控制模式。

（一）控制中心自动控制模式（CA）

在控制中心自动控制模式下，列车进路命令由中央 ATS 发出，其信息来源是时刻表及列车运行自动调整系统。控制中心调度员可以对列车运行自动调整系统进行人工干预，使列车运行按调度员意图进行。

（二）控制中心自动控制时的人工介入控制或利用 CTC 系统的人工控制模式（CM）

在控制中心自动控制时，控制中心调度员也可关闭某个联锁区或某个联锁区内部分信号机或某一指定列车的自动进路设定，直接在控制中心的工作站上对列车进路进行控制，在关闭联锁区自动进路设定时，控制中心调度员可发出命令，利用联锁设备自动进路控制功能，随着前行列车的运行，自动排列一条后续列车的固定进路。在自动进路功能出现故障的情况下，调度员可以人工设置进路。

在 CM 模式中，车站的人工控制转到 ATS 子系统。一旦车站工作在该模式下，则由 ATS 子系统启动控制而不由车站控制计算机启动控制。然而，车站控制计算机继续接收表示信息，更新显示和采集数据。

（三）车站自动控制模式

中央 ATS 双套设备均发生故障后，进入车站自动控制模式，此时车站本地 ATS 设备根据中央 ATS 设备故障前下载的当天运行图（时刻表）自动接管控车任务，触发列车进路。联锁设备接收来自本地 ATS 设备的命令设定进路，本地 ATS 设备正常时，本地 ATS 设备可以代替中央 ATS 设备进行控车，不会直接进入联锁模式控车。

（四）车站人工控制模式

当 ATS 因故不能设置进路（不论人工方式还是自动进路方式），或由于某种运营上的需要而不能由中心控制时，可改为现地操纵模式。在现地操纵台上人工排列进路。车站自动控制和车站人工控制也可合称车站控制（LC）。当车站工作在 LC 模式时，不能由 ATS 子系统启动控制。然而，ATS 子系统将继续收到表示信息，更新显示和采集数据。对车站控制计算机而言，这是唯一可用的控制模式。

（五）控制模式间的转换

1. 转换至车站操作

只有当控制中心 ATS 已经发出相应的命令，才能转换到车站操作模式。一般由中心或车站申请进行站控，另一方同意后，控制模式由中央控制转换为车站控制。因此，所有转换操作只能由车站调度员与中心调度员配合才能有效实施。当转换模式时，不用考虑特别检查联锁条件，自动运行功能不受影响。

即使转换至车站操作，线路图及列车位置等信息还应该传输至控制中心 ATS 显示，仅由车站操作站的打印机执行对显示和命令的记录。

2. 强制转换至车站操作

在没有收到控制中心 ATS 发出的命令时，也可以转换至车站操作。一般只在紧急情况下进行转换，车站可以不经过中央允许，直接进行紧急站控，并且所有的转换操作仅能由车站调度员来执行。

3. 转换至控制中心 ATS 操作

只有当车站操作已经发出释放的命令，才能转换到控制中心 ATS 操作，然后控制中心 ATS 确认该转换命令。因此，所有转换操作只有控制中心调度员才能有效实施。在这种情况下，只有正常的转换操作才能被接收。随着转换至控制中心 ATS 操作，控制中心 ATS 可以执行所有允许的操作。但是只有车站操作才能有效实施以下转换操作：当车站操作故障，在没有车站操作的释放命令的情况下，也可以转换至控制中心 ATS 操作。

车站与控制中心进行站遥控操作时存在以下操作类型：

车站请求站控，中心允许；车站请求遥控，中心允许；中心请求站控，车站允许；中心请求遥控，车站允许；紧急情况下，车站不经中心允许，直接切换到紧急站控。

相关案例

【案例 1】　双机加电信号错误显示

一、事故概况

2000 年 4 月 2 日零时 23 分左右，某地铁 1 号线司机与值班员进行车机联控呼唤时，车站通知司机下行 1 道通过，但司机反映进站信号显示侧线（3 道）停车信号（控制台显示 1 道通过），故司机采取停车措施，列车停于站内 9 号道岔处。构成未准备好进路接车险性事故。

二、原因分析

这起事故是由于计算机联锁显示分机双机加电造成的。主要原因是车站计算机联锁系统本身没有对显示分机双机加电进行技术上的防护，存在双机加电的可能，而且在使用中对双机加电没有严格的规定，仅有"双机冷备"4 个字。加之系统实行技术保密措施，厂家终生维护，使用人员对双机加电可能造成的后果不清楚（使用说明书未对其进行说明）。特别是双机加电导致通信故障的情况下，系统不能有效防止控制台显示与联锁机表示信息的一致性，且无任何警示，致使进路错误不能及时发现，违反了"故障-安全"的原则。信号工在处理设备故障时，忽略了"双机冷备"的要求，致使控制台分机双机加电，是造成事故的次要原因。

【案例2】　波导管技术在地铁信号系统中的应用

在地铁信号系统中，多采用定向天线、漏泄电缆和裂缝波导管模式。在上述三种模式中，裂缝波导管模式因其传输频带宽、传输损耗小、可靠性高、抗干扰能力强得到较广泛应用（尤其在同站台换乘车站）。上海地铁 16 号线信号系统车地无线通信双向传输即采用此模式。

波导管可分为普通波导管和裂缝波导管两种。普通波导管是一种空心的、内壁十分光洁的金属导管或内敷金属的管子，波导管用来传送超高频电磁波，常见的横截面形状有矩形和圆形，通过它的脉冲信号可以以极小的损耗被传送到目的地。波导管内径的大小因所传输信号的波长而异。波导管在电路中呈现高通滤波器的特性：允许截止频率以上的信号通过，而截止频率以下的信号则被阻止或衰减。

波导管材质为金属，它被设定成空心架构，内壁十分顺滑。有的这类管路带有非金属的材质，但内侧添加了偏薄的金属层级，传递着超高频情形下的电磁波。运用波导管能够缩减传递过来的脉冲损耗，实现顺利传递。常见的波导管，包含矩形管路、雷达形态及圆形波导管、光线波导管。

车-地无线通信时，波导管拓展了常见状态下的频带宽度，能够抵抗干扰。波导管特有的周边区段，可以布设无线架构下的某接收器，以便接纳管路裂痕辐射过来的信号。经处理后，获取可用信息。波导管配有多重无线单元，包含衔接着的接入配件、连接器及末端负载、同轴电缆及添加的双层法兰。

📖 知识拓展

某城市轨道交通公司列车运行驾驶员操纵程序

1. 列车出库

（1）列车整备完毕，列车状态符合正线服务后，向车厂信号值班员报告列车整备完毕。

（2）确认出厂信号开放，按该列车出厂时刻以 RM 模式驾驶列车出库，整列车离开库门时速度为 5km/h。在车库大门前、平交道口一度停车，确认线路状况良好后动车。

（3）列车运行到转换轨一度停车。

①　待显示屏收到速度码，"ATO"灯亮后，驾驶员确认进入始发站方向进路防护信号开放，以 ATO 模式运行至始发站。

②　当收不到速度码或有需要从另一站出发时，报告行车调度员。

2．正线运行

（1）列车在 ATO 模式下，驾驶员工作状态应保持：不间断瞭望，坐姿端正，左手置鸣笛按钮处，右手置于主控手柄（不按压警惕按钮）。

（2）列车运行期间，驾驶员要注意观察列车显示屏信息、各指示灯和仪表显示、自动开关状态。区间发生故障时，尽可能维持到进站再处理。遇故障列车需维持运行至终点站时，驾驶员必须时刻确认列车运行状态，防止列车故障进一步扩大。

（3）列车运行中坚持不间断瞭望前方进路状态，发现线路、弓网故障及其他轨旁设备损坏或超限时，应及时采取紧急措施，并报告行车调度员。

（4）列车接近进站时，密切观察站台乘客状况，遇乘客较多或有越出站台黄色安全线的，应及早鸣笛示警；遇危及列车运行或人身安全时，立即采取紧急措施。

（5）当列车发生故障或其他原因需临时停车时，驾驶员可通过列车紧急广播或人工广播安抚乘客。在车站如已知前方受阻延误、等候开车时间较长时，驾驶员应开启客室门，并配合站务人员做好宣传解释，减少不必要的乘客投诉。

（6）列车本身原因或信号故障，造成列车未对标停车，驾驶员应立即手动对标停车。

（7）当列车在 ATO 模式下发生紧急制动，需要"SM"或"RM"驾驶模式运行时，驾驶员应严格遵循进路防护信号显示、"ATP"允许速度及列车运行速度。

（8）雨天线路湿滑时，在地面线路，驾驶员转为"SM"驾驶模式，严格控制运行速度，谨防列车打滑空转而造成紧急制动或越出停车标。

（9）采用 URM 驾驶模式启动列车时，主控手柄置于牵引区不低于 40%处，运行中注意人工报站点播，严格控制速度，防止越出停车标。

（10）值乘驾驶员遇身体不适，应及时转告派班员或车长，请求协助，避免影响正线服务。

3．站台作业（开关车门）

（1）在 ATO 模式下，列车进站自动对标停车后，列车显示屏出现相应侧车门释放信息，车门自动打开，无特殊情况时（列车无故障或无接听行车调度员电话），乘务员应在 7s 内于驾驶室侧门旁立岗，监视站台乘客上下车情况。

（2）SM、RM、URM 模式及折返对标停车后，列车显示屏无相应侧车门释放信息，需人工打开时，必须严格执行"确认、呼唤、跨半步、开门"四步作业程序，即先确认停靠站台和需要打开的车门，执行车门呼唤制度，再跨出站台一脚（另一脚在驾驶室），按压一次"强行开门"按钮，最后打开相应侧站台车门，谨防错开门。

（3）关门前观察 DTI 倒计时显示，对照运营时刻表发车时刻，提前约 10s 侧转身体，按压"关"按钮，回转身体，立正面向列车尾部瞭望，待车门全部关好，所有车门黄色指示灯和运行状态黄色灯灭,确认安全后(原则上不得使用重开门按钮以防止夹人),进入驾驶室,在启动客车之前通过侧望监视镜确认车门无夹人夹物后,按照规定程序启动列车。

(4)大客流情况下,驾驶员注意气压表显示状态,超过 0.28MPa 以上时,关门作业加强"重开门"按钮的运用(防止夹人夹物),同时报告行车调度员。

(5)车门发生故障后,原则上运行方向前三节车组由驾驶员负责处理,后三节车组由站台岗负责处理。

① 当后三节车组车门发生故障,经驾驶员重开门简单尝试,未能恢复而应切除该故障车门时,驾驶员面向列车尾部高举手臂轻拍车体,示意站台岗进行车门切除程序。

② 驾驶员确认该故障车门黄色指示灯及该车组运行状态黄色灯灭、车门控制盘"关"按钮绿灯亮和驾驶室设备柜无继电器响声,车门切除成功,进入驾驶室按照规定启动列车。

4. 终点站折返

(1)到达列车进入终点站接近停车标处,显示屏出现折返图标,"AR"黄色灯亮,列车停稳,左、右侧车门相继打开。

(2)到达列车驾驶员按压"AR"按钮,显示屏上的折返图标由蓝色变为黄色背景,"AR"黄色灯灭,关闭主控钥匙,锁好驾驶室侧门,折返上行端驾驶室。

(3)终点站有折返驾驶员时,与之对口交接列车运行状态及行车安全事项等,完毕后在换乘亭等候转为下一趟折返驾驶员;无折返驾驶员时,本务驾驶员应抓紧时间激活上行端驾驶室,确认列车状态良好。

(4)到达列车停稳后,折返驾驶员进入上行端驾驶室,确认"AR"按钮黄灯闪烁,"RM"指示红色灯亮(表示折返成功)。闭合主控钥匙确认显示屏显示正确,注册无线电,改变车次号,按规定在驾驶室侧立岗。

(5)URM 模式下折返时,如无折返驾驶员,本务驾驶员应先开左边门下客(右边门不开),清客完毕关左边门,折返上行端驾驶室激活操纵台开左边门上客。如有折返驾驶员,应待列车停稳后进入上行端驾驶室,与本务驾驶员交接后,激活操纵台开左边门上客(如需切除 ATP,应在激活操纵台前完成)。

5. 列车进入停车场

(1)运营列车结束服务到达终点站后,使用标准用语告知乘客,确认全部乘客下车后,按站务人员给的关门信号关门。

(2)完成驾驶室折返,步行至另一端驾驶室。

(3)确认进路防护信号开放正确后,以 ATO 模式或 RM 模式(该模式可自行转换)驾驶列车至转换轨一度停车。

(4)确认入场信号黄灯后驾驶列车入场。待列车无线电转为"停车场"模式时,信号员即与驾驶员联系告知该列车停放股道,驾驶员需原文复诵。

(5)库门前一度停车标或平交道口前一度停车。

(6)列车停稳后,清洁驾驶室卫生,检查灭火器、列车备品,确认是否齐全良好,与公里数一起填写在《列车状态卡》上。

（7）列车停在规定的位置后，方向手柄回零，断主控，施加停制动，分空调、分照明、空压机停止工作后，鸣笛降弓，关蓄电池，下车锁好驾驶室侧门。

任务二　认知列车自动防护（ATP）子系统

学习目标

（1）了解 ATP 子系统的组成框图；

（2）了解 ATP 子系统的功能。

学习任务

认知 ATP 子系统，ATP 子系统的功能。

工具设备

相关视频和 PPT、OCC 仿真系统、行车沙盘。

教学环境

地铁车站和行车沙盘实验室。

基础知识

列车自动防护（Automatic Train Protection，ATP）子系统，即列车运行超速防护或列车运行速度监督，是保证行车安全、防止列车进入前方列车占用区段和防止超速运行的设备，实现列车运行安全间隔防护和超速防护。通过 ATP 子系统检测列车位置、并向列车传送 ATP 信息（目标速度信息或目标距离信息）。列车收到 ATP 信息，自动实现速度控制，确保列车在目标距离内不超过目标速度的前提下安全运行。

ATP 子系统不断将来自联锁设备和操作层面上的信息、线路信息、前方目标点的距离和允许速度信息等从地面通过轨道电路或车地无线网络等传至车上，从而由车载设备计算得到当前所允许的速度，或由行车控制中心计算出目标速度传至车上，由车载设备测得实际运行速度，以此来对列车速度实行监督，使之始终在安全速度下运行。当列车速度超过 ATP 装置所指示的速度时，ATP 的车上设备就发出制动命令，使列车自动制动；当列车速度降至 ATP 所指示的速度以下时，可自动缓解。而运行操作仍由司机完成。这样，可缩短列车运行间隔，可靠地保证列车不超速、不冒进。

ATP 是 ATC 的基本环节，是安全系统，必须符合"故障－安全"的原则。

一、ATP 子系统的组成

ATP 子系统在城市轨道交通中承担着确保行车安全的重要职责，是 ATC 系统中关键的一个子系统。ATP 负责列车的安全运行，完成保证安全的各种任务。ATP 连续检测列车的位置和速度，监督列车必须遵循的速度限制、车门的控制，追踪所有装备信号设备的列车，考虑联锁条件（比如转辙机位置），并为列车提供移动授权，实现与 ATS、ATO 及车辆系统接口并进行信息交换。

ATP 子系统主要由三部分构成：设于控制站的轨旁单元、设于线路上各轨道电路分界点的调谐单元和车载 ATP 设备，并包括与 ATS、ATO、联锁设备的接口设备。ATS 子系统负责监督和控制 ATP 子系统，联锁设备和轨道空闲检测装置为 ATP 提供基层的安全信息，列车是 ATP 的控制对象。

（1）轨旁 ATP 设备框图如图 6.6 所示，由轨道电路、速度选择逻辑电路、GO 逻辑电路、列车控制盘等组成。轨旁 ATP 设备支持与联锁系统、ATS 子系统、列车、相邻 ATP 子系统的双向接口。与轨旁 ATP 设备相连接的子系统包括：ATS 运行控制中心，联锁计算机和用于无线通信的轨旁通信控制单元。

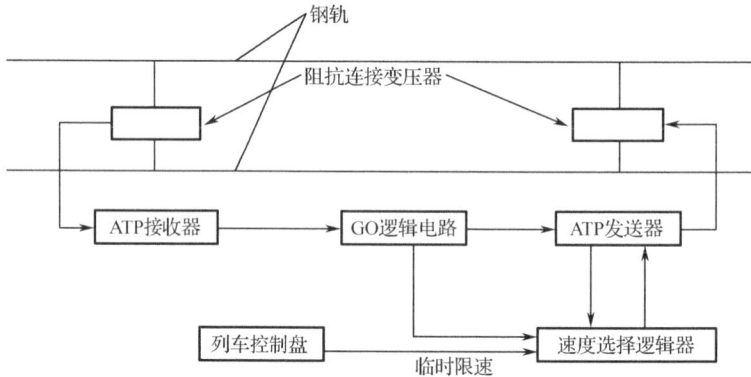

图 6.6　轨旁 ATP 设备框图

（2）车载 ATP 设备如图 6.7 所示，由 ATP 接收器、译码器和速度比较器等组成。其功能主要是接收和鉴别列车速度命令、超速保护及施加制动、列车车门控制及溜车保护等。车载 ATP 设备支持与通信系统和车辆的双向接口，同时也连接测速电动机和应答器通道。与车载 ATP 设备相连接的子系统包括：应答器天线，测速电动机（OPG）和雷达单元。无线通信单元有一个接收天线和一个发送天线。另外，车载 ATP 设备还与 ATO 和司机 HMI 连接。

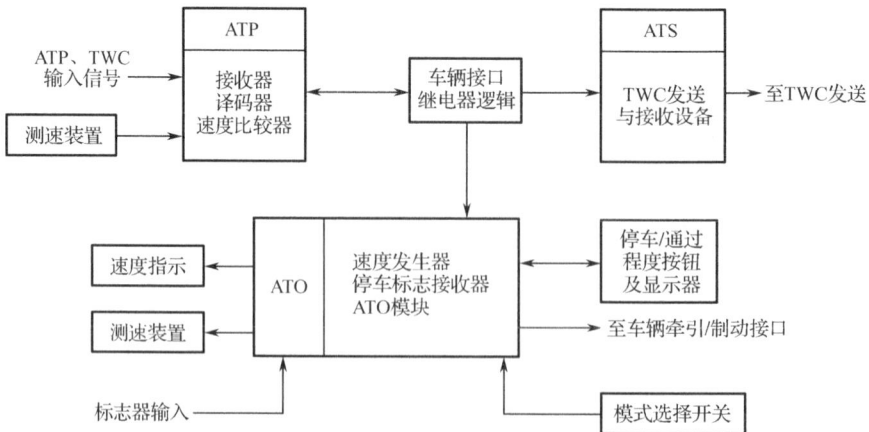

图 6.7　车载 ATP 设备框图

二、ATP 子系统的主要功能

ATP 子系统和联锁系统一起负责列车的运行安全。车载 ATP 设备连续检测系统中列车的位置、监督速度限制、防护点和控制列车车门。联锁系统是底层的基本防护系统，轨旁 ATP 设备连续监视和遵守联锁的条件，比如道岔的监督、侧面防护、紧急停车按钮监督和其他进路情况，这些信息是轨旁 ATP 设备移动授权计算的基础。

在点式列车控制级里，移动授权来自联锁系统，即通过轨旁电子单元 LEU 和可变数据应答器给列车发送轨旁相关变量信息。

在连续式列车控制级里，轨旁 ATP 设备主要是通过移动闭塞列车分离原理来优化列车的运行。在安全的前提下，超越固定闭塞分区的限制。

移动闭塞列车分离基于提供给轨旁 ATP 设备的列车位置报告，在检测和识别应答器、测量列车位移的同时，列车连续地定位。轨旁 ATP 设备的移动闭塞列车追踪功能的输入来自信号装备列车的位置报告及轨道空闲检测。在连续式列车控制级别，移动授权来自该列车的追踪功能，并且通过双向通信通道从轨道发送至列车。位置报告信息和移动授权信息的双向交换，实现了基于无线通信的移动闭塞列车分离。ATP 的主要功能及基本工作原理叙述如下。

（一）列车定位

定位的任务就是确定列车在路网中的地理位置。通常，ATP 子系统都是利用查询应答器及测速电动机和雷达完成列车定位的。安装在线路上某些位置的应答器用于列车物理位置的检测，每个应答器发送一个包含识别编号（ID）的应答器报文，由列车接收。在车载 ATP 设备的线路数据库里存有应答器的位置，这样列车就知道它在线路上的确切位置。由测速电动机和雷达单元执行列车位移测量。列车定位的误差来自应答器检测精度、应答器安装精度和位移测量精度。

列车定位流程可以描述为：

（1）车载 ATP 设备启动时，列车未定位，但是车载计算机单元的线路数据库里记录了应答器的位置。

（2）一旦列车连续经过两个应答器，就初始化它的位置参数与运行方向，这样列车就"已定位"了。第一个应答器初始化应答器和查询器天线的位置，但是列车不知道自己在轨道上的运行方向；根据线路数据库里应答器的顺序，第二个应答器确定列车运行方向。通过第二个应答器后，列车位置可由测速电动机和雷达单元测量。

（3）已定位的列车在线路上运行时，其位置信息根据测速电动机和雷达测量数据进行更新。当经过应答器时，车载计算机单元比对线路数据库中该应答器的物理位置，并对列车当前位置参数进行调整，以便得到更加精确的位置。

（二）速度和距离测量

确定列车的速度和位置（距前方目标点的距离）是车载 ATP 设备的重要功能。列车实际运行速度是施行速度控制的依据，速度测量的准确性直接影响速度控制效果。列车的位置直接关系到列车运行的安全，通过确定列车的实际位置，来保证列车之间的运行间隔，以及能够在抵达障碍物或限制区之前停下或减速。对列车速度与距离的精确测量是所有与速度有关的安全计算及列车定位的先决条件。不论列车的定位状态如何，利用传感器数据的安全组合，都可以连续测量速度和距离。这样，即使列车没有定位，列车的实际速度仍然可以被测知，并与预先定义的速度级别进行检查和比较。

通常，测速电动机和雷达单元一起用于列车的速度和距离的精确检测。测速电动机经过了广泛验证，通过计算经车轮旋转在测速电动机里产生的脉冲来测量列车的速度和距离。雷达单元评估反射雷达波的多普勒效应并计算速度和距离值。雷达单元测量的结果完全不受列车的空转和滑行的影响，这得益于物理测量的原理。

为确保轮直径在规定的限值之内，每次维护服务后，必须输入轮直径。为补偿轮磨损和由于轮磨损而造成的维护服务间隔期内轮直径的改变，使用一种雷达和应答器重新同步的复杂方法。当列车经过应答器时，其正确的位置被识别。在这些应答器之间，雷达和测速电动机一起确定准确的列车速度和距离。两种测量传感器结合得到了更加安全、可靠、精确的速度和距离值。

影响距离测量精度的因素主要有两个，它们被称为"空转"和"打滑"。空转在列车加速期间发生，由于车轮失去了与钢轨的黏着接触，因此测量的准确性受到不利影响。打滑在制动期间发生，车轮失去了与钢轨的运行接触使列车不能定位。使用不受车轮旋转影响的雷达系统可以保证 ATP 子系统得到准确的列车位置。

（三）ATP 监督功能

ATP 监督负责保证列车运行的安全。各监督功能管理列车安全的一个方面，并在它自己的权限内产生紧急制动；所有监督功能在信号系统范围内提供了最大可能的列车防护。各种监督功能之间的操作是独立的且同时进行。

ATP 监督包括：速度监督、方向监督、车门监督、紧急制动监督、后退监督、报文监督、设备监督等。

1. 速度监督功能

速度监督功能是超速防护的基础，是最重要的功能。它由 7 个速度监督子功能组成，每个子功能选定一个专用的以速度为基准的安全标准。各标准即为一个速度限制，这个速度限制可以是固定的，也可以根据列车的位置连续改变或阶梯式改变。当列车的实际速度超过允许速度加上一个速度偏差值时，列车实施紧急制动。该偏差值可以根据安全标准进行修改，并在系统设计时确定。各种速度偏差值在选定后在车载 ATP 设备中编程。

（1）RM 速度监督。

RM 速度监督以限制列车速度达到低速值为目的，这个低速值（如 25km/h）适用于 RM 模式。RM 速度监督在 RM 模式中有效，它不用于任何其他模式。

速度限制是固定的（如不考虑列车的位置），并在系统设计时确定，这个确定值定义在车载 ATP 设备中。

（2）最大列车允许速度的监督。

最大列车允许速度的监督以限制列车运行速度到最大允许值（就车辆允许而言）为目的。它在 SM、ATO 和 AR 模式中有效。

速度限制是固定的，它定义在车载 ATP 设备中。

（3）停车点的监督。

停车点的监督以保证列车停在停车点（不超过停车点）为目的。在 SM、ATO 和 AR 模式中，每当前方列车占用的轨道区段内有安全或危险停车点时，该监督都有效。在 RM 模式中，该监督无效。

按照列车至停车点的距离，列车的速度限制连续改变，并通过一条最终为零的制动曲线实现车速控制。车载 ATP 设备计算一个零目标速度的制动曲线的基础为：列车制动性能数据及已经接收到报文数据中明确定义的线路坡度。

（4）速度限制起始点的监督。

速度限制起始点的监督保证列车在起始点就按照速度限制运行。在 SM、ATO 和 AR 模式中，前行列车占用区段内的速度限制起始点有效；在 RM 模式中无效。

从速度限制起始点开始，速度限制随着距列车的距离而不断变化，并通过一个最终为非零的制动曲线实现车速控制。制动曲线由车载 ATP 设备计算。

（5）进入速度监督。

进入速度为列车进入前方下一轨道区段的最大允许速度，它要考虑：下一轨道区段可能存在的任何停车点、可能存在的线路速度限制起始点、下个进入速度。因而，进入速度是一种假设，用于避免定义精确的速度和目标的位置，它位于列车占用轨道区段前方以外，这样可以减少地对车传输数据的数量。

进入速度监督是保证列车速度同下一轨道区段的最大允许速度及以后的目标一致。这个速度监督在 SM、ATO 和 AR 模式中有效，在 RM 模式中无效。

（6）线路允许速度的监督。

线路允许速度由列车头部占用轨道区段的线路允许速度和列车其他部分仍占用的其他轨道区段的线路允许速度决定。线路允许速度是根据列车的运行位置改变的。车载 ATP 设备通过使用报文里的线路速度数据，测量运行距离及列车的长度，从而确定线路允许速度。

线路允许速度监督保证列车运行速度同其所在位置的线路允许速度监督一致，在 SM、ATO 和 AR 模式中有效，在 RM 模式中无效。

（7）没有距离同步的监督。

没有距离同步的监督是提供安全速度的监督，这种监督在特殊情况下不能得到距离同步，而车载 ATP 设备准许在 SM 模式或 ATO 模式中而不是在 RM 模式中进行操作。这种监督方式的情况很少出现，距离同步的丢失是由触发紧急制动时列车不处于稳定状态时或者列车已经在线上运行时才打开车载 ATP 设备电源引起的。只有当车载 ATP 设备接收到授权其使用的报文时，才可以使用该功能。

此项授权限制在下列情况下使用：

列车运行不存在从相邻轨道电路产生邻线干扰的危险；列车运行前方当前占用轨道区段无停车点；在当前轨道区段的固定速度限制不小于以前轨道区段的任何速度限制。

如果没有发生上述情况中任何一种，则不允许轨旁 ATP 设备发出授权使用这项功能的报文，且列车必须在无信号移动许可的 RM 模式下运行。速度监督功能的输入包括车载速度/距离功能中的列车现行速度和位置信息，以及服务/自诊断功能中的列车数据（如列车最大允许速度）。

速度监督功能的输出：向司机人机接口界面提供（通过列车总线）最大允许速度和列车速度警告；向列车制动系统提供紧急制动命令；向服务/自诊断功能提供列车数据、状态信息、处理和记录数据（包括紧急制动的使用），以及出错的信息。

2. 方向监督功能

方向监督功能的作用是监督列车在"反方向"运行中的任何移动，如果此方向的移动距离超过规定值，那么就会实施紧急制动。"反方向"运行移动距离的监督是累计完成的，以便无论是单次的移动或是几次短距离移动，累计"反方向"移动距离达到规定值后，系统均会实施紧急制动。

在 SM、ATO 和 AR 模式中，必须连续具备方向监督功能；如果列车正在运行，那么 RM 模式中也可以使用方向监督功能。

方向监督功能启动时在驾驶控制中不考虑选用的方向（"前行""反方向"或"中间位置"），不论移动是由牵引动力引起的，还是在无动力时由斜坡的滑动造成的；不论移动是故意的或是偶然的。如果列车"反方向"运行，列车的后部可能越过保护列车的危险点；那么该列车将占用为下一列车准备的安全距离的轨道区段。驾驶方向的监督是限制这种占用的扩展。在定义一个安全距离时会考虑最大占用距离，因此任何反方向驾驶中剩余的移动不会对安全造成威胁。

定义安全距离时应考虑到：当列车在坡度较大的上坡道启动时，允许列车稍微向后滑动一点；如果列车超过正确的停车位置，允许司机向反方向实施短距离移动。

方向监督功能的输入来源于车载速度/距离功能的移动距离和移动方向。方向监督功能的输出在列车制动系统中使用紧急制动实施命令，在服务/诊断功能中紧急制动实时记录数据。

3. 车门监督功能

如果检测到列车在移动，而车门没有锁在关闭状态，车门监督功能就会实施紧急制动。除了被抑制（旁路），车门监督功能在所有驾驶模式中都有效。

如果列车移动超过一定的距离（如 0.3m），或者列车以超过特定速度的速度运行（如"ATP 零速度"），当车门接点没有接收到"全部车门关闭"信号时，列车实施紧急制动。当列车速度大于某特定值时（如 5km/h），禁止实施车门监督，这是为了避免假紧急制动的执行，这个假紧急制动可能是由车门接点的断续操作（振动）引起的。

在紧急情况下，当列车停稳后，司机按压紧急车门按钮阻止了车门监督功能，这使得在车门接点发生故障时，也可以移动列车。当车门监督功能以这种方式被抑制时，司机必须完全负责并保证在随后运行阶段乘客的安全。当从车门接点再次接收到"全部车门关闭"信号后，车门监督功能自动恢复。

4. 紧急制动监督功能

紧急制动监督功能保证接收到紧急制动报文时在最短距离内停车。在 SM、ATO 和 AR 模式中，紧急制动监督功能连续有效，在 RM 模式中无效。在站台按下紧急停车按钮，紧急停车命令会立即生成。

紧急制动发生在超过最大允许速度值（加上规定的误差）时，或者按压位于车站的紧急按钮时。紧急制动保存在故障存储器中。借助服务与诊断计算机可以得到记录的数据。

出现下列情况之一时，车载 ATP 设备实施紧急制动：

（1）超过速度曲线的允许速度；

（2）超过车辆的最高允许速度；

（3）位于站台的紧急制动按钮引起的紧急停车；

（4）传输故障，运行超过 10m 和 5s；

（5）启动方向错误，车辆后退；

（6）列车运行时打开车门；

（7）车载 ATP 设备全面故障。

如果列车在处于停稳状态时实施了紧急制动，则此功能无效。紧急制动是以"故障-安全"的方式触发的。紧急制动总是引起列车停车，然后通知司机，可以通过执行 RM 模式来取消紧急制动，列车继续在限制人工驾驶模式下运行。当列车重新获得定位后可进入 ATP 监督模式。但如果是由车载 ATP 设备出现全面故障引起的紧急制动，则列车只能在关断模式下运行。

5. 后退监督功能

后退监督功能防止列车后退时超过某特定的距离。列车后退距离的累加减去几次短暂前行的距离不能超过规定的距离（3m）。假如超过此距离，列车将通过 ATP 实施紧急制动，确保列车不后退。

6. 报文监督功能

报文监督功能是监测从 ATP 传输功能接收到的报文。如果检测出传输报文中断持续超过规定时间（如 3s），或在这个期间列车运行超过一规定距离（一般为 10m），报文监督功能会触发一个紧急制动。这个功能在 SM、ATO 和 AR 模式中有效，但在 RM 模式中不起作用。

7. 设备监督功能

设备监督功能用来监控车载 ATP 设备的正常工作，确保当设备发生故障时的行车安全，列车不经检查是不允许运行的。一旦车载 ATP 设备被检测出故障，就会启动紧急制动直到列车停下来。此时司机使用故障开关强制关闭 ATP 功能，然后按照控制中心的指挥人工驾驶列车。

（四）超速防护

城市轨道交通中的速度限制分为两种：一种是固定速度限制，如区间最大允许速度，列车最大允许速度；另一种是临时性的速度限制，如线路在维修时临时设置的速度限制。

固定限速是在设计阶段设置的。车载 ATP 设备中存储着整条线路上的固定限速区信息。固定限速有：

（1）列车最大允许运行速度——取决于列车位置、停车点、联锁条件等；

（2）列车最大允许速度——取决于列车的物理特性；

（3）区间最大允许速度——取决于线路参数。

临时限速用于在一些特殊地段降低允许速度，该功能满足在特殊地段要求较低速度的运行要求，如正在进行的一些轨道作业等。这些临时限速可以在 ATS 控制中心由操作员按照安全程序人工设置，设定的数据会从 ATS 子系统传送给轨旁 ATP 设备，轨旁 ATP 设备通过通信通道把所有的临时限速发送到车上，车载 ATP 设备接收来自轨旁 ATP 设备的移动授权，授权通过的最大速度与相应的轨道区段的临时限速信息相一致。

ATP 子系统始终严密监视速度限制不被超越，一旦超越将先提出警告，然后启动紧急制动并作记录。

（五）停车点防护

停车点有时就是危险点，危险点在任何情况下都是不能越过的，因为这会导致危险情况。例如，当站内有车时，车站的起点即是必须停车点，在停车点的前方通常还设置一段防护段，ATP 子系统通过计算得出的紧急制动曲线以该防护区段入口点为基础，保证列车不超越入口点，如图 6.8 所示。有时也可在入口点处设置一个列车滑行速度值（如 5km/h），一旦需要，列车可在此基础上加速，或者停在危险点前方。

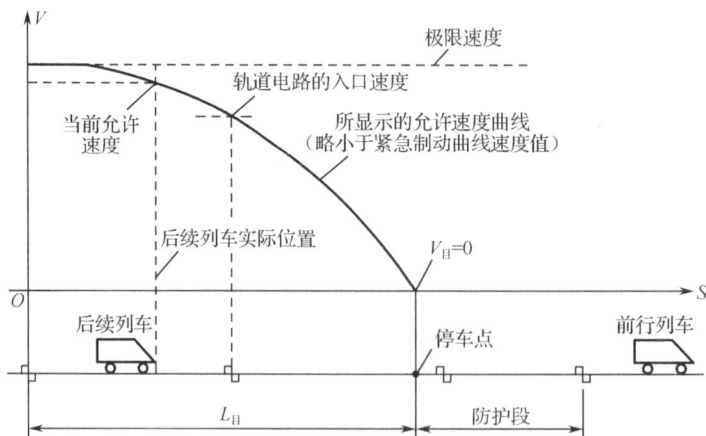

图 6.8　列车间隔控制

（六）列车间隔控制

列车间隔控制是一种既能保证行车安全（防止两列车发生追尾事故），又能提高运行效率（使两列车的间隔最短）的信号概念。在过去的以划分闭塞分区、设立防护信号机为基础的自动闭塞（固定闭塞）概念下，列车的间隔是靠自动闭塞系统来保证的，列车间隔以闭塞分区为单位；当采用准移动闭塞或移动闭塞时，闭塞分区长度与位置均是不固定的，是随前方目标点（前行列车）的位置、后续列车的实际速度及线路参数（如坡度）而不断改变的。

图 6.8 表示出了基于轨道电路的准移动闭塞在列车间隔控制中的一些概念。

（七）车门控制

车门自动开闭是否由司机手动操纵并不重要，关键是要对安全条件进行严格的监督，防止列车在运行期间打开车门，防止列车在站内时打开非站台侧的车门，防止在车门打开时列车启动等情况发生。只有当 ATP 子系统检查所有安全条件均已满足时，给出明确开门侧和开门使能，才能打开车门。

通常在车辆没有停稳时，ATP 不允许车门开启。当列车在车站的预定停车区域内停稳且停车点的误差在允许范围内时，地面定位天线会收到车载定位天线发送的停稳信号，列车从轨旁 ATP 设备收到车门开启命令，ATP 才会允许车门操作，车载对位天线和地面对位天线才能很好地感应耦合并进行车门开关操作。这需要地面车载 ATP 设备及车辆门控电路共同配合。

在列车停靠站台的精度已经偏离+0.5m（对于地下车站）或+1m（对于高架车站或地面车站）的情况下，可以允许列车以小于 5km/h 的速度移动，以满足精确停车的要求。

左右车门选择由车门开启命令来执行，此命令通过轨旁 ATP 设备取得。

列车停站时间结束（或人工终止），地面停站控制单元启动轨旁 ATP 设备，停发开门信号，关闭车门。车门关闭后，车载 ATP 设备才具备安全发车条件。

车站在检查了车门已关闭好以后，才允许 ATP 子系统向列车发送运行速度命令信息，列车收到速度命令，同时检查车门已关闭后，可按车载 ATP 设备收到的速度命令出发。

（八）站台屏蔽门控制

轨旁 ATP 设备与屏蔽门采用安全接点的物理接口。轨旁 ATP 设备发送"屏蔽门开"或"屏蔽门关"命令给屏蔽门。同时，轨旁 ATP 设备得到来自屏蔽门"关闭且锁闭"状态信息。

在点式通信的情况下，不能实现对屏蔽门的控制功能，因为这种情况下不存在连续的车-地通信。

轨旁 ATP 设备连续监测屏蔽门的状态，只有在屏蔽门"关闭且锁闭"的情况下才允许列车进入站台区域。如果屏蔽门的状态不再为"关闭且锁闭"，则轨旁 ATP 设备将站台区域作为封锁区域来处理，在封锁区域的边界处设置防护点。因此，接近列车将从轨旁 ATP 设备得到至该防护点的移动许可，不能进入站台区域。

如果此时列车已经进入了站台区域，屏蔽门的状态发生了变化，车载 ATP 设备将触发紧急制动。只有列车停在 ATP 停车窗规定的停车点，列车车门和屏蔽门才能打开。如果列车在 ATP 停车窗准确停车，则车载 ATP 设备将：

（1）通过一个安全输出切除列车牵引；

（2）通过一个安全输出释放列车车门；

（3）通过报文给轨旁 ATP 设备发送一个安全的"屏蔽门释放"的信息。

ATO 子系统或列车司机的操作（在驾驶室按压相关的按钮）自动产生并由 ATO 车载设备发送一个"屏蔽门开"命令到轨旁 ATP 设备。轨旁 ATP 设备触发一个用于打开屏蔽门的安全输出。同时，列车车门将会由 ATO 子系统自动打开或通过列车司机的操作打开。

如果列车要离开车站，ATO 车载计算机单元将会发送一个"屏蔽门关"命令到轨旁 ATP 设备，该命令由 ATO 子系统自动产生或由列车司机的操作（在驾驶室按压相关的按钮）产生。使用该信息，轨旁 ATP 设备触发一个用于关闭屏蔽门的安全输出。同时，列车车门将被 ATO 子系统自动关闭或因列车司机的操作而关闭。

如果列车车门关闭，车载 ATP 设备将：

（1）通过报文发送给轨旁 ATP 设备一个"禁止屏蔽门释放"的安全信息；

（2）通过一个安全输出关闭列车车门；

（3）通过一个安全输出启动列车牵引。

如果在轨旁 ATP 设备发送给车载 ATP 设备的报文中屏蔽门状态为"关闭且锁闭"，则列车可以离开车站。

（九）其他功能

除上述主要功能外，根据具体用户的要求，ATP 子系统还可具有以下一些功能。

（1）紧急停车功能。在特殊紧急情况下，按压设在车站上的紧急停车按钮（平时加铅封），就可通过轨道电路和车-地通信将停车信息传递给区间上的列车，启动紧急制动，使列车停止运行。

（2）给出发车命令。ATP 子系统检查有关安全条件（如车门是否关闭、司机的操作手柄是否置于零位、ATO 子系统是否处于正常工作状态）并确认条件符合后，给 ATO 子系统发送一个信号。在人工驾驶模式下，司机在得到显示后即可进行人工发车；在自动驾驶模式下，ATO 子系统得到 ATP 子系统的发车确认信息后，操纵列车自动启动。

（3）列车倒退控制。根据不同的用户协议，可以实现各种列车倒退控制。例如，当列车退行超过一定距离或者越过轨道电路分界点时，立即启动紧急制动。

（4）停稳监督。监控列车停稳是在站内打开车门和站台屏蔽门的安全前提。为了证实列车停稳，将考虑来自雷达单元和测速电动机的信息，车载 ATP 设备将使用这些速度信息。

相关案例

【案例 1】　列车无人驾驶自动折返

无人驾驶自动折返即在 ATO 驾驶模式下，列车可在无人驾驶的情况下以较高的速度（紧贴 ATP 最大允许速度），从到达站台自动驾驶进入或驶出折返线，最后进入发车股道。在整个折返过程中无须司机在车上对列车进行操作。

1. 无人驾驶自动折返过程

（1）列车到达折返站，在规定的停站时间结束及旅客下车完毕后，使列车处于 ATO 折返状态。

（2）司机下车并按压设在站台上的"无人自动折返"按钮，列车以 ATO 自动驾驶方式启动进入折返线并停车。

（3）车载信号设备自动关闭本驾驶端信号设备，启动反向驾驶端信号设备，自动改变列车运行方向。反向启动列车，列车按 ATO 自动驾驶方式进入发车股道并停车，自动打开车门、屏蔽门。

2. 无人自动折返按钮的设置及功能

在两端办理列车折返功能的车站设置自动折返按钮箱，一般设置在站台一端。当列车在折返站将进行无人自动折返时，由列车驾驶员下车按压无人自动折返按钮，通知系统。当系统检查到无人自动折返条件满足时，即开始进行无人自动折返。

3. 无人自动折返按钮命名规则

以站为单位，分上下行站台进行编号，上行站台为双号，下行站台为单号。命名举例：TB0401，"TB"代表该设备为无人自动折返按钮，"04"代表其所在车站的编号，"01"代表其所在车站内的序号，表明该无人自动折返按钮位于下行站台。

4. 无人自动折返按钮箱组成

无人自动折返按钮箱由双自复式按钮、万可端子、箱锁、箱体组成。箱体由不锈钢（至少 2mm）或其他被认可的材料制成，其外形及颜色应与所依附的建筑物相协调。

【案例 2】　超限绝缘

按照有关要求，车辆段道岔区段设置于警冲标内方的钢轨绝缘内，其安装位置距离警冲标不得小于 3.5m。当利用车辆段控制台或显示器的光带确认车轮越过绝缘时，这种设置要求可以确保车辆已全部进入了警冲标内方。

当钢轨绝缘只能装设于警冲标内方小于 3.5m 处时，即构成了"侵限绝缘"，又称为"超限绝缘"，在该绝缘符号外画圆圈。侵限绝缘的存在影响有关信号、道岔、轨道电路的联锁关系。有关工作人员，如调车人员、车站操作人员、信号维修人员等，应熟悉现场侵限绝缘位置。当涉及侵限绝缘的作业时，应严格执行有关规定，避免由于停车位置不当造成行车事故或影响列车运行。

知识拓展

某地铁信号机显示方案

1. 灭灯方案

在 CBTC 模式下，当且仅当联锁从轨旁区域控制器（ZC）系统接收到安全请求时，信号灭灯，即当联锁与 ZC 通信正常时，联锁关闭本联锁区管辖范围内所有正线信号机；

如果仅有 CBTC 列车运行，那么全线信号机显示为灭灯。

如果有 CBTC 列车和非 CBTC 列车混跑，则 ZC 通知联锁让非 CBTC 列车前的轨旁信号机点灯。对于非 CBTC 列车，前方要接近的轨旁信号机显示为点灯，如图 6.9 所示。对于 CBTC 列车前方的轨旁信号机始终显示为灭灯。

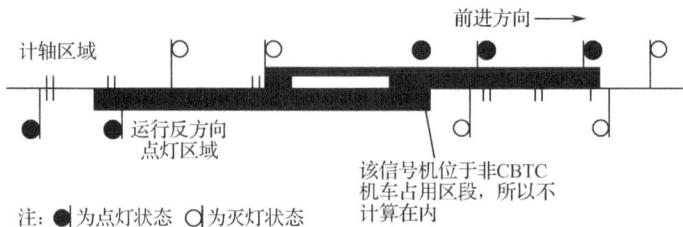

图 6.9　非 CBTC 列车点灯方案

2．点灯方案

正线信号机常态点灯，CBTC 列车移动授权覆盖的信号机灭灯，列车一旦越过信号机，则信号机点亮。特殊位置的信号机将永远点亮，如线路终端的信号机、CBTC 控制区域出口的最后一架信号机、进入 CBTC 控制区域的第一架信号机。当一列 CBTC 列车接近信号机时，如果 CBTC 列车的 MAL（移动授权）越过信号机，则信号机灭灯。

对于 CBTC 列车与非 CBTC 列车混跑的情况，非 CBTC 列车前方要接近的轨旁信号机显示为点灯；CBTC 列车前方要接近的轨旁信号机显示为灭灯。当 ZC 检测到一列非 CBTC 车在信号机接近区段之内，同时非 CBTC 列车和信号机之间没有 CBTC 列车时，ZC 不会要求 MLK 关闭信号机。如图 6.10 所示，在非 CBTC 列车与其前方的 CBTC 列车间的所有信号机都为点灯状态。CBTC 列车移动授权越过的信号机灭灯。

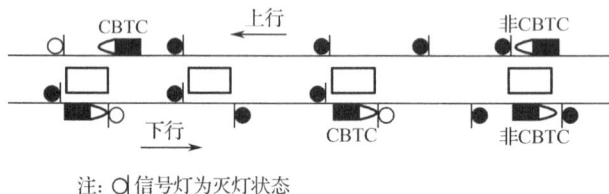

图 6.10　CBTC 列车与非 CBTC 列车混跑信号机点灯方案

CBTC 模式下信号机采用灭灯方案，不会造成车-地信号显示不一致的情况，司机根据车载信号显示驾驶列车运行。同时，灭灯方案还可为后期运营节能。当联锁进路范围内存在多列车运行时，不会造成信号显示难以确定，与传统联锁逻辑关系冲突等问题。但信号机处于灭灯状态，不能实时检查灯丝断丝情况，司机在灭灯方案下驾驶列车时不熟悉信号机位置，后备模式运营时影响运营效率。因此，灭灯方案需要制定严格的规章制度，非 CBTC 模式的列车遇到地面信号机故障灭灯时，应视为禁止信号，司机需向行车调度员汇报，得到许可后，再低速越过该故障信号机。

通过对信号机显示方案的介绍与分析，结合全国地铁信号机设备的选型，推荐采用灭灯方案。

任务三 认知列车自动监控（ATS）子系统

学习目标

（1）了解 ATS 子系统的组成框图；

（2）了解 ATS 子系统的功能。

学习任务

认知 ATS 子系统，ATS 子系统的功能。

工具设备

相关视频和 PPT、OCC 仿真系统、行车沙盘。

教学环境

地铁车站和行车沙盘实验室。

基础知识

ATS（Automatic Train Supervision）子系统实现对列车运行的监督与控制，包括列车运行情况的集中监视、自动排列进路、列车运行自动调整、自动生成时刻表、自动记录列车运行轨迹、自动进行运行数据统计及自动生成报表、自动监测设备运行状态等，辅助调度员对全线列车进行管理。

ATS 子系统在 ATP 子系统和 ATO 子系统的支持下，根据运行时刻表完成对全线列车运行的自动监控，可自动监督和控制正线（车辆段、停车场、试车线除外）列车进路，并向行车调度员和外部系统提供信息。ATS 子系统为非故障安全系统，它的全部或任何一个部分的故障或不正确操作，不会影响列车运行安全。ATS 子系统通过 ATP 子系统有效地防止了由于 ATS 子系统故障或不正确操作可能导致的对列车运行的危害。ATS 子系统负责监控列车的运行，是非安全系统。

一、ATS 子系统的组成

ATS 子系统由控制中心设备、车站设备、车辆段设备、列车识别系统及列车发车计时器等组成，如图 6.11 所示。因用户要求不同，ATS 子系统的硬件、软件配置差别很大。

（一）控制中心设备

控制中心设备相当于行车指挥的大脑，是 ATS 子系统的核心，用于状态表示、运行控制、运行调整、车次追踪、时刻表编制及运行图绘制、运行报告、调度员培训、与其他系统接口。其设备组成如图 6.12 所示。

控制中心设备主要包括：中心计算机系统、综合显示屏、调度员及调度长工作站、运行图工作站、培训/模拟工作站、绘图仪和打印机、维修工作站、UPS 及蓄电池等。其中，综合显示屏、调度员及调度长工作站设于主控制室，控制主机、通信处理器、数据库服务器，维修工作站设于设备室，运行图工作站设于运行图室，绘图仪和打印机设于打印室，培训/模拟工作站设于培训室，UPS 设于电源室，蓄电池设于蓄电池室。

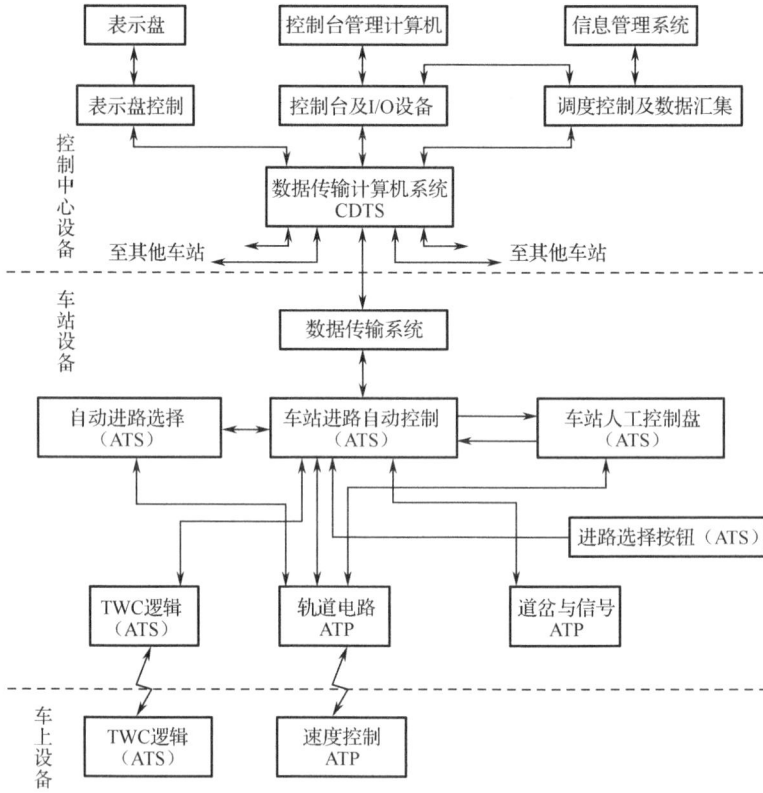

图 6.11　ATS 子系统框图

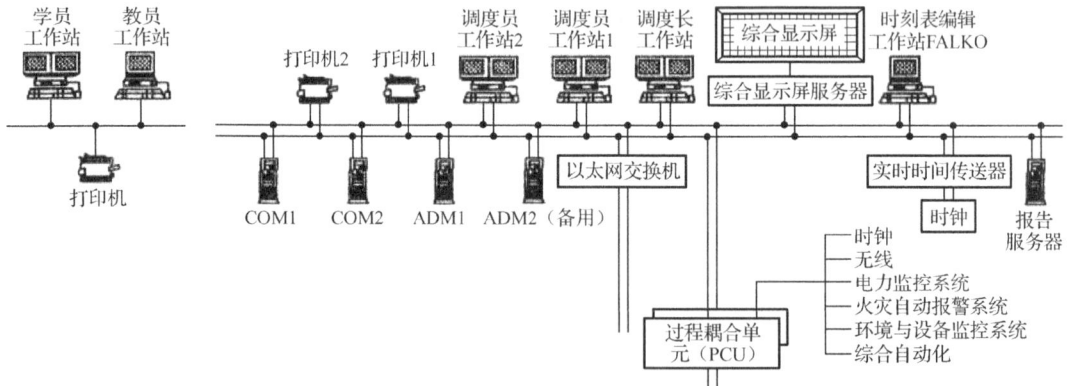

图 6.12　控制中心设备

1. 中心计算机系统

中心计算机系统包括：控制主机、COM 通信服务器、ADM 服务器、TTE 服务器、局域网及各自的外部设备。为保证系统的可靠性，主要硬件设备均为主/备双套热备方式，可自动或人工切换。系统能满足自动控制、调度员人工控制及车站控制的要求。

实际的进程映象都存储在 COM 通信服务器上。所有从联锁和外围设备发送来的数据都由 COM 通信服务器最先得到和处理。一些应用功能也由 COM 通信服务器激活，并在此服务器上运行，如列车自动调整、自动列车跟踪、自动进路设置等功能。因此，COM 通信服务器是自动调整功能的核心部分。

ADM 服务器（系统管理器）用于系统数据存储，处理所有不受运行事件影响的数据，如系统配置、计划时刻表、计划运行图等。通常在系统启动时或收到一个询问指令时或对某一设备的参数进行设置时才需要。列车自动调整功能所需要的计划时刻表数据，就是在系统启动时从 ADM 服务器中读取的。

TTE 服务器（时刻表编辑器）建立离线时刻表的操作者平台。时刻表的编译也是 TTE 服务器的任务。ADM 服务器存储的计划时刻表由 TTE 服务器提供。

2. 综合显示屏

综合显示屏用来监视正线列车运行情况及系统设备状态，由显示设备和相应的驱动设备组成。

3. 调度员及调度长工作站

调度员及调度长工作站用于行车调度指挥，是实际操作平台，使调度员能在控制中心监视和控制列车的运行，如需要，可显示计划运行图和实迹运行图。通过调度员或调度长工作站，可以对线路上运行的列车进行自动调整，必要时可人工干预。典型的配置是 32 位台式机、显示器、键盘（带功能键）、鼠标。设两个调度员工作站，它们与正线运转有关。调度长工作站是备用控制台，它能替代或扩大其他两个工作站中任一个的工作。

4. 运行图工作站

用于运行计划的编制和修改，通过人机对话可以实现对运行时刻表的编辑、修改及管理。

5. 培训/模拟工作站

培训/模拟工作站配有各种系统的编辑、装配、连接和系统构成工具及列车运行仿真软件。它可与调度员工作站显示相同的内容，有相同的控制功能，能仿真列车在线运行及各种异常情况，而不参与实际的列车控制。实习调度员可通过它模拟实际操作，培养系统控制和各种情况下的处理能力。

6. 绘图仪和打印机

打印机服务器缓冲、协调所有操作员和实时事件激活的打印任务。彩色绘图仪和彩色激光打印机，用于输出运行图及各种报表。

7. 维修工作站

主要用于 ATS 子系统的维护、ATC 系统故障报警处理和车站信号设备的监测。

8. UPS 及蓄电池

控制中心配备在线式 UPS 及可提供 30min 后备电源的蓄电池。

9. 局域网

把本地和远程工作站、服务器的 PLC 连接在一起。以太网允许各成员间进行高速数据交换（10Mbit/s）。

（二）车站设备

车站分集中联锁站和非集中联锁站，设备不同。

1. 集中联锁站设备

集中联锁站设有一台 ATS 分机，是 ATS 与 ATP 地面设备和 ATO 地面设备接口，用于连接联锁设备和其他外围系统，采集车站设备的信息，传送控制命令，使车站联锁设备能接收 ATS 子系统的控制，以实现车站进路的自动控制。为从联锁设备取得所需数据，配备了采用可编程控制器的远程终端单元。采用模块化设计，扩展十分容易。它还控制站台上 PIIS 的列车目的显示器、列车到发时间显示器和发车计时器 TDT。

2. 非集中联锁站设备

非集中联锁站不设 ATS 分机。非集中联锁站的 PTI、PIIS 和 DTI 均通过集中联锁站的 ATS 分机与 ATS 子系统联系。有岔非集中联锁站的道岔和信号机由集中联锁站的计算机控制，通过集中联锁站的 ATS 分机接收 ATS 子系统的控制命令。

（三）车辆段设备

1. ATS 分机

车辆段设一台 ATS 分机，用于采集车辆段内的列车信息及进/出车辆段的列车信号机的状态，在控制中心显示屏上给出以上信息的显示，以便控制中心及车辆段值班员及车辆管理人员了解段内停车库线列车的车次及车组运用情况，正确控制列车出段。

2. 车辆段终端

车辆段派班室和信号楼控制台室各设一台终端，与车辆段 ATS 分机相连，根据来自控制中心的实际时刻表建立车辆段作业计划。

车辆段联锁设备通过 ATS 分机与控制中心交换信息，实现段内运行列车的追踪监视，车辆段与控制中心间提供有效的传输通道，距离较长时用 MODEM。

（四）列车识别（PTI）系统

PTI 设备是 ATS 车次识别及车辆管理的辅助设备，其由地面查询器环路和车载应答器组成。地面查询器环路设于各站。PTI 设备用于校核列车车次号。当列车经过地面查询器时，地面查询器可采集到车载应答器中设定的列车车次号，并经车站 ATS 设备送至控制中心，校核是否与运行图中的车次号一致，若不相同则报警并进行修正。

（五）列车发车计时器（TDT）

TDT 设于各站，为列车运行提供车站发车时机、列车到站晚点情况的时间指示，提示列车按计划时刻表运行。正常情况下，在列车整列进入站台后，按系统给定站停时间倒计时显示距计划时刻表的发车时间，为零时指示列车发车；若列车晚点发车，则 TDT 增加停站时间的计时。在特殊情况下，若实施了站台扣车控制，则 TDT 给出"H"显示；如有提前发车命令，则 TDT 立即显示零；当列车通过车站时，TDT 显示"="。

二、ATS 子系统的主要功能

（一）控制中心 ATS 主要功能

控制中心 ATS 与车站 ATS 通信以获得信号系统所有的数据信息，并发送调度员命令给信号设备。由控制中心 ATS 执行的信号控制功能将发送至车站 ATS 系统，由车站 ATS 系统转发命令给联锁等其他系统。

1. 管理信号设备

ATS 接收来自计算机联锁系统的远程监控信息，如轨道电路状态、道岔位置、信号机状态、进路、车次号及报警信号等信息，ATS 服务器在处理后用图形符号在调度员工作站和综合显示屏上显示。在信号设备控制上，ATS 通过发送一条远程控制命令给 VPl2 系统来控制信号设备。按控制方式分为人工方式（如通过与调度员对话的方式）及自动方式（如无须通过与调度员对话的方式）两种。

ATS 人工控制的主要信号设备有进路（设置进路、取消进路，设置信号机自动模式、取消信号机自动模式，设置信号机连续通过模式、取消信号机连续通过模式）、道岔（设置定位、反位、锁闭、解锁）等。不管是人工控制方式还是自动控制方式，ATS 都要校验满足控制的一些条件，这些条件取决于被控制设备当时的状态。若校验成立，远程控制命令就送到计算机联锁系统；否则，发送一条特定的报警信息给调度员。

2. 列车描述

ATS 子系统中每一辆列车都带有一个号码，称为识别号。识别号由 3 位车次号和 2 位目的地号组成. 共 5 位数字，可根据用户需求调整。

在列车每次到达折返站后，ATS 子系统根据运行图自动在控制中心更改该列车的识别号，使司机能够在驾驶室内看到正确的显示，ATS 在每个折返点和正线的入口处还将车次号送到车上驾驶室显示。与列车相关的另一信息是车头号（指正在使用的特定的司机室）。ATS 可以维护这两个信息之间的对应关系，该对应关系主要用作车辆的统计和维护等功能，如可以生成车厢公里数统计等报表信息。

在列车运行过程中，ATS 根据轨道电路的状态、道岔位置和特殊情况下的进路状态来判断列车的移动。ATS 还可以通过装在站台上的车-地通信信标获取停在该站台上的列车识别号。对于列车的运行，ATS 子系统能检测以下基本的移动类型。

（1）列车移动。列车的行进通过位于列车前方的轨道电路占用或列车后方轨道电路的出清来检测。

（2）反向行驶。列车的反向行驶是通过列车后方的轨道电路占用或列车头部占用的轨道电路出清来检测。

（3）出现。列车的出现由出入库线轨道电路的占用来检测。

（4）消失。当列车入库时，列车尾部占用的出入库线轨道电路出清，ATS 认为该列车进入停车场，此时自动删除列车识别号。

3. 自动进路设置

自动进路只适用于列车正向的运行，主要包含以下几种自动进路。

（1）通过进路。在列车通过后，不需要 ATS 子系统干预，而由联锁系统自动再次建立的进路。该进路一般设置于列车常规运行方向的紧急渡线处。对于通过进路，控制中心或车站 ATS 调度员应先开放进路，再将该进路的入口信号机设置成通过信号模式。如果调度员需要取消该通过进路，则调度员在取消进路前应先取消通过信号机模式。通过信号机也可以设置成人工模式（通过取消通过信号模式），在该模式下，进路要人工设置，就像一般的人工进路一样。

（2）目的地触发进路。以列车识别号中的目的地为基础，由车站 ATS 自动设置的进路。该进路一般设置在正方向接近终点站、分支点、车库处。当列车接近目的地触发进路时，车站 ATS 检查入口信号机是否为自动模式、目的地是否在需要触发进路的目的地列表中，以及联锁条件是否满足。如果条件满足，则发送建立进路命令给计算机联锁系统。一般应给接近列车提前开放进路，这样列车才能平稳通过该进路。目的地触发进路始端信号机前方的几根轨道（根据车速和轨长）可当作自动进路的触发轨。该自动信号机也可设置成人工模式（通过取消自动信号模式），在该模式下，进路要人工设置，如同一般的人工进路一样。

（3）接近触发进路。当特定的触发轨被占用后，由车站 ATS 自动建立的自动进路，只应用于入口信号机只有一条可办理的进路处。当列车接近触发进路时，车站 ATS 检查入口信号机是否为自动模式，以及联锁条件是否满足等。如果以上条件满足，则发送进路建立命令。该入口信号机也可设置成人工模式（通过取消自动信号模式），在该模式下，进路要人工设置，不能自动触发，如同一般的人工进路一样。

4. 运行图调整

在自动控制模式下，ATS 子系统基于运行图中的车次号来调整线路上运行的列车，并且只应用于运行图中存在相同车次号的列车。对没被确认的列车，或在运行图中车次号不存在的列车，都不用进行自动调整。同样，如果一列列车车次号在运行图中存在，但当前运行的方向和运行图中的运行方向不符，那么 ATS 子系统对该列车也不进行自动调整。ATS 子系统调整的原则是对应于某一给定的列车，按照这列列车的运行图进行调整，和其他列车可能的延迟无关。在自动调整过程中，ATS 子系统主要通过"停站时间"和"站间运行时间"来调整列车。

（1）停站时间用于匹配运行图中给定的列车发车时间。当列车到达中间站或终端站的站台轨道时，ATS 子系统开始计算其停站时间。根据车的提前或延迟的具体情况，此停站时间可延长或缩短。

（2）站间运行时间用于匹配运行图中给定的下一站的到达时间。在列车停站时，ATS 子系统将列车在这个站的发车时间和到达下一个站的时间计算出来，并作为命令发送到轨旁 ATP-ATO 系统，列车按照该站间运行时间运行至下一个车站。

停站时间和站间运行时间的优先级定义如下。

列车到站时：若列车有延迟，ATS 通过减少停站时间来弥补延迟时间，直至延时到最小值。剩余的延迟时间将在下一个站间运行时间上弥补。若列车提前了，则停站时间延长。

列车离站时：ATS 通过减少站间运行时间来弥补延迟，剩下的延迟时间将通过下一站的停站时间弥补。

5. 运行图管理

运行图管理主要包括离线运行图管理和在线运行图管理。

（1）离线运行图管理。运行图确定了在运行日内正常的列车运行计划，这里的运行日是指一年中的任何工作日、双休日或假日。离线运行图管理功能通过图形用户界面供计划员建立和修改运行图。

（2）在线运行图管理。每天在正线正式运营开始前，调度员在已创建的运行图内选定一个并创建为当天运行计划，ATS 按照当天运行计划进行列车自动调整。在运行过程中，调度员可使用运行图菜单对运行图进行某些调整，比如调度员可在运行图上添加一列列车计划、删除一列列车计划或更改一列列车计划，ATS 子系统将按照调度员修改后的计划自动调整线路上运行的列车。

（二）车站 ATS 主要功能

车站 ATS 主要完成如下功能：

（1）信号人工控制。调度员可人工控制该车站 ATS 管辖范围内的联锁设备。

（2）线路监控和报警管理。该功能允许监控信号设备状态和管理报警响应。

（3）自动排路。自动排路功能可办理目的地触发进路及接近触发进路。

（4）列车识别号跟踪。根据轨道电路占用等信息移动列车识别号来实时跟踪列车。

（三）停车场 ATS 主要功能

通过与停车场联锁系统及控制中心 ATS 系统的通信，停车场 ATS 主要提供以下功能：

（1）停车场信号系统设备状态显示，停车场进站与出站信号机状态显示。

（2）列车和司机通过专用的人机界面功能获取相关数据。

（3）向派班员实时显示当前使用的运行图。

三、基本运行模式

ATS 有三种运行模式：车站控制模式（LC）、中央人工控制模式（CM）和中央自动控制模式（CA）。

每种模式说明了对给定车站和归属控制地段中列车运行的操作所采取的控制等级，然而一个车站在同一时间只能处于一种模式。建立车站与 ATS 子系统之间的协议，以保证同一时间对某个车站只有一种模式。

（一）车站控制模式（LC）

在此模式下，将车站的人工控制（如进路控制）转到车站控制室的车站控制计算机（SCC）。当车站工作在 LC 模式时，不能由 ATS 子系统启动控制。然而，ATS 子系统将继续收到表示,更新显示和采集数据。对车站控制计算机而言,这是唯一可应用的控制模式。

(二)中央人工控制模式(CM)

在 CM 模式中,车站的人工控制转到 ATS 子系统。一旦车站工作于该模式,则由 ATS 子系统启动控制而不由车站控制计算机启动控制。然而,车站控制计算机继续接收表示,更新显示和采集数据。

(三)中央自动控制模式(CA)

在此模式下,由 ATS 子系统的自动排列进路来自动调整运行控制。在该模式中,计算机将时刻表(在时刻表编辑计算机上生成)和列车的优先权调整运行,为了列车能自动排列进路,区域、列车和车站必须置于自动模式下。当车站设在 CA 模式时,运行的人工控制模式不能应用,直到在车站控制计算机或在中央由操作员启动人工操作模式为止。

相关案例

【案例1】 人工闭塞

1. 电话闭塞或电报闭塞

区间两端车站值班员用电话或电报办理行车联络手续,由发车站填制路票,发给司机作为列车占用区间的凭证,从而形成了电话闭塞法。目前,我国铁路只在基本闭塞设备停用或发生故障时,才会将电话闭塞作为代用闭塞法使用。

2. 电气路签(牌)闭塞

电气路签(牌)闭塞只在单线区段早期使用,以路签或路牌作为列车占用区间的凭证,两端车站各装设一台同一型号闭塞机,它们之间有电气锁闭关系。当一台闭塞机中存放的路签(牌)的总数为偶数时,经车站双方协同操作,发车站的值班员可取出一枚路签(牌),递交给司机作为列车占用区间的凭证。列车在区间运行的过程中〔路签(牌)未放入闭塞机以前〕,从这台闭塞机中不能再取出第二枚路签(牌)。电气路签(牌)闭塞的缺点为:办理手续烦琐,签(牌)有可能丢失和损坏,区间通过能力低。因此,在我国铁路上已不再使用电气路签(牌)闭塞,这个发展阶段称为人工闭塞阶段。

【案例2】 地铁列车追尾事故

2011 年 9 月 27 日 14 时 37 分,上海地铁 10 号线两列列车在豫园站至老西门站下行区间百米标 176 处发生追尾事故。经事故调查组查明,在未进行风险识别、未采取有针对性防范措施的情况下,申通集团维保中心供电公司签发了不停电作业的工作票,并经上海地铁第一运营有限公司同意。2011 年 9 月 27 日 13 时 58 分,上海自动化仪表股份有限公司电工在进行地铁 10 号线新天地车站电缆孔洞封堵作业时,造成供电缺失,导致地铁 10 号线新天地集中站信号失电,造成中央调度列车自动监控红光带、区间线路区域内车站列车自动监控面板黑屏。地铁运营由自动系统向人工控制系统转换。

此时，1016 号列车在豫园站下行出站后显示无速度码，司机即向 10 号线调度控制中心报告，行车调度员命令 1016 号列车以手动限速方式向老西门站运行。14 时，1016 号列车在豫园站至老西门站区间遇红灯停车，行车调度员命令停车待命。14 时 01 分，行车调度员开始进行列车定位。14 时 08 分，行车调度员未严格执行调度规定，违规发布调度命令。14 时 35 分，1005 号列车从豫园站发车。14 时 37 分，1005 号列车以 54km/h 的速度行进到豫园站至老西门站区间弯道时，发现前方有列车（1016 号）停留，随即采取制动措施，但由于惯性仍以 35km/h 的速度与 1016 号列车发生追尾碰撞。

知识拓展

某地铁列车车次规定

电客车车次由 7 位数组成，即服务号、序列号、目的地码。左边三位为服务号，中间两位为序列号，右边两位为目的地码。服务号：系统对正线列车的辨识，在一天的服务中保持不变，回段（场）后再出段（场），服务号将重新分配，服务号由 3 位数字组成。序列号：按列车运行顺序及方向顺序编制，上行为偶数，下行为奇数，针对某一确定的服务号，序列号是唯一的，由 2 位数字组成。目的地码：代表目的地位置，由 2 位数字组成。

例如，某地铁公司列车服务号 101，序列号 01（首班下行列车），目的地码 01（某折返线Ⅲ道）。列车车次为 1010101。如果该列车从上行线返回到始发站，那么列车车次为 1010202。目的地编码如表 6.1 所示。

表 6.1　某地铁公司列车目的地编码

序　号	目的地码	目的地名称	计轴区段编号
1	01	某折返线Ⅲ道	T010169
2	02	某折返线Ⅳ道	T010170

任务四　认知列车自动运行（ATO）子系统

学习目标

（1）了解 ATO 子系统的组成框图；
（2）了解 ATO 子系统的功能。

学习任务

认知 ATO 子系统，ATO 子系统的功能。

工具设备

相关视频和 PPT、OCC 仿真系统、行车沙盘。

地铁车站和行车沙盘实验室。

基础知识

ATO（Automatic Train Operation）子系统主要用于实现"地对车控制"，即根据控制中心指令自动完成对列车的启动牵引、惰行和制动（包括列车自动折返），送出车门和屏蔽门同步开关信号，使列车按最佳工况正点、安全、平稳地运行。ATO 为非"故障-安全"系统，控制列车自动运行，主要目的是模拟最佳司机的驾驶，实现正常情况下高质量的列车自动驾驶，提高列车运行效率，提高列车运行的舒适度，节省能源。

ATO 子系统采用的基本功能模块与 ATP 子系统相同。和 ATP 子系统一样，ATO 子系统也载有有关轨道布置和坡度的所有资料，以便能优化列车控制指令。ATO 子系统还装有一个双向的通信系统，使列车能够直接与车站内的 ATS 子系统接口，保证实现最佳的运行图控制。当列车处在自动驾驶模式下，车载 ATO 运用牵引和制动控制，实现列车自动运行。

一、ATO 子系统的组成

虽然各公司的 ATO 子系统结构不尽相同，但 ATO 子系统的基本组成是共同的。ATO 子系统都是由车载设备和地面设备组成的。

（一）车载设备

ATO 子系统车载设备包括车载 ATO 模块、ATO 车载天线、人机界面。

1. 车载 ATO 模块

车载 ATO 模块是 ATO 子系统的核心组成部分，它包含硬件和软件两部分。车载 ATO 模块从车载 ATP 子系统处获得必要的信息，如列车运行速度和列车位置等，车载 ATO 模块软件对这些数据进行实时处理，计算出列车当前所需的牵引力或制动力，向列车发出请求，列车牵引或制动系统收到请求指令后，对列车施加牵引或制动，对列车进行实时控制。车载 ATO 模块与列车的牵引和制动系统相互作用，实现列车在站台区精确对位停车。

2. ATO 车载天线

ATO 子系统的车载模块与地面设备之间的信息交换是通过 ATO 车载天线来完成的，以实现 ATO 子系统与 ATS 子系统之间的信息交换。

ATO 车载天线一般安装在列车第一列编组的车体下，它接收来 ATS 子系统的信息，同时向 ATS 子系统发送有关的列车状态信息。这些信息一般包括以下内容。

（1）从列车向地面发送的信息。ATO 子系统车载模块通过 ATO 车载天线向地面 ATS 子系统发送的信息有列车识别号信息，该列车识别号信息包括了列车的车组号、车次号、目的地编码等内容；列车向地面发送的信息还有列车运行方向、列车车门状态、车轮磨损指示、列车车轮打滑和空转、车载 ATO 模块状态和报警信息等。

（2）从地面向车载 ATO 设备发送的信息。从地面向车载 ATO 设备发送的信息有列车开关门命令、列车车次号确认、列车测试指令、门循环测试、主时钟参考信号、跳停/扣车指令和列车运行等级等。

3. 人机界面

列车驾驶员通过人机界面可以将列车运行模式选择为"ATO"，使列车在 ATO 模式下运行。

（二）地面设备

ATO 子系统地面设备由地面信息接收/发送设备和轨道环线组成。这些地面设备接收来自 ATO 车载天线所发送的信息，并把 ATS 子系统的有关信息通过轨道环线发送到线路上，由车载 ATO 设备进行接收和处理。

地面信息接收/发送设备的谐调控制部分安装在信号设备室内，轨道环线安装在线路上。

列车的制动过程可用图 6.13 来表示。ATP 子系统的主要任务是按要求使列车减速或制动，列车制动装置对全列车实施制动时，按用途和制动效率可分为两种。

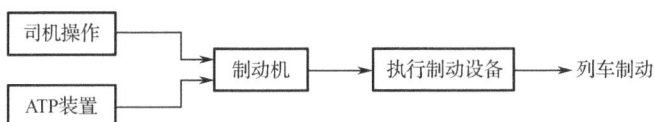

图 6.13　列车制动过程

1. 常用制动

它可以调节和控制列车运行速度，也可以实施全制动，使列车速度为零。它的特点是作用比较缓和，制动过程也较长，因为它只使用全列车制动能力的 20%~80%；而在多数情况下，使用 50% 的制动能力。

2. 紧急制动

有时也称"非常制动"，它的特点是全列车的制动能力全部得到实施，最终反应到列车上是制动比较迅猛，可能导致在列车上发生冲撞，特别是在旅客列车上，旅客会感到突然的向前冲击，从而有可能发生撞伤等。

所以，不论是人工制动还是 ATP 自动制动，在一般情况下都首先应用常用制动，在万不得已或非常紧急的情况下才应用紧急制动。

如图 6.14 所示为 3 种制动曲线，曲线①表示列车的紧急制动曲线，由 ATP 子系统计算及监督。列车速度一旦触及该制动曲线，立即启动紧急（强迫）制动，以保证列车停在停车点。

这是一种非正常运行状态，尽量应该避免发生。一旦启用紧急制动，列车记录仪应该加以记录。

曲线②表示由 ATP 子系统计算的制动曲线，在驾驶室内显示出最大允许速度，它略低于紧急制动曲线（之间的差值通常为 3~5km/h）。当列车速度达到该曲线值时，应给出告警，但不启用紧急制动。显然，曲线②对应的列车减速度小于曲线①的减速度，一般取与最大常用制动对应的减速度。

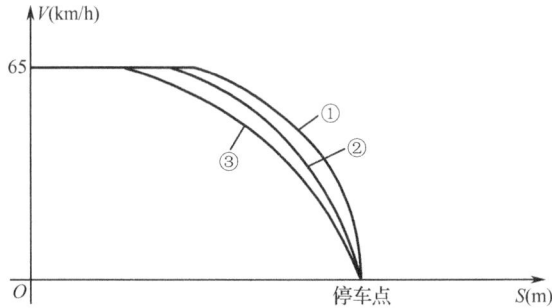

图 6.14　制动曲线

曲线③则是由 ATO 子系统动态计算的制动曲线，即正常运行情况下的停车制动曲线。通常将与此曲线对应的减速度设计为 0.75m/s，从而可以平稳减速和停车。

从这三条停车制动曲线可以明显地看出：ATP 子系统主要负责"超速防护"，起保障安全的作用；ATO 子系统主要负责正常情况下列车高质量地运行。

二、驾驶模式及原则

（一）驾驶模式

ATO 子系统通常允许以下三种驾驶模式：自动驾驶模式或称 ATO 模式（简称 AM 模式）、ATP 监督下的人工驾驶模式（简称 SM 模式）及受限制的人工操作模式（简称 RM 模式）。另外，车辆还提供了自由人工驾驶模式（简称 FM 模式）。

1．AM 模式

在本模式中，列车在 ATP 子系统的监视下由 ATO 子系统驾驶。ATO 子系统通过速度曲线、信号状态及轨道占用等信息来监视列车移动，但司机可在任意时间操作紧急制动。

2．SM 模式

在本模式中，列车运行完全由司机管理，但在 ATP 子系统的监督之下。

3．RM 模式

在司机室内驾驶模式选择开关上设有该模式的选择开关，它是 ATP 子系统内部的一个模式，在降级 ATP 模式时应用，如列车车载初始化前和列车失去定位信息后。此模式下允许司机以不超过系统预先设定的限速（25km/h）人工驾驶列车。

4．FM 模式

在本模式中，列车运行完全由司机管理，列车速度不受 ATP 子系统限制，速度测量由车上的里程表完成。在无装备（列车上没有装车载 ATO 设备）区域或所有 ATP 的冗余设备出现故障时或司机需要退行时，由司机启动本模式。本模式允许司机正向或反向驾驶列车。在列车退行距离超过最大容许范围之后，ATP 就无法被定位了。

（二）驾驶模式的转换

1. 从 RM 到 SM

RM 模式是列车上电时的初始模式（通常在车辆段）。在 RM 模式下，司机驾驶列车，经过两个固定数据应答器后，确定列车的位置后，建立列车与轨旁设备的连续式通信通道，RM 模式将转换为 SM 模式。从轨旁 ATP 设备处接收到移动授权后，列车变为 AM 模式。如果不能建立连续式通信通道，则列车在 RM 模式下驾驶，直到经过可变数据应答器。经过可变数据应答器时，ATP 接收到信号机发出的移动授权，列车驾驶变为 SM 模式。

2. 从 SM 到 AM

在下列所有前提条件满足后，允许 SM 模式转换为 AM 模式。

（1）所有门已关闭；

（2）驾驶/制动手柄在零位；

（3）钥匙开关在前进位置。

当司机操作 AM 启动按钮时，车载 ATP 设备从 SM 模式转换为 AM 模式。该转换也可以在驾驶期间进行。

3. 从 AM 到 SM

在列车行进时司机可以操作。当列车在自动驾驶 AM 模式下时，司机操作手柄放在惰行位置。有两种情况可使驾驶模式由 AM 模式转换为 SM 模式：

（1）如果司机将驾驶/制动手柄从零位移开，或将钥匙开关从前进的位置移开，则车载 ATP 设备将从 AM 模式转换为 SM 模式。

（2）如果列车在站外停稳，司机按压允许按钮打开车门，车载 ATP 设备将从 AM 模式转换为 SM 模式。

4. 从 AM/SM 到 RM

（1）如果车载 ATP 设备启动紧急制动，则它可以自动地从 AM/SM 模式切换到 RM 模式而无须司机干预。如果司机想继续驾驶，那么他必须当列车停稳后启动 RM 按钮。

（2）如果列车在站外停稳，司机按压允许按钮打开车门，车载 ATP 设备将从 AM/SM 模式转换为 RM 模式。

（3）ATO 或司机控制列车停在车辆段轨道前面的停车点，当列车停稳后，司机按压 RM 按钮，车载 ATP 设备从 AM/SM 模式转换为 RM 模式。

5. 从 SM 到 FM

必须在列车停止时操作。

6. 从 FM 到 SM

必须在列车停止时操作。

在选择自动驾驶方式时，ATO 子系统代替司机操纵列车驱动、制动设备，自动地实现列车的启动加速、匀速惰行、制动等基本驾驶功能。然而，不论是由司机手动驾驶还是由 ATO 子系统自动驾驶，ATP 子系统始终执行速度监督和超速防护功能。

三、ATO 子系统的主要功能

ATO 子系统的功能分为基本控制功能和服务功能。基本控制功能是自动驾驶、无人自动折返、自动控制车门开闭。这三个控制功能相互之间独立地运行。服务功能包括：列车位置、允许速度、巡航/惰行、PTI 支持功能等。

（一）ATO 子系统基本控制功能

1. 自动驾驶

（1）自动调整列车运行速度。

ATO 车载控制器通过比较实际列车运行速度及 ATP 子系统给出的最大允许速度及目标速度，并根据线路的情况，自动控制列车的牵引及制动，使列车在区间内的每个区段始终控制速度（ATP 子系统计算出来的限制速度减去 5km/h）运行，并尽可能减少牵引、惰行和制动之间的转换。

（2）停车点的目标制动。

车站停车点作为目标点，车站停车点由轨旁 ATP 设备和 ATS 子系统控制。当停车特征被启动后，ATO 子系统基于列车速度、预先决定的制动率和与停止点的距离计算出一个制动曲线，采用最合适的减速度（制动率）使列车准确、平稳地停在规定的停车点。其与列车定位系统相配合，可使停车位置的误差达到 0.5m 以下。

假如列车超过了停车点，ATP 子系统准许后退一定距离。如果超过后退速度限制值，则向列车司机发出声音和视觉报警。

（3）从车站自动发车。

当发车安全条件符合时（在 AM 模式下关闭了车门，由 ATP 子系统监视），ATO 子系统给出启动显示，司机按下启动按钮，ATO 子系统使列车从制动停车状态转为驱动状态。停车制动将被缓解，然后列车加速。ATO 子系统通过预设的数据提供牵引控制，该牵引控制可使列车平稳加速。

停站时间由 ATS 子系统控制，并传送给 ATP 子系统。另外，基于车站和方向的停车时间也存储在轨旁 ATP 设备中，用作 ATS 子系统故障下的后备程序。

（4）区间内临时停车。

由 ATP 子系统给出目标点位置（如前方有车）及制动曲线，并将数据传送给 ATO 子系统车载单元，ATO 子系统得到目标速度为"0"的速度信息后自动启动列车制动器，使列车停稳在目标点前方 10m 左右。此时车门还是由 ATP 子系统锁住的。一旦前方停车目标点取消，速度信息改为进行码后，ATO 子系统将使列车自动启动。如果车门由紧急开关打开，或是司机手柄被移至非零位置，那么列车必须由司机重新启动 SM 模式或 AM 模式（如果允许的话）。

在危险情况下，例如按下紧急停车按钮，或是因常用制动不充分而使列车超过紧急制动曲线，由 ATP 子系统启动紧急制动，ATO 子系统向司机发出视觉和音响警报。5s 后音响警报自动停止。

（5）限速区间。

临时性限速区间的数据由轨道电路报文传输给车载 ATP 设备，再由车载 ATP 设备将减速命令经 ATO 子系统传达给动车驱动、制动控制设备。此时车载 ATO 设备的功能犹如 ATP 子系统与驱动、制动控制设备之间的一个接口。对于长期的限速区间，可事先将数据输入 ATO 子系统，在执行自动驾驶时，ATO 子系统会自动考虑该限速区间。

2. 无人自动折返（AR）

无人自动折返是一种特殊情况下的驾驶模式，在这种驾驶模式下无须司机控制，而且列车上的全部控制台将被锁闭。从接收到无人驾驶折返运行许可时，就自动进入 AR 模式。授权经驾驶室 MMI 显示给司机，司机必须确认这个显示，并得到授权，锁闭控制台。只有按下站台的 AR 按钮以后，才实施无人驾驶列车折返运行。轨旁 ATC 设备提供所需的数据使列车进入折返轨。列车将自动回到出发站台。列车一到出发站台，车载 ATC 设备就会退出 AR 模式。无人自动折返功能的输入来自列车当前的速度、位置及 ATP 速度曲线。无人自动折返功能的输出为列车制动和牵引控制系统的命令。

3. 自动控制车门开闭

由 ATP 子系统监督开门条件，当 ATP 子系统给出开门命令时，可以按事前的设定由 ATO 子系统自动地打开车门，也可由司机手动打开正确一侧的车门。车门的关闭只能由司机完成。

当列车空车运行时，从 ATS 子系统接收到的指定目的地号阻止车门的打开。

车门打开功能的输入为来自 ATP 子系统的车门释放、运行方向和打开车门的信息，以及来自 ATS 子系统的目的地号。

车门打开功能的输出为车门打开命令。

（二）ATO 子系统服务功能

1. 列车位置

列车位置从 ATP 子系统中接收到当前列车的位置和速度等详细信息，根据上一次计算后所运行的距离来调整列车的当前位置。此调整也考虑到在 ATP 子系统计算列车位置时传送和接收信息的延迟时间，以及打滑和滑行误差。

另外，ATO 子系统同测速单元的接口可提供更高的测量精确性。列车位置功能也接收地面同步的详细信息，由此确定列车的实际位置和计算列车位置的误差。对列车位置的调整，可在由 ATO 子系统规定的距实际停车点 10～15m 的任意位置开始。通过这种调整，ATO 子系统可将停车精度控制在希望的范围内。

列车位置功能的输入来自列车当前速度和位置、轨道电路信息的变化，测速单元的读入、轨道中同步标记的检测、SYNCH 环线。列车位置功能的输出用于校正列车位置信息。

2. 允许速度

允许速度功能为 ATO 速度控制器提供列车在轨道任意点的对应速度值。这个速度没有被优化，只是低于当前速度限制和制动曲线限制。允许速度的输入来自 ATP 子系统轨道当前位置的速度限制，以及列车制动曲线。允许速度的输出到 ATO 速度控制器。

3. 巡航/惰行功能

巡航/惰行功能的任务是按照时刻表自动实现列车区间运行的惰行控制，同时节省能源，保证最大能量效率。ATO 子系统巡航/惰行功能协同 ATS 子系统中的自动调整功能，并通过确定列车运行时间和能源优化实现巡航/惰行。

（1）确定列车运行时间功能。

由 ATO 子系统和 ATR 子系统确定列车运行时间，通过车站轨道电路占用完成同步。列车在 ATO 子系统下，从报文给定的列车运行时间中减去通过计时器测定的已运行时间，以确定到下一站有效的可用时间。确定列车运行时间功能的输入来自轨旁 ATC 设备的轨道电路占用报文，以及通过轨旁 ATC 设备和车载 ATP 设备得到的运行时间命令。确定列车运行时间功能的输出依据能源优化轨迹确定到下一站的运行时间。

（2）能源优化轨迹功能。

能源优化轨迹的计算要考虑加速度、坡度制动及曲线制动。整套系统的轨道曲线信息都存储在 ATO 存储器中。借助此信息并使用最大加速度，可由巡航/惰行功能计算出到下一停车点的速度距离轨迹。能源优化轨迹功能的输入来自列车至下一站可用的列车运行时间、ATO 存储器的轨道曲线、ATP 静态速度曲线（如速度限制）。能源优化轨迹功能的输出至 ATO 速度控制器的速度距离轨迹。

4. PTI 支持功能

PTI 支持功能是通过多种渠道传输和接收各种数据，在特定的位置（通常设在列车进入正线的入口处）传给 ATS，向 ATS 报告列车的识别信息、目的号码和乘务组号，以及列车位置数据（如当前轨道电路的识别和速度表的读数），以优化列车运行。

PTI 功能是由车载设备和轨旁设备实现的。由车载 ATC 设备提供的数据，通过 ATO 子系统传输到 PTI 的轨旁设备，进而传给 ATS 子系统。在将信息传输至轨旁设备之前，ATO/PTI 功能收集数据，完成合理检查。

（三）列车自动驾驶

和 ATP 子系统一样，ATO 子系统也存储了轨道布局和坡度信息，能够优化列车控制命令。ATO 子系统中有一套最大安全速度数据，与 ATP 子系统的最大安全速度数据互相独立。为了保证人们乘坐的舒适性，ATO 子系统可按照最大速度行驶，不过这一速度要小于 ATP 子系统的最大安全速度。ATO 子系统的最大速度可以任意设置，梯进精度为 1km/h。ATO 子系统利用通过地面 ATP 设备传来的编码得知前方未被占用的轨道电路数目或者前行列车的位置，以及本次列车的当前位置，从而使列车可以在到达安全停车点之前，综合考虑安全因素，尽量以全速行驶。

ATO 子系统的自动驾驶功能是通过车载 ATO 设备控制列车牵引和制动系统实现的。为此，ATO 子系统所需要的 ATP 子系统的数据包括：从轨旁 ATP 设备接收到的全部 ATP 运行命令、测速单元提供的当前列车位置和实际速度信息、位置识别和定位系统的信息、列车长度、ATS 子系统向轨旁 ATP 设备发送的出站命令和到下一站的计划时间。如果 ATO 子系统自检测成功完成，且 ATP 释放了自动驾驶，则信号显示"ATO 启动"，可以实施 ATO

驾驶。

由 ATO 子系统执行的自动驾驶过程是一个闭环反馈控制过程，其基本关系框图如图 6.15 所示。测速传感器通过 ATP 子系统向 ATO 子系统发送列车的实际位置信息。反馈环路的基准输入是从 ATP 数据和运营控制数据中得出的。ATO 子系统向驱动、制动控制设备提供数据输出。

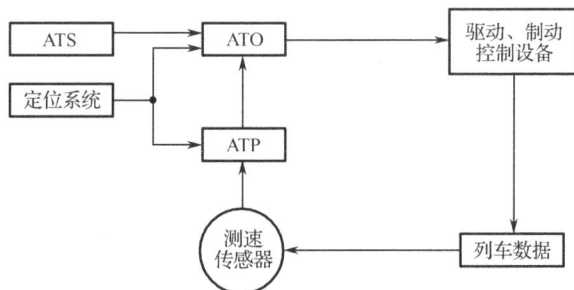

图 6.15 自动驾驶的基本关系框图

AM 模式在以下条件下被激活：ATP 子系统在 SM 模式中；已过了车站停车时间；联锁系统排列了进路；车门关闭；驾驶手柄处于零位。

司机通过按压启动按钮开始 AM 模式，列车加速达到计算的速度曲线。如果其中一项条件不能满足，则启动无效，ATP 子系统关闭 ATO 子系统发送给牵引的控制信号。在达到计算速度时，系统根据这个速度曲线控制列车的运行。当接近制动启动点时，ATO 子系统将自动控制常用制动，使列车运行跟随制动曲线。

（四）车站程序停车

线路上的车站都有预先确定的停站时间间隔。控制中心 ATS 监督列车时刻表，计算需要的停站时间以保证列车正点到达下一个车站。

控制中心能通过集中站 ATS 分机缩短或延长车站停站时间。如果控制中心离线，集中站 ATS 分机预置一个默认的停站时间，该时间是可编程的。在控制中心要求下，列车可跳过某车站。这一跳停命令由控制中心通过集中站 ATS 分机传给列车。

（五）车站定位停车

车站精确停车是通过车站区域的轨道电路标志、分界过渡和 ATO 环线变换实现的。轨道电路标志被用来确定停车特征的合适起始点。轨道电路分界过渡和 ATO 环线变换提供了距离分界。该距离分界用于达到所要求的位置精度。

当停车特征启动后，ATO 子系统根据列车速度、预先确定的制动率和与停止点的距离计算制动曲线。ATO 子系统将根据要求改变牵引和制动来遵循此曲线。此调整是动态的，是根据异常线路的情况做出的，并且可以从 OCC 或 SCR（车站控制室）中进行选择。

一旦列车停车，ATO 子系统将保持制动，以避免列车运动。ATO 子系统可以与站台屏障门（PSD）的控制系统全面接口，保证列车的精确和可靠地到站停车。列车自动运行子系统的基本操作在驾驶室内，列车的状态显示单元上有 ATO 模式指示灯。驾驶员将列车驾驶模式选择开关置于 ATO 挡位，在系统正常运行情况下，ATO 模式指示灯会点亮。列车在车站完成停车，关好车门后，根据系统的设置，驾驶员可以按"发车按钮"或直接由系统自动发车，列车自动运行子系统对列车进行控制，自动运行到下一运营车站。列车在自动运行模式下运行，驾驶员需要观察列车的运行状态，如果出现列车控制系统故障等情况，应及时采取措施，如按压紧急停车按钮，使列车及时停止运行以排除故障，保证运营安全。

（六）车站发车

当准备在 AM 模式下运行时，ATP 子系统通过通信天线接收到关门命令，点亮状态显示单元上的停站时间结束指示灯。如果车门由人工操作，则驾驶员必须关好车门（否则，ATP 子系统将不允许发车）。车门一旦关好，驾驶员必须按压并释放发车按钮，让列车出发运行到下一车站。在车站停车结束之后，驾驶员必须关好车门，再次按压并释放发车按钮以使列车继续运行到下一车站。一旦发车按钮被按压，ATP 子系统将发给 ATO 子系统一个控制速度。

在自动驾驶模式下，必须具备下列条件，列车才能从车站出发：

（1）与 ATP 子系统有效的通信（即无连接故障）；

（2）有效的目的地 ID；

（3）有效的轨道电路 ID（来自 ATP 子系统）；

（4）有效的驾驶员 ID；

（5）非零速限制（来自 ATP 子系统）；

（6）有效的车辆方向——东/西（来自 ATP 子系统）；

（7）在出发测试期间没有检测到故障；

（8）列车必须位于车站轨道电路、折返轨道电路、车辆段转换轨电路或试车线。

（七）车门控制和停站

车载 ATO 设备通过轨旁通信环线从轨旁 ATC 设备处接收传送给车辆的开门指令，通过要求车载 ATP 设备开启车门来启动开门程序。驾驶员按下开门按钮打开车门。轨旁 ATC 设备累计停站时间。在正常情况下，停站时间结束后轨旁 ATC 设备会传送一个关门命令。车载 ATO 设备接收到命令后及时励磁关门列车线。驾驶员按下关门按钮关门。

当从本地或中心接收到指令时，轨旁 ATC 设备会向车辆传送一个停放制动命令。在这时，车载 ATO 设备通过从车-地通信子系统传来的命令控制车门开闭，但在该停放制动缓解前及从轨旁接收到发车命令之前不允许列车从该站发车。车载 ATO 设备通过车-地通信子系统向轨旁传送车门状态。

（八）折返

在运营终点车站，当驾驶员按下发车按钮时，ATO 子系统将自动地驱动列车进入折返轨道并在折返点执行精确停车。驾驶员必须关闭本端驾驶室的钥匙（司控器），并激活另一端的驾驶室，打开司控器开关，建立 AM 模式。轨旁进路开放后，驾驶员按下发车按钮，

ATO 子系统将驱动列车进入第一个运营车站并精确停车。

（九）跳停

车载 ATO 设备从轨旁 ATC 设备接收跳停指令。跳停指令通常应在被跳停站的前一站或更早收到，这样车-地通信子系统才能够在完成计划停站之前告知列车，ATS 子系统已经发出了一个跳停该车站的命令。在被跳停车站，车载 ATO 设备也能接收并响应轨旁产生的跳停指令。如果在车站停车过程中收到跳停该车站的命令，ATO 子系统将会点亮状态显示单元上的跳停指示灯来告知驾驶员列车不能在站台停车。在这种情况下，列车继续以 ATP 控制速度进行速度调节。跳停命令可以在跳停的车站之前的任何有轨旁通信环线的车站取消。但是，一旦列车处于要跳停的车站的环线内，跳停本站的命令就不能取消。

相关案例

【案例1】 计轴复位清除红光带

××年××月××日，工班值班人员接到部门调度电话报××站出现红光带，随后到车控室和信号设备室进行查看。车控室 ATS 及 LCW 界面显示上行 ST010608、T0104 区段在列车完全出清后仍留有红光带，导致站前及站后折返道岔灰色锁闭无法操作。处理过程如下：工班值班人员到设备室计轴机柜查看后，发现 C0114 放大触发带通滤波板车轮感应灯常亮；10：05 对 ST010608、T0104 区段进行计轴预复位，等待行调组织列车进行红光带的清扫；10：29 行调组织 109 次列车轧过后，红光带消除，锁闭箭头及道岔灰色锁框消失，列车恢复正常运营模式。此次处理故障的时间为 12min，等待列车清扫红光带的时间为 24min。

【案例2】 计轴点的命名

计轴点的命名规则是：上、下行线路分别编号（以车站为单位）；上行线路为双号，下行线路为单号。例如 A0103，其中，"A" 代表该设备为计轴探头，"01" 代表其所在车站的编号，"03" 代表其所在车站内的序号，表明该计轴点在下行线路。

1. 无岔轨道区段

无岔轨道区段以 T 开头，编号由 4 位数字组成，前两位为车站编号，后两位为区段号码，上行线路为双号，下行线路为单号。例如 T0103，其中，"T" 代表该轨道区段为无岔轨道区段，"01" 代表其所在车站的编号，"03" 代表其所在车站内的序号，表明该轨道区段位于下行线路。

2. 有岔轨道区段

以单渡线为例，如 ST0109，其中，"ST" 代表该轨道区段为有岔轨道区段，"01" 代表其所在车站的编号，"09" 代表其所在有岔轨道区段仅有的一个道岔的编号。以交叉单渡线为例，如 ST010507，其中，"ST" 代表该轨道区段为有岔轨道区段，"01" 代表其所在车站的编号，"0507" 代表该有岔轨道区段内两个道岔的编号。

iCBTC 系统

iCBTC 系统是卡斯柯信号有限公司通过引进国外技术，经消化吸收再自主创新研发，且日趋成熟的基于车-地双向无线通信的移动闭塞控制系统。该系统主要由区域控制器/线路中心单元 ZC/LC、数据存储单元 DSU、联锁 CI、中心及车站 ATS、车载控制器 CC、LEU 等轨旁设备构成。

该系统的特点：

（1）后车的地址终端（EOA）可以是前车的尾部，不用划分虚拟区段，真正实现了移动闭塞。

（2）只需要两条网线即可实现车载设备首尾热备，简化了接口与维护成本。

（3）其 ATS 子系统在国内地铁已广泛应用，且与各个厂家进行过接口，拥有更贴近用户习惯的操作界面。

（4）适用空间波和波导等多种方式的车-地通信方式，并支持这几种方式在同一线路上的混合配置。

该系统不计划进行点式的安全认证，其研发设计是将点式与 CBTC 融合，统一进行安全认证。目前卡斯柯信号有限公司正在与上海申通地铁公司合作，在上海地铁 10 号线开展工程化应用。

任务五　列车自动运行控制系统操作运用实例

【操作运用案例】　认知和使用列车自动运行控制系统

1. 实训项目教师工作活页（见表 6.2）

表 6.2　实训项目教师工作活页

实训项目	认知和使用列车自动运行控制系统		
学时	2	班级	略
实训场所	地铁车站和行车组织沙盘实验室		
工具设备	示教板，仿真软件，计算机多媒体设备		
教学目标	专业能力	（1）能够说出 ATC 系统的组成 （2）能够说出列车驾驶的几种模式 （3）能够说出列车自动驾驶系统的基本作用 （4）能够说出列车驾驶室操作按钮的作用 （5）能够说出无线通信的几种模式	

教学目标	方法能力	（1）能综合运用专业知识，通过专业书籍、多媒体课件和图片资料获得帮助信息 （2）能根据实训项目学习任务确定实训方案，从中学会表达及展示活动过程和成果
	社会能力	（1）能在实训活动中保持积极向上的学习态度 （2）能与小组成员和教师就学习中的问题进行交流和沟通 （3）能与他人共享学习资源，具有较好的合作能力和团队协作精神
教学活动		略（详见教学设计）
教学评价		（1）学生活动：①以5～7人小组为单位开展实训活动，根据本组同学在实训过程中的能力表现及结果进行自评和组内互评；②根据其他小组同学在成果展示活动中的表现及结果进行互评 （2）教师活动：①教师组织学生开展评价活动和总结；②对学生在本实训项目的单元成绩做出综合评价
教学资料		（1）城市轨道交通信号设备教材 （2）CBTC系统仿真实训说明书 （3）实训项目学生学习活页
指导教师		教学时间　　　　年　　月　　日

2. 实训项目学生学习活页（见表6.3）

表6.3 实训项目学生学习活页

实训项目　认知和使用列车自动运行控制系统
班级：＿＿＿＿＿　姓名：＿＿＿＿＿　学号：＿＿＿＿＿　时间：＿＿＿＿＿ 一、实训目标 1. 专业能力目标 （1）能够说出ATC系统的组成； （2）能够说出列车驾驶的几种模式； （3）能够说出列车自动驾驶系统的基本作用； （4）能够说出列车驾驶室操作按钮的作用； （5）能够说出无线通信的几种模式。 2. 方法能力目标 （1）能综合运用专业知识，通过专业书籍、多媒体课件和图片资料获得帮助信息。 （2）能根据实训项目学习任务确定实训方案，从中学会表达及展示活动过程和成果。 3. 社会能力目标 （1）能在实训活动中保持积极向上的学习态度。 （2）能与小组成员和教师就学习中的问题进行交流和沟通。 （3）能与他人共享学习资源，具有较好的合作能力和团队协作精神。 二、知识总结 （1）列车自动监控（ATS）子系统的主要功能有哪些？

（2）列车自动监控（ATS）子系统的基本原理是什么？

（3）列车自动控制（ATC）系统的设备分布安装在哪些地方？

（4）列车自动监控（ATS）子系统调整列车追踪间隔有哪两种方式？

（5）列车自动监控（ATS）子系统在控制中心的设备有哪些？

三、操作应用

（1）下图是 ATC 系统结构图，请在空白方框处填写结构部分名称。

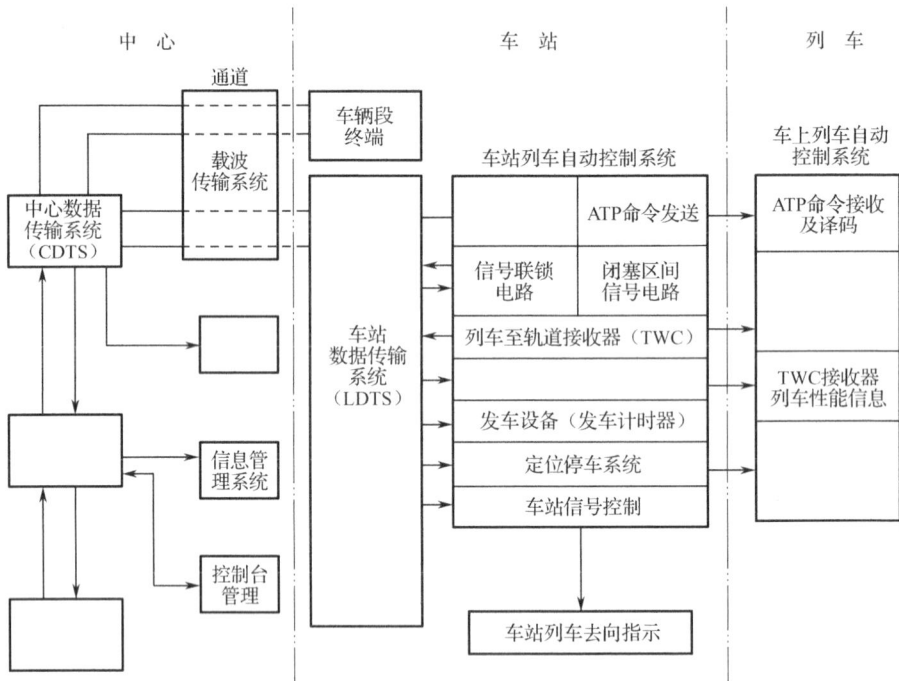

（2）列车自动监控（ATS）子系统一般有哪些用户？

（3）列车自动监控（ATS）子系统有哪三种运行模式？

（4）ATO 子系统有哪些服务功能？

四、实训小结

_____

_____

_____

五、成绩评定

1. 学生评价

评价等级	A—优	B—良	C—中	D—及格	E—不及格
学生自评					
组内互评					
他组互评					

2. 教师评价

评价等级	A—优	B—良	C—中	D—及格	E—不及格
专业能力					
方法能力					
社会能力					
评价结果					

3. 综合评价

评价等级	A—优	B—良	C—中	D—及格	E—不及格
评价结果					

注：按照学生自评占 10%、组内互评占 10%、他组互评占 20%、教师评价占 60%的比例计分。其中，A—100分，B—85 分，C—75 分，D—60 分，E—50 分。

4. 评价量规

等级	行为表现描述
A	能圆满、高效地完成实训任务的全部内容
B	能顺利完成实训任务的全部内容
C	能完成实训任务的全部内容，但需要一些帮助和指导
D	自己只能完成实训任务的部分内容，但在现场的指导下，已经能完成任务的全部内容
E	不能完成实训任务的全部容

思考与练习

1. ATO 子系统有几种驾驶模式？

2. 列车自动防护（ATP）子系统的基本原理是什么？

3. 简要说出西门子的 CBTC 系统结构。

参 考 文 献

[1] 李怀俊. 城市轨道交通通信信号系统[M]. 成都：西南交通大学出版社，2015.

[2] 贾毓杰. 城市轨道交通通信与信号[M]. 北京：机械工业出版社，2016.

[3] 贾毓杰. 铁路信号与通信设备[M]. 北京：中国铁道出版社，2013.

[4] 徐金祥. 城市轨道交通信号基础[M]. 北京：中国铁道出版社，2012.

[5] 王青林. 城市轨道交通信号与通信系统[M]. 上海：上海交通大学出版社，2015.

[6] 杜平. 城市轨道交通信号系统的发展[J]. 铁道通信信号，2010（5）.

[7] 赵亮，王日. XDB-Ⅱ型新型信号点灯断丝报警装置[J]. 铁道通信信号，2014（11）.

[8] 苏景坤. 矿区铁路安全型继电器检修及调整工艺[J]. 铁道通信信号，2012（32）.

[9] 窦保琴. 铁路信号在铁路运输中的地位和作用探讨[J]. 科技风，2014（1）.

[10] 高嵘华. 应答器在基于通信的列车控制系统中的应用[J]. 城市轨道交通研究，2015（6）.

[11] 钟小伟. 西门子 AzSM350M 型微机计轴设备系统[J]. 都市快轨交通，2004（6）.

[12] 尹建平. 铁路信号智能电源屏的应用现状与技术发展[J]. 信号技术，2005（8）.

[13] 高嵘华. 应答器在基于通信的列车控制系统中的应用[J]. 城市轨道交通研究，2015（11）.

[14] 梁东升，李晋. 无绝缘音频轨道电路 FTGS 在广州地铁一号线信号系统的应用 [J]. 维普资讯.